潮美而行　润泽童心

——听潮艺术幼儿园构建艺术整合特色课程实践探索

姚　红　编著

文匯出版社

图书在版编目（CIP）数据

潮美而行 润泽童心 / 姚红编著. —上海：文汇出版社，2021.11

ISBN 978－7－5496－3666－2

Ⅰ.①潮… Ⅱ.①姚… Ⅲ.①学前教育－教学研究 Ⅳ.①G612

中国版本图书馆CIP数据核字（2021）第223856号

潮美而行 润泽童心

编　　著 / 姚　红

责任编辑 / 熊　勇
封面装帧 / 薛　冰

出版发行 / **文汇出版社**
上海市威海路755号
（邮政编码200041）
经　　销 / 全国新华书店
排　　版 / 南京展望文化发展有限公司
印刷装订 / 上海新文印刷厂有限公司
版　　次 / 2021年11月第1版
印　　次 / 2021年11月第1次印刷
开　　本 / 700×1000　1/16
字　　数 / 230千
印　　张 / 16

ISBN 978－7－5496－3666－2
定　　价 / 48.00元

把美的种子播撒在幼儿心田
（代序）

陈家昌

听潮艺术幼儿园，是上海市浦东新区唯一一所以“艺术”冠名的公办幼儿园。这所21世纪初创办于原南汇区政府所在地惠南镇的幼儿园，建园之初就确立了以“幼儿艺术教育”为特色的发展思路。园领导班子带领全体教职员工，从夯实基础、规范办学抓起，勤奋工作、埋头苦干，从大艺术观着手，努力打造幼儿艺术教育的环境，培育具有艺术素养的教师，开发和实施艺术教育园本课程，得到惠南镇社区居民的普遍认可和赞誉。办学仅四年，就于2004年通过上海市一级园评审，成为惠南镇居民家门口的好学校。

由于办学绩效显著，且幼儿艺术教育特色逐渐凸显，幼儿园获得了原南汇区特色教育显著奖。2008年，区教育局为听潮艺术幼儿园增设北园部，扩大办园规模，形成一园两部的格局。2010年，在南汇和浦东两区合并之后不久，幼儿园就成功地经评审作为南片首家幼儿园，进入浦东新区示范园行列。

二十多年来，在各级领导的积极支持和有关专家的帮助下，听潮艺术幼儿园“一张蓝图绘到底”，紧紧抓住幼儿艺术教育特色建设这根主线，越做越扎实，越做越深。特别是近几年来，她们开展的龙头课题“美育视域下，幼儿艺术整合特色课程的实践研究”，把幼儿艺术教育研究的领域，提升到美育（审美教育）的视域，不仅仅是教幼儿“吹拉弹唱、琴棋书画”，也不仅是“玩转艺术”，而是将研究的触角指向了幼儿审美教育。众所周知，美是艺术和哲学追求的最高境界，审美，是幼儿适应未来社会发展最重要的素质之一。就这个意义而言，听潮幼儿园的实践研究，是走在一条正确道路上的。今天，凝聚着听潮艺术幼儿园全体教师智慧与心血的《潮美而行　润泽童心》全部书稿摆在我的面前，我能够感觉到这本书沉甸甸的分量，我的内心也是沉甸甸的，作为始终关注这所幼儿园成长与发展的教育工作者，我在此谨向她们表示衷心的祝贺！向始终支持她们探究教育改革发展之路的领导和专家，表示诚挚的感谢!

艺术,是社会生活在人们头脑中反映的产物,是以形象反映社会生活的一种意识形态。尽管艺术的种类千差万别,行行种种,但一切艺术都离不开形象思维,而形象思维恰恰是幼儿期发展最快的思维方式。同时,艺术又是幼儿最喜闻乐见的活动形式,无论何种艺术活动,都能够激发幼儿自主参与的兴趣,激励他们自主“玩转”的行为,激活他们潜在的多元智能。同时,大多数艺术形式都需要人与人之间的合作才能够产生更加“好玩”的效果,因此幼儿艺术教育,也是培育幼儿交往能力、非智力因素和健全人格的重要渠道,是促进幼儿社会化发展的有效途径。

美育,是人类特有的一种极为复杂的教育活动。美育视域,是指通过有计划、按步骤进行的一系列艺术活动,使受教育者对周围世界和人自身确立另一种形式的审视观,即从真、善、美与假、丑、恶鲜明对立的角度,对周围世界和人生作出理性判断。因此,就本质而言,审美教育,也就是审丑教育。这里不仅具有对一般感官触及范围的认识,比如视觉、味觉、听觉、触觉等能够感受到的美与丑;更重要的是,对感官触及范围以外的美与丑的判断。比如,就道德而言,有虚伪与真诚的区别,有善良与邪恶的对照;就文化而言,有高雅与低俗的差异,有向上与下流的甄别;就心灵而言,有轻松愉悦与局促阴暗的比较,有助人为乐与损人利己的对立。由此可见,美育视域下的艺术教育不仅对于人一生的发展具有极为重要的意义,而且对于整个社会弘扬真、善、美,遏制假、丑、恶,同样具有极为迫切的现实意义。

那么,以审美教育为核心的艺术教育从人生的哪一阶段开始呢?听潮艺术幼儿园以及同类以幼儿审美教育为特色创建的幼儿园的成功实践,深刻地改变了我原先一直持有的观点。作为在20世纪80年代初就研究艺术理论教育的大学老师,我一向认为审美教育既然是一项极为复杂的精神活动,必须在人的认知水平达到一定程度才能实践。读完这部书稿,结合近几年来我对听潮幼儿园等艺术教育特色鲜明的幼儿园的现场观察来看,使我产生了一个清晰的认识:审美启蒙教育完全可以或者说很有必要从幼儿抓起。

为了检验这一观念转变的科学性,我系统地重温了美学的基本观点,包括美学起源、发展、不同派别争议的焦点等理论,试图从中找到理性支撑的依据。“温故而知新”,于是,我发现童年时代其实孕育着审美启蒙教育的极好机遇。因为,关于美学起源的学说中,学术界公认的就有“模仿说”“游戏说”两种;关于美的感受,就有“移情说”“内模仿说”两种。而“模仿”“游戏”“移情”“内模仿”，正是人类幼儿时期的主要活动。我国现代学前教育明确要求，让幼儿在愉快的游戏中，习得常识、经验与知识。近几年颁布的《上海市学前教育纲要》明确地提出，幼儿应该初步接触多元文化，能发现和感受生活中的美，萌发审美情趣。

歌德说过：“理论是灰色的，生命之树常青。”听潮艺术幼儿园的老师不是美学家，她们也许还不一定理解我国美学界高层类似关于美是主观的、还是客观的等激烈争论。但是，她们却切切实实在学前教育的第一线开始了审美启蒙教育的实践与探索。她们根据幼儿年龄和认知发展特点，按照幼儿最近发展区的心理需求，根据园本课程建设方案，精心设计艺术和审美教育的课程，并尝试性地在小、中、大班选择实施。她们还邀请专家、同行，甚至幼儿家长来听课、评课，汲取各方意见和建议，对课程进行修改完善，形成比较系统的，贯穿小、中、大班各年龄阶段的课程系统。她们的实践成果，得到有关专家、同行与幼儿家长的好评与赞誉。审美启蒙教育，她们称之为“潮美而行，艺启成长”，正逐渐成为听潮艺术幼儿园新的办园理念，成为全体教师和家长的共同愿景，逐渐得到社会的认可。

以课题研究为抓手，促进课程建设，是这部书稿给我的另一个启示。一所幼儿园能否选择一个能够带动各项工作整体发展的龙头课题，极为关键。那么，如何来选择龙头课题呢？听潮艺术幼儿园的实践告诉我们，首先要对本园自身的主客观条件以及发展优势与不足，有一个深刻的认识，例如，听潮艺术幼儿园开展幼儿艺术和审美教育，依托的主要优势是本园培育了一批具有艺术素养的教师，同时幼儿家长对艺术教育支持力度较高；其次，选择的课题要符合社会发展对于未来建设者和接班人综合素质的实际需求，听潮艺术幼儿园选择的幼儿审美教育，正是与国家以及上海中长期教育发展规划纲要的要求相符合，因此才能得到领导、专家和幼儿家长的支持，才能有所作为；第三，课题研究活动，要符合幼儿身心健康和谐发展的实际需要。幼儿园所有的特色课程，都必须合乎幼儿认知和心理发展的实际需要。听潮艺术幼儿园开展的课题研究，都能够因地制宜，从环境建设到课程实施，都与幼儿的游戏、生活、模仿息息相关，使幼儿在愉快的游戏中，自然获得美的感受，体验到心灵的愉悦，并进而在自主艺术活动中，努力发挥自认为美的想象力与创造力，从而获得快感。这就是上海市中长期教育规划纲要提出的，对幼儿实施“愉快的启蒙教育”。

当然，如果从更高要求来看，这部书稿，或者说听潮艺术幼儿园的实践与探索，肯定还存在不少困惑与不足，她们的探索还远不能说已经臻于完成。但是可以深信不疑的是，她们既然选择了正确的道路，并坚持探索下去，持之以恒，扎扎实实推进，那么听潮艺术幼儿园必将取得更加丰盛的成果，必将走得更远，走得更好，走向更加辉煌灿烂的春天！

《潮美而行　润泽童心》全书杀青付梓之际，正是辛丑端午，在粽叶飘香的氤氲里，写一番话。是为序。

（作者系上海甲辰传统文化教育服务中心主任）

目　　录

第一章 潮美而行：旨在幼儿生命关怀

习近平总书记在多次讲话中都指出，要求全面加强和改善学校美育。幼儿美育是人生美育的基础和开端，需要教师给予更多的关注和重视。幼儿园美育教育是贯彻国家教育方针，是全面促进幼儿的体、智、德、美、劳等方面的教育。幼儿园以幼儿全面发展为教育实践目标，美育作为幼儿全面教育的目标之一，具有独特的价值和意义。一方面，美育为幼儿提供美好的感觉，对培养幼儿的情感性格有促进作用，通过教师的美育引导，可以帮助幼儿形成健全的品格。另一方面，幼儿美育能力的提高，可以促进他们智育水平的提高。幼儿对美的认识不断深化，能够促进德育方面不断提高。因此，幼儿美育教育贯穿幼儿全面发展的始终，对德育、智育等能力的提高，具有催化剂作用。同时，审美能力的提高对幼儿身心全面健康发展具有重要作用。

第一节　幼儿美育的理论基础

幼儿首先要感受美，要学会欣赏不同的美，理解不同的美，才能表达和创造不同的美。美蕴含在各种事物中，幼儿美育主要是通过幼儿艺术教育进行的，所以感受、欣赏、表达和创造美，是幼儿审美能力培养和发展的几个阶段。因此，探索幼儿美育的理论渊源是有效开展幼儿美育的前提，对幼儿美育的深刻分析也是所有幼儿美育研究者、教育者必须做的第一件事。

一、幼儿美育的概念界定

美育不仅能发展幼儿美的表现力和创造力，还能使幼儿在审美过程中获得丰富的知识和技能，有助于培养观察、思考、想象等综合能力。但是，幼儿美育的发展不是一蹴而就的，是缓慢发展中才相对成熟。所以，梳理和了解幼儿美育相关概念的发展，有利于了解艺术活动对于幼儿美育的发展作用。

（一）国外美育来源及其概念

在西方美育思想的源头——古希腊，美育更多地被认为是人格教育的手段。柏拉图在《理想国》《文艺对话集》和亚里士多德在《诗学》中，都主张通过情趣健康的文艺作品来净化陶冶人，古罗马的贺拉斯在《诗艺》中提出"寓教于乐"原则，对文艺的审美教育功能作了扼要准确的概括。

从人格教育到情感教育是真正确立美育地位，使美育从手段提升为目的的转折，是德国美学家席勒具有强烈现代性精神的美育主张。作为"美育之父"，他秉承同胞康德对崇高的美育诉求和黑格尔审美使人获得解放的观点，以"情"为研究对象，在《审美教育书简》中第一次提出"审美教育"的概念。席勒针对当时"现在，国家与教会、法律与习俗都分裂开来，享受与劳动脱节、手段与目的脱节、努力与报酬脱节。人无法发展他生存的和谐，他不是把人性印刻到他的自然（本性）中去，而是把自己仅仅变成他的职业和科学知识的一种标志……”的社会状况，[1]提出除了应该有“促进健康的教育，促进认识的教育，促进道德的教育之外，应该还有促进鉴赏力和美的教育。这种美的教育的目的就是，培养我们感性和精神力量的整体达到尽可能的和谐”。[2]席勒认为，通过审美这个中介，“感性的人”就能成为“理性的人”，人类也就由必然王国飞跃到了审美的王国。在那里，指导行动的不是对外来习俗的呆板模仿，而是人们自己美的本性。在那里，人们以勇敢的单纯和宁静的天真走过最复杂的关系网，既无需以损害别人的自由来保持自己的自由，也无需牺牲自己的尊严来表现优美。[3]席勒从人道主义理想出发，把人的解放和人性的完善作为美育的终极目标。但他没有认识到人性异化的本质和根源，没有彻底意识到人是社会关系的总和，因而他的审美理想就不可避免地带有空想的成分，认为美和艺术可以“恢复感性的权利”，力求通过“感性认识的完善”，把现代人因为感性与理性的分裂而失去的人性重新恢复起来。

审美教育更是马克思主义美学的重要方面，马克思在《1844 年经济学哲学手稿》《德意志意识形态》《关于费尔巴哈的提纲》等著述中，对美感的产生、美的本质问题进行了深入论证，并立足于资本主义异化劳动的现实，为人的全面发展和个性自由完整的发展指出了现实的路径。马克思主义理论联系实际的人学理论，既为美育的研究奠定了理论基础，也在真正意义上赋予美学实践的品格。

德国启蒙运动时期的哲学家、美学家鲍姆嘉通促成了美学这门学科的成立，被赋予了“美学之父”。他在所作《美学》书中指出，美是感性认识的完善。

曾繁仁在《现代美育理论》中指出，现代西方哲学从认识论阶段走向生存论（语言学）阶段的过程中，呈现出美学和美育合一的趋势，在一定意义上关注现实人生的美学就是广义的美育。循着这样的趋势，从叔本华《作为意志和表象的世界》、尼采《悲剧的诞生》对艺术的尊崇，海德格尔《荷尔德林文集》《诗语言思》中诗意栖居的理想，梅洛庞蒂《知觉现象学》身体知觉对艺术“言说”作用的强调，杜夫海纳《审美经验现象学》对审美经验现象学特质的研究，一直到谓之西方马克思主义的法兰克福学派阿多尔诺、本雅明等人对文化现

---

1 席勒：《美育书简》，中国文联出版社，1984年版，第51页。
2 席勒：《美育书简》，中国文联出版社，1984年版，第148页。
3 席勒：《美育书简》，中国文联出版社，1984年版，第148页。

代性问题的批判，马尔库塞在《爱欲与文明》《单向度的人》中力图走出批判理论的困境，将审美和艺术置于其辩证否定过程的核心点上，以“新感性”和“反升华”突破后工业社会人的“单向度”生存，都是以美学是人学为旨归的。

从情感教育到艺术教育是当代美育理论与实践全面对接的体现。通过美育的实施，不仅是要践行从单面人到审美人，从技术人到智慧人，实现人的艺术化生存的目标，也是创新人才培养的必由之路。继维克多·罗恩菲尔德的《创造力与心智的成长》和拉尔夫·史密斯的《艺术教育中的美学与批评》之后，美国哲学家纳尔逊·古德曼立志从零开始，弥补科学教育研究和艺术教育研究之间的不平衡，在1967年创立哈佛“零点项目”，项目参与者霍华德·加德纳的“多元智能”理论、丹尼尔·格尔曼的“情商”理论对素质教育具有重要的借鉴价值。零点项目历时30多年，一方面促进了美国的一系列艺术教育计划：1988年，面向基础教育的“艺术推进”项目《走向文明：艺术教育报告》出台；1992年，制定《美国艺术教育国家标准》；1993年，《2000年目标：美国教育法》通过立法程序，将艺术教育写进美国联邦法律，承认艺术是一门核心课程，另一方面也直接推动了美国基础教育阶段艺术教育发展规划、课程体系、评估标准的制定和实施。

（二）国内美育来源及其概念

在先秦时代的中国，孔子、孟子提出了具有美育思想性质的“诗教”“乐教”理论，强调“诗”“乐”的教化作用。人们通过学“诗”习“乐”，实现情与理的协调，个人与社会的融洽。孟子以为人之所以区别于禽兽就在于人具有“仁、义、礼、智”。人不但具有而且也应该发扬完善这种理想人格。“可欲之谓善，有诸己之谓信，充实之谓美，充实而有光辉之谓大，大而化之之谓圣，圣而不可知之之谓神。”人格美的境界的标志就是内心仁义的充实和外貌言行的和顺丰润。由此来看，孔孟的美育理论对于人格的完善和社会的和谐有着重要的作用，但孔、孟的着眼点是在伦理道德方面，美育只是培养、达到理想道德境界的手段而已。

在20世纪初，王国维开始引进席勒的美育概念，并且大力提倡美育。他以为美育即是情感教育，“美术之务，在描写人生之痛苦，与其解脱之道，而使吾侪冯生之徒，于此桎梏之世界中，离此生活之欲之争斗，而得其暂时之平和……”[1]由此可以看出，美和美感都应该是超功利的，美育不应是道德、政治

1 王国维：《王国维文学美学论著集》，北岳文艺出版社，1987年版，第9页。

的手段，它有其自身的独立价值。与此同时，著名的教育家、思想家蔡元培先生，也十分重视倡导美育，引进了西方的美育思想。他认为："美育者，应用美学理论于教育，以陶冶感情为目的者也。"[1]因此，他提出了著名的"美育代宗教说"，提出了包括家庭教育（胎教）、学校教育、社会教育三位一体的美育方法。王国维、蔡元培的美育理论虽然体现了改良社会、净化人心的进步倾向，但其精神实质仍不免沿袭了古代儒家的美育观，仍具有一定的局限性。"今天我们的美育已远不是孔子那样把它作为道德教育的手段，也大不同于席勒使之成为达到理性、精神自由的中介环节，而是要把对美的鉴赏和创造，作为人类的一种文化素质、一种能力、一种创造客观世界和完善自身的价值来培养，使人真正按照'美的规律来建造'世界。"[2]

蔡元培吸取康德美学思想的养分，对美育的作用从理论层面进行探讨，他将人生分为两种境界：对现实幸福追求的现象世界和对超越价值追求的实体世界，也进一步发扬了康德的美学见解，主张用美的"普遍性"和"超脱性"来驱除人不正当的念头，提升人的高尚精神境界，培养健全完善的人格。

当前教育界普遍认同的美育一词，就是蔡元培根据德文翻译的，他的美育思想不是自成体系的，而是散见于其参加的各种活动的话语中，如书稿和代序、会展题词、学校演讲、会议提案等等。虽然分散不集中，但其内容十分丰富。通过对其源语录进行收录和整理，比较权威地体现了蔡元培对美育的见解。1983年的《蔡元培美学文选》是蔡元培美学思想权威性的著作，比较早且相对完整地选取了蔡元培撰写的关于美育的文章和他参与美育实践活动的相关言论。

其后高平叔在此基础上加精加广编著了《蔡元培美育论集》，更加完整地梳理了蔡元培与美学相关的言论题词，见证了蔡元培为了美育事业所花的精力和所作的努力。学者采取不同的视角研究蔡元培美育思想的一手文献，得出十分丰富的不同方面的研究成果。

学界张忠民、高志广、朱智斌、王红彦等学者对蔡元培美育思想来源达成普遍共识，认为蔡元培的美育思想是开放包容的，不故步自封。这种兼收并蓄的风格得益于他既受到过中国传统的私塾教育，熟谙古代儒家经典，背诵大量诗文，有中国人文教育的深厚知识背景，又有着多年留学欧洲的经历，

1 蔡元培：《蔡元培美学文选》，北京大学出版社，1983年版，第174页。
2 曹利华：《幼儿美育》，科学普及出版社，1991年版，第3页。

学习西方先进的文化知识和较为科学的教育教学方法。立足于当时中国社会和教育界的状况，将西方启蒙思想和美学思想，特别是康德美学思想，与中华文化的特点相结合，形成了他中西兼收的、独特的、具有中华民族特色的美育观。

宫承波、聂振斌、王列盈、吴玉洁、米正江等学者从各个角度对蔡元培的美育思想的内容和意义进行过深入的研究。宫承波从美育的本质、特征、意义、地位等方面进行阐述，指出蔡元培的美育思想是富有独创性的，而且内容十分系统、丰富。聂振斌深入讲述了蔡元培的生平事迹以揭示其思想与同时代学者的区别，详尽阐释了其美学思想的理论基础和其所承载的远大抱负，并择录蔡元培美学思想中最具有深远代表性的内容予以自己的理解和阐释，深刻地、较全面地揭示了蔡元培对美育内涵和外延的理解。王列盈以蔡元培的求学经历为线索，追溯了蔡元培美育思想发生、发展、不断成熟的演变过程，揭示其美育思想发展过程中的三个不同发展阶段及其特点，将其美育思想内容进行了有组织性的归类。吴玉洁从价值论取向探讨了蔡元培的美学思想的基本内容，视角新颖、见解独到，表现在其首先从宏观上把握蔡元培美学思想所影射的价值观，再对其各个组成部分进行阐述并向微观过渡，相对较细致地分析了思想的内涵。张正江从美育的作用和意义出发解读了蔡元培的美育观，分别从教育哲学、美育含义、心理学、美和美感以及美术与科学的关系这五个角度对其进行了剖析。蔡元培对美育的研究不仅停留在理论层面，更重要的是提倡美育的实践。

杨光、邓丽娟认为："美育就是美感教育、审美教育，就是应用美学基本理论、基本知识、基本观点，对学生进行形象的、生动的美感教育。这种教育不只是灌输，而是陶冶情感、丰富感情、开阔视野。"[1]由此可以看出：美育集美感教育和心理感受于一体，是在欣赏、体验、鉴别这个过程中使人理性地受到感性的启迪，以此丰富心灵情感，从而激发每个人的创作力而进入社会实践之中。朱光潜在《谈美感教育》一文中彰显了"美感教育是一种情感教育"的观点，还把艺术是否发达、美育是否兴盛与民族生命力的强弱联系起来。曹利华《幼儿美育》、丁秀娟《幼儿美育》、杜卫《幼儿美育》等美育著作中重点论述了幼儿美育的内容和途径。这些先辈学人摈弃中国传统工具论美育观的努力，为后学的研究奠定了基础。

---

1 杨光、邓丽娟：《生命审美教育》，山西教育出版社，2004年版，第1页。

（三）幼儿美育的概念

杨光、邓丽娟认为："幼儿美育应该是根据幼儿生理、心理特征，培养形成健全的、协调的审美心理结构，通过促进幼儿的审美发展来促进幼儿丰富完整的个性。"[1]楼昔勇认为："幼儿美育是以现实生活和艺术领域中无比生动、丰富的美作为手段，来滋润幼儿的心灵，美化幼儿的性格，提高幼儿的审美能力，从而使他们的身心得到健康的、全面的发展。"[2]曹利华认为，幼儿美育就是通过事物的具体鲜明的形象来感染幼儿，从而引起幼儿的美感，培养他们的爱美之心、创造美的能力，促进他们的全面发展[3]。由此可见，他们关于幼儿美育的目的是明确而统一的，都认为是要提高幼儿的审美能力、促进幼儿的全面发展。不同的是，孔起英老师的幼儿美育概念侧重于以幼儿的审美心理为基础进行美育，楼昔勇和曹利华的幼儿美育概念则侧重于幼儿美育的内容和环境。综上所述：幼儿美育就是结合幼儿的审美心理，在现实生活和艺术领域中，通过事物的具体鲜明的形象来感染幼儿，从而使幼儿的身心得到健康、和谐、全面发展。

从幼儿美育的概念可以看出：美育对幼儿的健康发展具有十分重要的影响。它具备使幼儿认识深化、道德感化、情感净化、智能开发和心理平衡等诸多功能，在幼儿的全面发展教育中，有着独特的作用。在幼儿美育中，通过引导幼儿置身于愉悦的、和谐的、自主的、创造性的学习活动中，让幼儿经历丰富的情感体验，感受学习的快乐、探索的魅力，从而促进幼儿全面素质的和谐发展。

幼儿教育是以3～6岁学龄前幼儿为教育对象，根据幼儿年龄和认知发展的特点，通过有计划、有目的、按步骤开展教育教学内容的一系列活动，而在这个过程中，就孕育着审美启蒙教育的极好机遇。在幼儿的教育教学活动中实施美育是一项重要内容，也是幼儿教育工作的最佳形式。美育不仅体现在教学活动方面，还体现在教育活动方面，试图在幼儿园的一日活动中通过美育来萌发幼儿内心对美的认知和追求，逐渐形成幼儿初步的审美趣味，在人生之初铺垫一个良好的开端。以美育的形式开展教育教学活动，意在培养幼儿的审美能力，从而让幼儿教育自身立美，以培养追求美的人，是幼儿教育所追求的理想境界。"我个人深切地感觉到中国社会所以腐浊，实由我们人的质料太差，学问、品格、才力，件件都经不起衡量。要把中国社会变好，第一须

---

1 陈鹰：《幼儿美育概论》，华中理工大学出版社，1995年版，第20页。
2 楼昔勇：《幼儿美育》，华东师范出版社，1992年版，第3页。
3 曹利华：《幼儿美育》，科学普及出版社，1991年版，第1–2页。

先把人的质料变好。”朱光潜先生在这里说的“质料”就是人的内心。朱光潜先生认为，要在教育中来培养“现代的中国人”，在现代教育培养的过程中要从改造人们的“质料”着手，也就是美育要从幼儿时期开始。

总之，美育又称美感教育，通过培养人们认识美、体验美、感受美、整合美和创造美的能力，从而具有美的理想、美的情操、美的品格和美的素养。德国著名的古典文学和古典美学家席勒第一次在美学史上提出了比较系统和全面的美育理论，从理论上深刻阐述了美育的必要性和美育的意义。蔡元培先生的“五育并举”教育方针第一次确立了美育在人才培养中的重要性。美育具有提高艺术修养，形成健全审美心理结构，培养健全人格高尚情操的个人价值以及提升全民的道德素养和整体文化修养的社会价值。在教育理论和实践中，一般把美育有狭义和广义之分，狭义的美育是指艺术教育，广义的美育是指审美教育、美感教育，“真正的美育是将美学原则渗透于各科教学后形成的教育”。本研究采用广义美育的界定，不局限在艺术领域，力争在幼儿园良好艺术教育基础上，融合、整合幼儿教育的其他活动内容，综合化实施，形成一个有益的艺术教育整体。

总之，本文美育包含着三层含义：一是美育是中国特色社会主义教育发展道路，习近平在全国教育大会上强调坚持培养德、智、体、美、劳全面发展的社会主义建设者和接班人，要全面加强和改进学校美育，坚持以美育人、以文化人，提高学生审美和人文素养。二是美育是基于真正的儿童视角，自下而上，注重过程和细节，俯下身子感受幼儿的心灵，感受学前儿童所切身体验到的美育活动，理解学前儿童眼中的生活意义和艺术情趣，有效促进幼儿园美育质量。三是美育是通过艺术整合特色课程让幼儿自主选择、自主体验、自主表现，从而培养身美、智美、行美、情美的“四美”儿童，从小给幼儿的心灵播撒下美的种了，从而培养幼儿美好的世界观。

二、幼儿美育的功能特点

幼儿美育是具有感性形象的教育，幼儿美育通过美好事物的具体形象直接或间接感染幼儿，使幼儿在事物中感受到美好，从而打动幼儿的情感，达到美学教育的效果。美的形式多种多样，但不同美的表现形式不同。教师可以在幼儿美育学校选择其他艺术活动，通过具体的形象展现在幼儿面前，给幼儿带来丰富的感情体验。因此，幼儿美育教育在幼儿学习阶段具有不可替代的功能特点。

（一）幼儿美育的功能

第一，幼儿美育对幼儿情感发展的功能。幼儿阶段，正是人的情感逐步形成、发展的阶段。在幼儿成长的这个关键时期，幼儿美育能够充分保护幼儿的健康情感，使其求真、求善、爱美的天性得以恰到好处地发展。就拿幼儿绘画来说，幼儿可以在作品中自由地表达自己的一些想法，他们会把对父母的爱，自己心中的委屈，通过绘画来表现，通过绘画来调适自己的情感，从而促进情感的健康发展。此外，接触不同的文学形象，让幼儿经历各种情感的体验等等，都有利于幼儿情感的发展。就幼儿美育的过程来说，要求教师注重营造和谐的教学环境，尊重幼儿的人格，关注个体差异，着眼不同幼儿的需要，注重调动幼儿学习的积极性。在美育的实施中，教师或者家长与幼儿之间能够形成一种民主、和谐的学习环境，这有利于幼儿情感的发展。

第二，幼儿美育对幼儿思维的功能。关于美育与智育的关系，比较权威的是加登纳的智能结构理论。加登纳在《多元智力》一书中证明，艺术教育能促进人类智能的发展，但是他并没有清楚地解答艺术教育怎么促进人类智能的发展。对此问题，阿恩海姆做了解释。阿恩海姆认为，艺术的基础是感知，艺术教育是提高人的感知能力最强有力的手段。而这种感知能力是任何一种研究领域中的创造性思维都不可缺少的；同时艺术活动本身也是一种特殊的思维活动，即知觉思维，而创造性思维在任何一个认识领域都是一种知觉思维。因此，艺术教育对个体智力发展的作用主要体现在它能有效地提高个体的感知能力和知觉思维能力。这就是阿恩海姆总结的："艺术作品的巨大优势之一就是，以最小限度的技术训练即足以向学生们提供独立发展他们自身心智源泉需要的训练——艺术作品的智力追求在于使学生有意识地掌握知觉经验的各个方面。"[1]

第三，幼儿美育对幼儿个性发展的功能。个性是具有一定的天赋生理素质的、处于一定的社会环境中的个人，通过活动使主体与客体相互作用而形成的稳定的素质。[2]也就是个体的心理特征以独特的结构形式经常地、稳定地表现出来，体现为个体独特的认识、感受和行为方式。幼儿美育则对促进幼儿个性的发展有着重要的意义。程秀琴在《以美育为突破口，促进学生全面素质的提高》中认为："美育鼓励学生真诚而自由地表现自己的内心世界，

---

1 阿恩海姆：《艺术心理学新论》，商务印书馆，1994年版，第201页。

2 刘梅、黄牧怡：《对个性研究的历史考察及概念界定》，《福建论坛（人文社会科学版）》，2006年第2期。

从而使他们在自己创造的对象上认识自己。例如，美术课中小学生作画，不同的个性就画出不同的作品来，这个绘画过程就是他们发现和评价自我的过程。”还有小学生把自己的感受表达到作文中，其过程也同样是认识和评价自我的过程。这对于他们个性人格和独创性的发展是有力的推动。

由此可以看出，幼儿美育对幼儿的全面发展有着重要的意义。因此我们要重视幼儿美育（尤其在当代幼儿美育没有被普遍重视的情况下），要研究幼儿美育。从幼儿美育的概念来看，幼儿美育要以幼儿的审美心理为基础进行研究。

“美育从根本上讲，是一种对人的全面教育，是为实现崇高的理想，充分发挥人的潜能，实现人的全面发展的特殊教育方式。具体地说，它通过文学艺术和其他审美方式来触动人的情感，使人在心灵深处受到感染和感化，从而使人的感情得以升华、情操得以陶冶、审美能力得以提高，人的身心结构更趋完美和谐，德、智、体、美全面发展。”[1]

美育可以有效促进德、智、体、美、劳的全面发展，为幼儿整个人生的成长之初奠定基础。美育是教育的重要内涵之一，在人生的教育中占有不可替代的重要地位。特此，其也相应呈现出必然的独特功能，在美育中，从微观的角度而言，能够有效促进审美个体较为完善的心理结构的建构，从小给幼儿培养一颗爱美、爱艺术的心灵，以此在人生之初潜移默化地奠定积极创造美好生活的态度和人生价值观；从宏观的角度而言，能够有效促进社会主义精神文明的建设，审美教育中的审美意识属于意识形态的性质，其与道德、哲学、政治等有着密切的联系，从某个角度而言，它既受到智育和德育的制约，但又对个体的知识积累、道德发展和世界观的发展具有促进的积极作用。

（二）幼儿美育的特点

在幼儿园开展美育活动，不同于科学知识和技能的传授，而是以审美的情感体验为核心的教育形式。这就要求根据3～6岁幼儿的年龄身心特点结合幼儿美育的特点，并深入研讨进行实践，准确有效地把握美育的任务及意义来展开幼儿的美育活动，由此来发挥美育的功能培养幼儿的知、情、意具有非常重要的意义。

第一，主体的自主性。美育基于寓教于乐的思想决定了这整个审美活动的过程是自由且自主的，在这个过程中审美主体没有被胁迫或强制参与的性质。“从感觉的受动状态过渡到思维和意志的主动状态，只能通过审美自由的

1　李戎：《美学概论》，齐鲁书社，1993年版，第423页。

中间状态来实现……美完全只能为感性的人提供一种纯粹的形式，而这一点必须借助心灵的审美心境才成为可能……通过审美的心境，理性的自主性一定会在感性领域展现出来，感觉的力量在它自己的界限之内一定会被打破，自然的人已经净化提高到这样的程度，以致现在只要按照自由的法则就能使自然的人发展成精神的人。"[1]在这里，"精神的人"是指通过美育后所形成的在形式与内容上理性与感性相结合，二者相互影响，相互递进关系并统一于一体的具有健全人格的人。那么，想要让"碎片化"的以物质为基础的人提升为"精神的人"，就要遵循"自由的法则"。特此，只有当主体在完全自主自愿且自觉的基础上，才能在整个的美育中得到审美的情感体验而从中获得审美的心灵和精神的享受；反之，则让审美主体对其失去审美兴趣，对此产生排斥心理就难以得到美的审美情感的体验。在幼儿教育活动中，幼儿在整个活动过程中都是独立自主的，教师是以引导和辅助的组织者身份参与其中。在教师以组织者的身份引导全体幼儿和辅助个别幼儿开展美育活动的过程中，应注意两个问题：第一，教师应让幼儿充分发挥其自主探索、协作和解决问题的能力，幼儿在美育的活动过程中是自由、自主和自愿的；第二，教师应给幼儿提供一个相对安全且自由的活动环境及场地，让幼儿发自内心地感受外界是自由和谐的。只有这样，才能让幼儿在自身身心条件放松及周身氛围愉快和谐的场所中通过美的形象的启示而接受美的熏陶，在没有任何压力的情况下尽情地发挥想象创作来展现自己。

第二，形象的感知性。美育是通过形象的具有审美价值的审美对象为教育媒介以其美的形象来打动感染人的内心，引起审美主体的美感及情绪的激动，从而激发审美主体产生审美的情感体验，因此达到涤荡心灵、陶冶性情，拥有高尚情怀和促进感性发展为目的的教育。俄国的文学家别林斯基曾说："哲学家用三段论法，诗人则用形象和图画说话。"[2]意思就是，哲学家用理性的逻辑思维来诉诸众人，而诗人则是对其自己所感触到的具体的形象把创造出来的富有意味的意象来感染人。日本的美学家今道友信认为："无论谁想起某种形象，不管它是对过去的回忆，还是对未来的想象，如果是具体的表象，那就是对某种美的感知。美是直接的感知，是活生生的，确确实实的感知，

1 张玉能（译）：《席勒美学文集》，人民出版社，2011年版，第275-276页。

2 中国社会科学院外国文学研究所编：《外国理论家、作家论形象思维》，中国社会科学出版社，1979年版，第79页。

就是对那处浮现在眼前的状态的感知。”[1]如春雷夏雨秋霜冬雪、梅骨兰风竹韵菊香、峰峦叠翠的奇山怪石和百转千流的溪水长河等这些景象都是能够看见，可以感受到的，甚至是可以摸得到的具体形象事物，不仅让人领略了自然的鬼斧神工，令人心旷神怡，为之流连忘返，在精神上感到轻松愉悦的同时，还能让人将这些形象特点中的美用来比喻为人的高尚品格；这些鲜明的、具体的、实在的、可感的美的自然景观形象还在人的内心深处增强了祖国山河的热爱之情。由此可见，美育活动的发生来源于具体的、可直接感知的形象，离开这具体的、实在的、可以直接感受到的形象就无美可谈，所以，形象感染性是美育中的一个较为显著的特点。

在进行美育活动的时候，各种具体的形象都能引起审美主体感官对其的观照，从中产生美的情感体验，进一步潜移默化地影响人的情感。3～6岁的幼儿是具象思维，他们认知这个世界的主要方式是以具有生动、有趣和鲜明的形象，通过看、听、触、摸、嗅等多感官协同活动来感知这多姿多彩的形式美。例如：在音乐故事的游戏活动中，幼儿在教师的引导下，随着音乐优美的旋律、节奏的快慢、故事的角色等内容来感受和认知这个故事角色的形象，以生动有趣的音乐游戏方式让这个故事的角色的形象“活”起来，在幼儿的心中留下深刻的印象，使得幼儿沉浸在愉悦的氛围中的同时受到感染熏陶。“正是那些多姿多彩的美的形象，唤起了我们的审美情感和审美欲望，使我们得到了美感享受和精神上的愉悦，并在此基础上，人们进一步通过联想和想象就能够理解和把握形象的本质，以及它所表现或蕴含的意义，从而受到深刻的教益。”[2]特此，形象感知性是美育中最为重要的一个特点，这也是审美教育能够对受教育者加以感性影响的关键之处。作为幼儿教师，应该了解并掌握形象性的特点，就可以根据幼儿年龄的身心特点给幼儿在审美活动中提供能够吸引幼儿注意力的教育教学材料等教具，才能更加有效地运用各种各样的美的形象来开展美育工作，为幼儿开启美的殿堂的大门，正确地引导幼儿在美的世界里畅游。

第三，情感的体验性。美育是情感的教育。美育的情感体验性是审美主体通过美的事物或美的形象在情感上得到启发和熏陶，在审美中对审美对象观照时所产生的情感体验使得性格受到陶冶，进而提升对客观事物的审美判断及审美评价的能力。贺拉斯曾经认为：“诗人的愿望应该是给人益处和乐

---

1 李戎：《美学概论》，齐鲁书社，1993年版，第446页。
2 李戎：《美学概论》，齐鲁书社，1993年版，第446页。

趣，他写的东西应该给人以快感，同时对生活有帮助。”[1]

在美育的过程中，审美的情感随着欣赏者的审美体验而逐渐深入，伴随并浸入每一个美育的环节中，这整个美育活动开展的过程，也就是一种审美的情绪和情感进行体验的过程，并且从美育活动的开始就已经伴随其中。这就是说，审美对象中的美的因素让审美主体对此生发了美的情感感受而获得审美情感体验的过程。所以，审美的情感体验性是审美教育的首要特性，是反映对客观事物的审美认知的过程，这是以情感为特征为基础，与感知觉、理解、想象等多种因素交织在一起的贯穿整个审美活动中的心理活动状态。幼儿在美育活动中毫不掩饰自己对审美对象的情感，当他们有了不同的情感体验的时候，就会用自己喜欢的方式将其感受和理解的情感体验表现出来。显然，审美的情感的体验性是审美感受中最基础同时也具有主导的因素。审美情感一方面的作用是推动审美主体的情感发生，另一方面对审美主体的美感进行导向的作用。幼儿的审美情感体验性使得他们在教师的引导下对审美对象的感知、理解、想象等更加鲜明、更加深入及更加打动内心。幼儿通过多种感官感受到鲜花的美而产生愉快的情绪，这是一个由外转内的对美的形象的认知的过程，也是人的情感体验由浅入深的发展变化过程，这个过程中的感知觉和情感始终是关联在一起的。英国的艺术理论大家科林伍德曾说：“感觉因素和情感因素两者不仅在经验中结合起来，而且是按照规定的结构样式结合起来的，这种样式可以说成是感觉先于情感。‘先于’在此并不意味着时间上在前，如果是那种情况，就不会是一种经验而是两种经验了。”[2]幼儿在观察事物的时候所有感官就已经协同观照事物产生了感知觉，由此就生发了情感体验，快乐、难过、沮丧、激动等情感都是和直接感知觉到的形象的属性中的意蕴相互对应。所以，在对幼儿开展美育活动的工作的环节中，根据幼儿的年龄阶段特征对其实施教育教学活动，就会让幼儿获得一定的审美情感体验，从而让幼儿对美的事物的认识和理解更加深刻。

第四，愉悦的启智性。美育既是独立存在的，也是贯穿于教育中的一种特殊教育，它直接以具体形象中美的因素作用于人的感官，来唤醒人的审美欲望和审美情感，使人在审美体验中得到美的享受及精神愉悦，在理解和把握这个形象的本质属性的基础上从中品味其所蕴含的深刻意义，让人的心灵和性情

---

1 北京大学哲学系美学教研室编：《西方美学家论美和美感》，商务印务馆，1980年版，第46页。
2 李戎：《美学概论》，齐鲁书社，1993年版，第450页。

在其中得到陶冶和培育。古罗马的诗人、文艺理论家贺拉斯曾在诗体信《诗艺》中提到寓教于乐："诗人的愿望应该是给人益处和乐趣，他写的东西应该给人以快感，同时对生活有帮助……寓教于乐，既劝谕读者，又使他喜爱，才能符合众望。"[1]《诗艺》是贺拉斯写给罗马的贵族皮索父子探讨诗的创作的诗体信，这段话言简意赅，贺拉斯认为创作诗歌的目的，既要让读者受到良性的教义，又要让读者从诗人创作的诗歌中感受到愉悦，这样才能受到大众的喜爱。可见，审美教育是在愉悦的氛围中开启人类智慧的寓教于乐的教育，它有机地将教育和愉快结合在一起，二者相互交织统一于一体之中，让受教育者的心灵和精神在轻松、愉悦的审美活动中受到如春风化雨、润物无声般的美的教育熏陶。

美的形式和内容各有差异，美的事物的本质及其属性所引发的审美主体的类型所产生的审美情感体验也各不相同。幼儿是以具体、生动和有趣的形象直接吸引其注意力的，当美的事物引发幼儿的情感波动时，他们便会以肢体、语言等方式表现出来。于幼儿而言，在教师选择适合其年龄段的教学内容对其开展教育活动，让幼儿在愉快的美育氛围里"玩中学，学中愉，愉中寓"来启蒙幼儿的智慧是非常重要的，这是在寓教于乐的思想基础上通过审美愉悦的情境让幼儿在不知不觉中受到教育。

总而言之，主体自主性、形象感知性、情感体验性和愉悦启智性是幼儿美育工作的特点，他们是相互统一、相辅相成的关系，幼儿园美育工作只要把握好以上这几点，有机地将它们统一在一起共同发挥相应的作用，就可以使幼儿美育工作取得良好的效果。

三、幼儿美育的实施路径

美育作为幼儿园教育活动的重要组成部分之一，具有重要的影响，幼儿的美育不仅对幼儿成长与发展具有不可忽视的意义和价值。幼儿园和家长应在潜移默化中影响幼儿的审美、赏美和创造美的能力。所以，在幼儿园开展美育的途径的研究中，得到许多学者的关注。

在美育中，强调感性和理性是相结合的，其中美育首先是注重感性的，再是结合理性。而所谓的感性，是对大自然、大社会中的美有感而发，真情表露。

陈鹤琴先生对幼儿美育中的感性体验十分重视，在陈鹤琴的"大自然、大社会都是活教材"课程论中鲜明体现。感性首先可以为幼儿提供鲜活生动的

---

1 杨周翰（译）：《诗艺》，人民文学出版社，1962年版，第141-142页。

直观形象，让幼儿对知识有最直接的了解和体验，另一方面是通过这种直观的感受体验，可以激发幼儿内心的兴趣，获得对学习的积极性和乐趣。陈鹤琴同时强调了在幼儿学习和教师教学中既要有感性同时也要具备理性。感性是理性的基础，在此基础上理性的思考能够更好地促进感性发展提升。所以在美育教学中，融合二者，使之相互结合共同促进幼儿和谐发展[1]。

常鑫对于幼儿美育开展途径主要通过环境来实现，其中包括一是通过为幼儿创设美丽愉悦的幼儿园环境和温馨多彩的家庭环境，来进行对幼儿的审美教育。二是在自然中对幼儿进行美育。大自然作为幼儿最广阔的环境，同时也是幼儿审美教育材料的最主要提供者，大自然的万物都吸引着幼儿的注意力，教师合理地利用大自然环境，通过各种自然风景、花鸟鱼虫等来吸引幼儿，同时培养幼儿的审美能力。三是在日常生活中，为新时代的幼儿创设一个具有新时期社会主义核心价值观的环境，从小对幼儿渗透精神环境的美好，让幼儿在感受物质环境美中同时提高精神境界更为重要。四是为幼儿创设具有中国代表性的环境，我国的传统文化和传统节日应使幼儿从小了解，从小认识到我国优秀的传统文化，同时感受我们国家文化中的美[2]。

翁麦虹提出在幼儿美育教学中，通过幼儿园活动开展是不错的教学方式，幼儿在幼儿阶段注意力不够集中，对事物有天生的好奇和玩闹，通过游戏教育的形式来展开美育教学是很可取的。在幼儿美育中，游戏既可以帮助幼儿提升人际交往合作能力，还可以促进幼儿的感性冲动并在学习中引导幼儿的思想。例如，教师可以通过游戏形式开展美的欣赏活动，让幼儿在实际生活中发现、挖掘并提升自身的审美能力。让幼儿与生活结合获得发现美、欣赏美、表达美的能力，同时提升幼儿对艺术作品中的审美能力，在潜移默化中塑造幼儿美的行为和美好心灵，净化幼儿的思想[3]。

张俊春提出对幼儿的审美教育应融合在幼儿园的一日活动中，幼儿园的活动自幼儿开始上幼儿园起就代替了大部分的家庭活动，成了幼儿生活中最主要的活动形式，而幼儿园中的一日生活活动也成了教师集中开展美育的形式之一，通过教师设计的活动，按照幼儿的发展逐步开展，长期的审美积累、

1 田艳红:《陈鹤琴“活教育”中的美育思想研究》,硕士学位论文,西南大学美学,2017年。
2 常鑫:《刍议幼儿美育:寓教于美》,《基础教育研究》,2019年第17期,第91–92页。
3 翁麦虹:《幼儿美育教学中有效策略的尝试》,《美术教育研究》,2017年第20期,第164页。

熏陶，很大程度提升幼儿对美的认识和自身审美能力的提升。幼儿园一日活动专指在幼儿园中教师针对幼儿所设计和开展的一系列保育和教育活动。其中所包含的活动形式有教学活动、游戏活动、娱乐活动及区角活动，这些都可以帮助教师集中开展美育，也同时将审美教育融入其中，全面提升幼儿的审美能力，促进幼儿美育发展[1]。

目前，研究者对幼儿美育的研究多集中在幼儿美育的开展形式、开展原则及如何实现的途径等探索。郑东明提出要通过多种多样的形式开展幼儿美育，通过为幼儿创设美的环境，包含美的自然环境和社会环境，让幼儿真正走入环境中[2]。周美英表示要在注重幼儿物质环境的同时，也要注重幼儿精神环境中美的提升，教师应灵活利用生活中、大自然中可提炼的艺术活动，同时要结合环境、空间、材料及内容全面提升幼儿美育，提升幼儿审美能力的发展[3]。王诗卉、李秀玲则在分析对幼儿进行审美教育有何意义的基础之上，提出应在幼儿所主要接触的幼儿园和家庭中通过游戏的形式进行美育，提升幼儿的审美能力[4]。祁春霞针对开展幼儿美育活动的原则提出在进行审美教育时应更加注重并遵循“快乐”原则，让幼儿主动并真实感受到快乐。“整个教学法”原则，幼儿应在幼儿园的五大领域活动和日常生活中进行美育，不能脱离幼儿园的任何一环。“生活化”原则，教育源自生活，从生活出发更能提升幼儿对美的理解和表达。“本土化”原则，结合本地区本园特色开展活动[5]。同时还有研究者结合自身教学经验，提出开展幼儿美育要统筹兼顾农村乡土资源、地区传统文化，同时也要注重家园合作等多方面进行美育活动。

综上所述，探寻开展幼儿美育途径时，主要集中在以下几点：一是主要通过艺术活动促进幼儿美育发展，如美术、音乐、舞蹈等教学活动；二是通过游戏活动和日常生活培养幼儿审美能力；三是为幼儿提供自然美或经过老师提供的材料、环境，潜移默化地促进幼儿美育发展；四是在一日活动中贯穿美育。艺术活动是多种多样的，任何形式都可以作为美育的内容。幼儿喜欢音乐、舞蹈，当他们听到熟悉的或者旋律轻快活泼的乐曲时，都会情不自禁地手

1 张俊春：《幼儿美育的方法研究》，《课程教育研究》，2017年第36期，第209–210页。
2 郑东明：《幼儿美育的途径和形式》，《当代教育科学》，2003年第13期，第47页。
3 周美英：《学前幼儿美育策略研究》，《教育导刊（下半月）》，2011年第6期，第68–70页。
4 王诗卉，李秀玲：《幼儿游戏中的传统审美教育》，《黑龙江史志》，2013年第15期，第1231+233页。
5 祁春霞：《幼儿美育原则》，《课程教材教学研究（幼教研究）》，2012年第2期，第31页。

舞足蹈起来，表达内心的情感。艺术教育是美育的主要途径，实施美育主要在艺术教育中进行。

第二节　幼儿园艺术教育的发展历程与理念

幼儿有着十分独特的想象力与创造力，对新奇事物有足够的好奇心，学前幼儿接受的艺术教育对其今后的发展十分重要。对于幼儿而言，艺术教育不仅能培养其审美与艺术感知、创造能力，还能培养其性格、思想。艺术教育能挖掘幼儿的潜力，帮助幼儿认识自我，并结合生活中的所见所感让幼儿形成对生活和社会的认知与理解。基于此，在幼儿园大力开发艺术教育课程的今天，我们首先应当充分了解目前幼儿园艺术教育的发展历程与发展趋势，并结合先进艺术教育理念，为实现艺术教育的无限价值而积极探索。

一、国内外幼儿园艺术教育的发展历程与理念

艺术教育对于幼儿成长来说具有重要的影响，它能够充分开发幼儿的艺术潜力，帮助幼儿发现美、创造美，并结合幼儿生活中的所见所闻，让幼儿重新认识生活和社会，更有利于幼儿认识自己。所以，梳理国内外幼儿发展现状，以对我园的艺术教育发展提供理论借鉴，从而更好地促进艺术教育高质量发展。

（一）国外幼儿园艺术教育发展历程与理念

美国艺术教育与其他学科同等重要，美国的《艺术教育国家标准》中，艺术首次被确定为基础教育的核心学科。艺术课程与其他七门核心学科放在同等地位，这引起了全球教育同行的关注。美国教育学家认为，没有艺术的教育是不完整的教育。艺术是儿童一本最佳的启蒙书，有助于“人类的自我发现”；他们尤其强调，艺术教育绝非天才教育，它为全体学生所共有。美国音乐教育家詹姆斯则把幼儿艺术教育理解为就是为欣赏而进行的教育，而对于艺术的知识技能的学习与艺术欣赏之间的关系，他指出技能技巧不是艺术教育的最终目的，以艺术欣赏作为动机并且以欣赏作为目的，在这一过程中，以艺术的知识技能作为手段与途径才能实现二者的意义。以音乐教育为例，他认为音乐教育的中心是欣赏课。假如我们不能创造欣赏课，我们就马上变成了不过是训练者，不过是教窍门的教师，而不再是教育工作者。“音乐欣赏

课可以说是音乐教育中，设法引起儿童对音乐的爱好，并使这种爱好更深、更有智慧的一种力量。欣赏提供了动力，音乐教育的目的只能是培养更好、更深的欣赏力。”

日本的《学习指导要领》中将儿童艺术教学的主要内容概括为欣赏与表现。在这一文件中，更是把通过欣赏活动来发展儿童的艺术能力，培养儿童对艺术的兴趣与体验、陶冶情操为目标。高荻保治在1993年来我国讲学时也曾提出，音乐教育包括欣赏和表现两个领域。一方面要培养儿童积极的“主动音乐性”，另一方面也要重视儿童的音乐感受性。

德国不唯培养“艺术家”是瞻，德国的艺术教育专家认为，一个民族需要培养自己的画家、歌唱家，更需要培养大批有艺术修养的观众和听众。德国的学校艺术教育鼓励由学生自己创造，很多学校的艺术教育课堂类似手工作坊的工场。学生的艺术活动成果并不要求有多高的水平。学生都是十分愉快地参与活动，不需要担心考试成绩，而是当成体验审美、宣泄情感、彰显个性、发挥才华的平台。德国教育委员会在艺术教育的目的中指出“培养具有享受、批评和改造艺术作品的能力”。在这一思想的指导下，传统的绘画以及唱歌教学被多方面的艺术欣赏与创造教育所取代。

英国审美教育由来已久，早在19世纪下半叶，英国人莫里斯就发起了著名的“工艺美术运动”，看重工艺品在审美教育中的作用。加强公立学校的绘画课教学，使国民普遍拥有审美能力，成为一种国策。如今，有关艺术领域的规划上，美术与音乐为独立学科；戏剧置于英语课程，并和其他课程结合。实施与推动方面，以国家课程、整体课程、校外之社会资源与支援来进行。例如，参观艺术馆和博物馆就被列入英国学校课程。

法国艺术教育注重感悟，与国内推崇数学、语文等学科不同，法国的幼儿教育更偏重音乐和美术。法国所有的幼儿园都把美术教育看成教育的根本，80%以上的幼儿课程都和美术有关。为培养孩子们的创造力，他们很重视参观和旅行之类的活动，让孩子们用画笔或语言描述他们的所见所闻所感。而在地理、音乐等其他科目的学习中，他们也积极鼓励孩子们运用自己的想象力，创造出具有独特个性的作品，以此培养孩子对艺术的热爱。

（二）国内幼儿园艺术教育发展历程与理念

在20世纪50年代，幼儿教育专家陈鹤琴也对艺术知识技能的学习与艺术欣赏活动的关系提出过重要的观点，认为艺术欣赏指导比技术训练更重要，并具体描述了欣赏与幼儿生活、情感上的关系。在音乐方面，他指出：“技术陶冶不能达到音乐教育的目的，音乐教育应利用音乐来改善儿童的意志，陶冶儿童的情操。”张雪门反对把美术、音乐等作为一种哲学或者一种工具来看待，主张对幼儿进行的艺术教育应给幼儿更多自己的体验、自由表现的机会，关注艺术本身对儿童心灵影响的价值。他提出，在艺术教育中，首先要引发幼儿对作品作出反应的内部需要，激起幼儿进行欣赏的主动性，为其提供欣赏的机会，培养幼儿对艺术的敏感性。

近年来，从一些艺术教育理论与实践工作者发表的文章中也可以看出，越来越多的研究者认识到欣赏对于儿童艺术教育的重要作用，对艺术欣赏的重视程度已经远远超过了艺术知识技能的学习。《幼儿园教育指导纲要（试行）》颁布以来，丰富幼儿的情感，培养初步的感受美、表现美的情趣和能力成为幼儿艺术领域的主要目标。越来越多的幼儿教育研究者将关注点放在了欣赏方面，重视幼儿感受美和欣赏美的能力。

许卓娅对幼儿园音乐教学的现状进行了分析，总结出国内幼儿园音乐欣赏活动长期处于薄弱状态的原因，并基于此对幼儿园音乐欣赏活动的改革提出宝贵建议。

屠美如针对幼儿艺术欣赏活动的处境，分析艺术欣赏教育的基本原理和指导思想，并对美术欣赏具体活动开展的各个方面进行了研究，以使幼儿艺术欣赏活动走出当前的困境和误区。

国内幼儿园艺术教育是学前教育课程体系中不可缺少的一个重要组成部分。它是实现审美教育目的、落实教育目标的具体手段；是帮助儿童获得有益的艺术学习经验，并能够有效地迁移到其他领域的知识；通过情感的激发、陶冶和升华，培养幼儿健康、乐观、积极向上的心理品质，促进其身心和谐发展。正如教育部《幼儿园教育指导纲要（试行）》（以下简称《纲要》）中明确指出的：“艺术是实施美育活动的总和，应引导幼儿发展积极情感，促进健全人格的形成。”

幼儿艺术教育不是以培养艺术家为目的的专业艺术教育，而是为未来社会培养具有一定艺术和审美素养、具有创新意识和创造能力的公民的艺术素质教育。国家《艺术课程标准》亦倡导“艺术能力和人文素养整合发展”。幼儿这种全方位的艺术能力的形成和发展要求我们必须尽早突破技艺教育的藩篱，走上技艺与创造并存、感受与操作并重的综合艺术教育的轨道。

艺术教育是提高人的修养、优化人的性情、提升人的精神境界的有效途径，它能满足和提高人的审美需要，提高人的审美能力，使人的审美生活成为可能。构建幼儿园艺术教育课程模式应注意将艺术活动融入环境、学习和生活中，使显性教育和隐性教育互相补充，共同发挥作用，使之真正有利于幼儿的全面发展。

二、我园艺术教育的发展历程与理念

听潮艺术幼儿园建园二十年以来，坚持走艺术教育之路，无数听幼人怀揣着对于艺术教育的那份初心，满怀希望与梦想在艺术教育的道路上不断前行。在“潮美而行，艺启成长”的办园理念的指引下，我们直面本园艺术教育发展过程中的问题，把特色课程开发与区级重点课题的研究统整起来，不断优化课程理念及目标，拓展和丰富特色课程内容与形式，细化课程实施路径与方法。

随着课改的不断推进和幼儿园自主发展的需要，我们的艺术特色教育也在跟随着课题的不断深入研究而发展，先后历经了“潮之术”“潮之乐”“潮之美”三部曲的发展阶段。

2000年至2012年为“潮之术”阶段。作为幼儿园发展的初期阶段，努力探寻具有个性化特点的“艺术”特色是当初面临的主要问题，其间恰逢上海市学前教育二期课改，这一轮课改赋予幼儿园课程园本化发展更多空间，提出共同性课程与选择性课程，既保证这一阶段儿童接受必要的教育，又有利于幼儿园结合本园实际实施个性化的教育。因此，我们把课程建设的重心落到“选择性课程”的实践研究，在两大龙头课题《3～6岁幼儿形体美育、民间美术欣赏的研究》《幼儿园整合性艺术特色活动的实践与研究》的引领下，对选择性特色课程的内容、形式和途径展开实践，其间形成了形体美育、民间美术、音乐启蒙等多套艺术活动实施方案。在积累优质艺术教育案例和资源的同时，教师的艺术教学方法及艺术素养得到提升，为园所艺术特色的实践打下了坚实的基础，但多样化的特色活动在实施中极大挑战了课程配比的均衡性，这种以多种艺术特色活动所构成的选择性课程与共同性课程之间存在被包含、重复的关系，在实施过程中也相对偏重幼儿艺术技能的获得和习得。反思这一轮的课程建设，我们开始思考如何有针对性地筛选、梳理、优化一系列“艺术特色活动”，如何挖掘能够激发孩子艺术素养与艺术兴趣的活动内容。

2013年至2018年为“潮之乐”阶段。基于第一轮艺术特色的实践和思考，我们对选择性课程中的艺术特色活动内容进行再论证，同时也积极响应党的十七大提出的“加强中华优秀文化传统教育”的要求，2013年起，我园将艺术特色聚焦于幼儿“民乐”，以“民乐”为抓手，做亮做强特色，以三种乐器（竖笛、古筝、扬琴）为载体，多形式、多途径培养幼儿感受、欣赏民乐的美，并进行艺术表达表现，实现人格健康和谐发展的幼儿器乐启蒙教育。在课题《以民乐为载体开展幼儿艺术启蒙培养的实践研究》的引领下，积极探索幼儿民乐活动的实施策略，形成了竖笛、古筝、扬琴三大特色活动实施方案集及特色活动实施评价方案，有效提升教师的民乐课程实施能力，但“民乐”活动的开展与共同性课程融合度还不高，特别是大件乐器古筝、扬琴的幼儿普及率不高，未能较好满足所有孩子的兴趣与发展的需求。

2019年至今为“潮之美”阶段。基于以往两轮特色研究的经验和轨迹，考虑艺术特色的普及性、多元性和与共同性课程的融合性等诸多问题，根据习近平总书记在2018年9月的全国教育大会上提到的“坚持培养德、智、体、美、劳全面发展的社会主义建设者和接班人”“坚持以美育人”的指示，2019年起我们结合新一轮的区级重点课题《美育视域下构建幼儿艺术整合特色课程的实践研究》，以课程整合性原则为一种全新方式，在“在孩子的心海植入美的种子”课程理念的引领下，创新实践“美育视域”课程背景下的“艺术整合”特色课程研究，聚焦幼儿的体验式学习特点，依托对课程实施路径与方法的研究，以形成一套完整的特色课程体系，从而有效推进幼儿园特色发展。

我园的课程以“在孩子的心海植入美的种子”作为理念，是一种指引，更是一种行动。在课程实施中，每一个课程参与者要平静心态、放慢脚步、用教育之美在每一个孩子的内心深处植入美的种子，精心培育，使其不断生长，达到“以艺术整合教育为载体”促进幼儿整体全面和谐发展的目的。理念聚焦儿童观，着眼儿童视角，即每个孩子都是纯真可爱、独一无二、自然萌芽，如同孩子的“心海”那般宽广清澈且蕴藏着无限的可能。理念体现教育观，注重教育艺术，即尊重天性、遵守天时、顺应发展，如同“用心呵护与慢慢培植”，能够为孩子的未来学习和后续发展奠定基础。理念凸显课程观，支持个性生长，即美的浸润、多元体验、表达创造。我们期待的这些“美的种子”是蕴含无限能量，可以是一颗愉悦身心的种子、引发情趣的种子、激活想象的种子、释放天性的种子。

为每一个孩子的健康成长提供条件，为每一个幼儿的美好世界观形成和幼儿终生发展奠定基础。我们搭建课程实施的共同体，让我们每一个参与者能和谐共存，共同成长，向美而生，收获快乐。

第三节　幼儿园艺术整合特色课程的设计与规划

幼儿艺术教育是学前儿童教育中的重要内容，是实施幼儿美育的重要途径。幼儿教师应根据幼儿身心发展的规律，有目的、有计划地通过开设艺术课程启发幼儿，引导幼儿艺术创作的动机和兴趣，让幼儿在艺术活动中获得发展。因此，幼儿园充分运用多种手段，做好艺术整合课程的顶层设计和规划，引导幼儿建立良好的审美观，通过合作与交流，激发幼儿的艺术情感。

一、幼儿美育的调查分析

幼儿园任何教育活动都是以幼儿与教师双方共同参与为存在条件并以双方的相互作用为基本过程展开的。因此在美育过程中，教师对于美育理解的情况会影响美育的有效性。为了解当前我园教师对美育的认知以及实施的理解现状，我园运用问卷法和访谈法来进行调查，主要分为教师对美育概念的理解、教师对美育功能的理解以及教师对美育途径的理解三个方面。

（一）幼儿教师对美育理解的数据分析

考虑到调查的全面性，在问卷对象和访谈对象的选择上，我们随机抽样了不同教龄以及不同职称等级的教师。我们随机抽取了带班教师中的三分之二，即48名。抽样教师的基本情况如下：

表1　抽样教师教龄情况

教师教龄（年）	人数（人）	所占比例（%）
1～5年	10	20.83
6～10年	15	31.25
11～15年	16	33.3
16～20年	4	8.33
21年以上	3	6.25

表2　抽样教师职称等级情况

教师职称等级	人数（人）	所占比例（%）
无等级	4	23.23
幼师二级	25	30.23
幼师一级	15	23.56
小学高级	3	6.98
中学高级	1	6.98

从表1和表2可知，被调查教师的教龄以及职称等级呈正态分布。

第一，教师对美育概念的理解情况。在问卷中，我们通过教师对美育概念和美育概念外延的认同情况调查教师对美育概念的理解，数据罗列如下：

表3　教师对美育概念的理解情况

	选　项	人数（人）	所占比例（%）
美育，是指审美教育、美感教育，力争在幼儿园良好艺术教育基础上，融合、整合幼儿教育的其他活动内容，综合化实施，形成一个有益的艺术教育整体	同　意	44	91.67
	不确定	4	8.33
	不同意	0	0
美育与艺术教育的概念是相同的	同　意	3	6.25
	不确定	4	8.33
	不同意	41	85.42

从表3可知，91.67%的教师认同“美育，是指审美教育、美感教育，力争在幼儿园良好艺术教育基础上，融合、整合幼儿教育的其他活动内容，综合化实施，形成一个有益的艺术教育整体”，说明教师对美育概念的理解是比较准确的。对于美育概念外延的理解，85.42%教师不认同“美育与艺术教育的概念是相同的”，6.25%教师认同，说明一部分教师对于美育概念外延的理解是模糊的。

从教师访谈中得到了相同的结果，当被问及“你认为美育是什么”，教师们提到最多的词频为“审美教育”“美感教育”等，也有一部分教师认为是“艺术教育”。

第二，教师对美育功能的理解情况。在问卷中，我们通过教师最为认同的三个美育功能（多选题）来了解教师对美育功能的理解情况，数据罗列如下：

表4 教师对美育功能的理解情况

	选　　项	人数（人）	所占比例（%）
你认为美育对幼儿哪方面发展的帮助最大？（选择您最为认同的三项）	创造和想象能力发展	40	27.78
	艺术欣赏能力发展	35	24.31
	认知能力发展	9	6.25
	自信心发展	21	14.58
	健全人格	19	13.19
	感受美、表现美和创造美的能力	13	9.03
	语言表达能力	2	1.39
	其他	5	3.47

如表4所示，教师认为美育的功能是非常丰富的，体现在幼儿学习与发展的各个方面，而教师最为认同美育能够促进幼儿创造和想象能力发展（27.78%）、艺术欣赏能力发展（24.31%）、自信心发展（14.58%）以及健全人格（13.19%）。

而在教师访谈中，教师对于美育对于幼儿的重要性，教师们提到了“不可或缺”“终身发展”“幼儿教育的主要方面之一”等词汇。

第三，教师对美育途径的理解情况。教师们对于美育途径的理解，在问卷中，通过教师日常教学中最常实施的三种美育途径来进行了解，数据整理如下：

表5 教师对美育途径的理解情况

	选　　项	人数（人）	所占比例（%）
在日常教学实施美育的过程中，你最常使用的途径为？（选择您最常使用的三项）	集体活动	30	20.83
	生活环境	29	20.14
	大自然	27	18.75
	游戏	31	21.53
	节日活动	5	3.47
	饲养和种植活动	6	4.17
	亲子活动	10	6.94
	其他	6	4.17

从表5中数据可知，教师们通过多种途径来进行美育，教师最常使用的途径为在游戏中进行美育（21.53%）、在集体活动中进行美育（20.83%）以及在生活环境中进行美育（20.14%）。

在访谈中，教师们认为“环境能够潜移默化地进行美育”“游戏中能够让幼儿自主地进行美育”“大自然是最好的美育材料和环境”等。

（二）幼儿教师对美育理解的讨论与分析

通过问卷以及访谈中教师对于美育理解的数据分析，发现：

第一，教师对美育概念的理解较为准确，但对美育概念外延的理解模糊。从问卷调查中，我们发现教师们对于美育的概念理解是比较准确的，对美育在幼儿园教育中的表现形式的把握是比较准确的。但是教师对于美育概念外延的把握较为模糊，有部分教师认为幼儿园美育与艺术教育的概念是等同的，其实是对美育概念的窄化，在幼儿园中艺术教育只是美育的一部分。因此应该强化教师对于美育概念的正确理解。

第二，教师认同美育对于幼儿身心发展的必要性。所有教师都认同美育对幼儿身心发展的重要性，同时其必要性表现在幼儿学习与发展的方方面面。有教师认同美育对幼儿价值观的影响：“美育有助于树立正确的人生观、世界观和价值观，促进儿童在正确认识自己的基础上认识社会，认识世界。”有教师认同美育对幼儿个性发展的影响：“挖掘幼儿的潜能，让幼儿通过表达美与创造美来充分了解自身在学习、生活方面的实际需求和爱好，抒发自己的情感，实现个性和谐发展。”还有教师对幼儿心理健康发展美育也必不可少：“每个幼儿内心都有一颗美的种子，通过美的教育让幼儿身心愉悦，让这颗种子生根发芽，拥有良好积极的情绪，形成健全的性格，拥有积极、乐观、坚强、豁达、友善、宽容的健康心理。”因此，进行美育是非常必要的。

第三，教师对美育途径的理解丰富。教师认为美育的实施途径丰富多彩。在访谈中，对于美育的实施，教师表示在自然中可以进行美育：“在幼儿观赏自然时，教师选择适当的、能为幼儿理解的艺术语言，表述其中的美，可以大大提高幼儿的美感和审美水平。”在游戏中可以进行美育：“游戏能够推动创造力的发展，幼儿可以无拘无束地在反映现实生活中、在游戏的构思中进行美的创造。”在节日活动中可以进行美育：“节日活动有环境的布置与节日装饰，幼儿可以多方面感受美。年龄大些的幼儿可参加节日的布置或娱乐的准备工作，使儿童参与创造美的活动。”

二、幼儿园艺术课程的顶层研究设计

第一，幼儿艺术整合特色课程。幼儿艺术整合课程是指以培养幼儿认识美、体验美、感受美、整合美和创造美能力为主旨，探索以艺术教育为中介和辐射点，以幼儿期常见的艺术形式如音乐、舞蹈、美术、手工制作、书法等艺术领域活动为核心，与语言、科学、社会、健康领域在目标、内容、实施途径、方法和评价等方面进行整合、融合设计与实践，构建交叉和融会贯通其他领域的艺术整合特色课程，实现3～6岁幼儿审美能力的综合提升，为幼儿美好世界观形成奠定良好基础，支持和推进幼儿园艺术教育特色进程。

第二，研究目标。通过研究，优化教育课程资源，构建系统的幼儿艺术整合特色课程理念、目标、内容、评价体系，构建一个结构合理、操作性强的艺术整合特色课程方案；提升幼儿体验美、感受美、表现美和创造美的能力，促进幼儿身心全面和谐健康发展，助推幼儿形成健康的人格和积极的世界观；提高教师对幼儿艺术整合特色课程的执行力和领导力，增强教师课程资源的创新开发意识，力争形成一批有独特教学风格和研究型的教师；提升幼儿园办园品质，丰富和完善幼儿园课程方案，强化幼儿园艺术教育特色。

第三，研究内容。一是对于美育内涵及其价值研究，主要在：通过文献研究，理清美育内涵、价值以及美育与其他教育的关系；梳理当前幼儿艺术教育目标与内容；美育视域下幼儿艺术整合特色课程价值定位研究。二是对于当前幼儿艺术整合特色活动现状研究。拟通过座谈、个别访谈、教学现场观察，了解当前幼儿园艺术教育现状、其他领域渗透和整合情况以及幼儿对艺术整合活动兴趣和表现等内容。三是美育视域下幼儿艺术整合特色课程理念与目标研究。一方面，确立幼儿艺术整合特色课程理念，通过研究当前艺术教育发展趋势和最新理念，解读幼儿园“潮美而行，艺启成长”办园理念，深入探究幼儿艺术整合特色课程与幼儿园发展的联系，确定幼儿艺术整合特色课程的理念；另一方面，确立幼儿艺术整合特色课程目标，通过解读学前教育文献和相关政策文件，统整艺术、语言、科学、健康、社会有关培养幼儿审美能力的目标，拟将“幼儿培养成能够认识美、体验美、感受美、整合美和创造美的听幼娃”作为课程培养目标，并在研究与实践中调整与完善。四是美育视域下幼儿艺术整合课程内容选择和生成研究。一方面，幼儿艺术整合特色课程内容选择研究，在梳理幼儿园原有艺术教育活动内容基础上，进一步挖掘语言、科学、健康、社会领域审美教育内容，探索艺术领域活动内容与语言、科学、健康、社会领域内容的整合，最终形成基础型课程中贯通各领域的审美教育内容体系；另一方面，幼儿艺术整合特色课程内容生成研究，根据艺术整合活动的组成以及我园针对幼儿美育养成的需求，力求各艺术形态活动间的整合，艺术领域活动内容与语言、科学、健康、社会领域内容的整合，综上生成原创的幼儿艺术整合活动内容。

主要通过艺术领域与其他四大领域（语言、科学、社会、健康）之间不同程度的整合活动来进行，具体内容如下：设计与实施初阶多领域整合活动。根据幼儿兴趣以及领域特性，我们分为了三个部分：艺术、科学、社会领域间整合（自然美活动、生命美活动）；艺术、语言、社会领域间整合（文学美活动、表达美活动）；艺术、社会、健康领域间整合（身体美活动、运动美活动）。设计与实施高阶全领域整合活动。考虑幼儿园活动特性，我们分为了两个部分：自主游戏（建构游戏、沙水游戏、角色游戏）中全领域整合活动；实践活动（远足活动、参观活动、种植活动）中全领域整合。

第四，美育视域下幼儿艺术整合特色课程实施路径和方法研究。结合本园的条件以及幼儿实际情况，我们以培养“四美”幼儿为课程目标，基于幼儿多通道学习途径的思考，开展“4M体验路径”的实践，充分凸显以“体验”为特点的课程实施要求，让每个孩子在“寻美—赏美—识美—创美”的过程中乐享成长，从而实现以艺术教育为载体，促进幼儿整体全面和谐发展的目标。同时，我们将对各路径的具体实施方法进行实践研究，结合实践案例的分析与思考，归纳且梳理出了支持“4M”实施路径的一些行之有效的策略。

第五，美育视域下幼儿艺术整合特色课程的评价研究。幼儿艺术整合活动评价的内容与对象，主要对照课程目标，包括针对幼儿的艺术发展情况、活动本身、教师基本素养进行评价以及家长对活动的评价。主要包括：课程实施评价表（课程设置、课程方案、课程实施、资源利用、环境创设等），教师发展评价表（参与课程建设能力、教学实施能力、教学评价能力、课程研究能力、资源整合能力等），幼儿发展评价表（各年龄段幼儿整合与感受能力、表现与创造能力），家长评价表（幼儿发展、教养工作、家园互动、其他工作）。幼儿艺术整合特色活动评价的方法，拟采用即时性评价和过程性评价，注重活动过程的观察与记录，教师对活动的反思和同行观课评课。

三、幼儿园艺术课程的研究实施规划

第一，研究方法。我们将在自然、真实的幼儿艺术整合活动中进行实践研究，构建系统的幼儿艺术整合特色课程理念、目标、内容、评价体系，构建一个结构合理、操作性强的艺术整合特色课程方案。为了实现这一目标，本研究中运用观察法、访谈法、问卷法，进行第一手资料的收集。一是经验总结法。通过分析艺术整合活动课程理念与目标、活动内容选择和生成、内容实施、活动的评价的实践探索活动，通过各类幼儿艺术整合活动的设计、实施、反思与调整，由此得出研究结论与建议，从而梳理出一套适合小中大年龄段的艺术整合活动案例集，合成一套完整的艺术整合特色课程。二是观察法。本研究采用参与式与非参与式观察相结合的方法，在各类艺术整合活动中进行实地观察，观察教师在艺术整合活动中、活动实施时对幼儿活动提供的支持，以及幼儿在活动中的表现等，将活动的观察记录与活动录像结合起来，力求得到全面、系统的第一手资料。三是访谈法。为了弥补观察法的不足，更深入地了解教师的想法，本研究将访谈法作为辅助性方法，将正式访谈和非正式访谈结合起来，个别访谈与集体访谈结合起来，利用教师的教学间隙、集体讨论时间和课余时间，围绕访谈提纲进行访谈，了解教师对幼儿艺术整合活动的认识，各类艺术整合活动课程理念与目标、活动内容选择和生成、内容实施的看法以及对幼儿的态度和认识。

第二，研究架构。整个研究过程阶段如下：第一阶段是准备阶段。一是建立课题组，明确分工，落实研究任务；二是成立情报组，收集资料，并进行初步分析探讨，了解有关此类课题的研究情况；三是邀请相关专家来园指导；四是设计研究方案，理清研究思路，明确研究目标、内容、任务、方法以及应取得的研究成果；五是梳理幼儿园现有的艺术整合活动案例；六是通过访谈、观察了解艺术整合活动中存在的主要问题。

第二阶段是实践研究阶段。一是对幼儿艺术整合活动的现状研究。一方面，查阅文献，梳理出美育内涵、价值以及美育与其他教育的关系；当前艺术教育目标与内容，并找出美育视域下幼儿艺术教育的价值定位；另一方面。梳理幼儿艺术整合活动开展的现状，包括幼儿艺术整合活动内容选择的情况和分析与幼儿艺术整合活动设计与实施的情况与分析。二是幼儿艺术整合活动的实践研究。主要表现在以下几个方面。

幼儿艺术整合特色课程理念与目标研究。通过各阶层的研讨活动，确立幼儿艺术整合特色课程理念及确立幼儿艺术整合特色课程目标。

幼儿艺术整合特色课程内容选择与生成研究。调查研究，根据不同年龄段幼儿的特点，选择适合相应的年龄段确定素材点；确定合适的艺术整合活动内容。根据艺术整合活动的组成以及我园针对幼儿美育养成的需求，从共同性艺术整合活动、特色艺术课程及艺术化环境三方面生成原创的幼儿艺术整合活动内容选择研究。

幼儿艺术整合特色活动设计研究。将全园教师根据自身的优势以及兴趣分为共同性艺术整合活动、特色艺术整合活动以及艺术化环境三组，分别认领一块内容。每组教师根据不同年龄段幼儿发展需求，设计实施相应的幼儿艺术整合活动，针对目标的制定、组织形式的编排、师生互动方式、教学方法技能等进行实践研究。

幼儿艺术整合特色活动实施研究。通过不同艺术整合特色课程内容的途径：如集体活动、个别化学习活动、节日活动、艺术节活动、月月秀活动、环境布置、亲子制作活动、参观……等进行实践，梳理出幼儿艺术整合特色课程内容的实施途径与策略，并在实践中不断调整。

幼儿艺术整合活动的评价研究。通过对各幼儿艺术整合特色活动评价对象及幼儿艺术整合特色活动评价方法的研究，梳理出有效的评价系统。通过收集、分析、筛选有关资料，总结经验和体会，提炼和梳理出有创造性的研究成果。

第三阶段是总结整理阶段。一是整理研究资料，进行理性思考；二是聘请专家进行课题咨询、论证；三是完成课题研究，整理有关的材料，撰写研究报告；四是汇总有关的研究成果（图片、录像、照片、文字资料等）。

第二章 美润童心：求索艺术整合教育

艺术活动是幼儿感受美、表达美、创造美的重要形式，也是表达对周围世界的认识和情感态度的独特方法。我们试图通过艺术整合课程的实施，倾力营造“美”的环境、构建“美”的课程、建设“美”的教师团队、形成“美”的校园文化，从而赋予孩子美的视域，培养具有“身美、智美、行美、情美”，初具艺术启蒙素养，全面和谐发展的快乐儿童。

第一节　营造“美”的环境

基于我园富有艺术特色的小潮娃课程价值，我们不断追求美环境创设的内涵，重视环境育儿的作用，每时每刻都让幼儿“浸润”在美的环境中，去感受艺术之美、发现生活之美，从而不断升华为一种积极向上且美好的情感态度。我们通过营造“美”的课程环境，将课程内容“隐”入环境之中，让幼儿在与环境的大量互动中得到发展，从而激发幼儿乐意用双眼去发现美，大胆用双手去创造美。

一、美的环境设计

幼儿园一切环境的创设都是为了孩子的发展，这就需要我们站在儿童立场，思考怎样的环境是有利于儿童的环境，教师需要进行华丽的转身，即从教师本位到教师退位。幼儿园的环境要能激发幼儿不断参与、互动、驾驭，才能实现环境的教育价值。因此我们在环境设计中要考虑到美的环境蕴含要素以及布局规划。

（一）蕴含“四味”的美环境要素

幼儿园一切环境的创设都是为了孩子的发展，这就需要我们站在儿童立场，思考怎样的环境是儿童的环境，教师需要进行华丽的转身，即从教师本位到教师退位。幼儿园的环境要激发幼儿不断参与、互动、驾驭，才能实现环境的教育价值。为此，我们以“四种味道”为核心要素，以此作为环境创设的基本思路与策略，从而提高环境的育儿价值。

1. 自然味

意大利瑞吉欧教育模式提出“环境是幼儿探索与学习的容器”，幼儿会在特定的环境中表现出特定的行为，这也充分说明环境对幼儿的发展起着至关重要的作用。为了让幼儿能够在环境中获得各种基本的发展，我们所要呈现的环境是能够充分激发幼儿学习主动性和探索欲，比起色彩鲜艳的装饰物、琳琅满目的玩具，我们发现简单、功能可变的基础环境和材料反而能为幼儿创造美提供更多的空间，因此，我们为幼儿创设的环境和投放的材料多为半成品、一物多玩等低结构材料，自然的色彩、自然物的使用，无形中将环境与自然紧密相连，而充满“自然味道”的环境则具备了发挥幼儿想象力和创造力的作用。如环境色彩是美最重要的元素之一，在创设班级环境的过程中，我们遵循一个用色原则：两种主色彩，一重一轻，再加一抹亮色，利用自然基础色彩平衡幼儿艳丽、丰富的内容，从而产生和谐之美。又如角色游戏材料区中，我们根据幼儿的年龄特点提供充足的低结构材料，用纸板、纸盒、圆筒、瓶子、树枝、木板等各式材料代替成品的玩具，幼儿则会根据游戏情节的发展利用这些低结构材料创作发明各类替代物，且在游戏情节的不断发展变化中不断调整和创造更多满足自己游戏需求的“替代物”。又如室内运动环境中，我们为幼儿提供充足的、可变的运动空间，幼儿不仅可以自由改变教室各区域空间，与同伴一起将桌椅、柜子组合为运动路线，也可以根据需求选择可随意组合的各类运动小器械（橡皮筋、呼啦圈、纸盒、小方垫等），在运动中不仅获得动作发展，更是得到了空间、交往、探究等多种认知发展。

2. 儿童味

当幼儿园环境成为孩子所喜爱的环境时，其教育价值才能被幼儿所同化。因此，环境一定要满足幼儿发展需要，必须是幼儿可玩、可看、可操作，且要符合孩子的感受、想法和视角。我们要不断摒弃那些纯装饰性的环境，而要去创设更多能够让幼儿参与其中、产生互动的环境，并要想方设法让这些富有“孩子味道”的环境满足孩子表达真实想法、感受、喜好。如在主题墙创设的过程中，我们会结合主题开展的进程，分析幼儿当前经验，师幼共同设计主题墙。此外，我们还统一将主题墙的视线变低，便于幼儿观看和操作。在主题墙丰富的过程中，我们鼓励幼儿用自己的符号表征方式、作品、资料进行布置，将主题墙成为一本立体的教科书，供幼儿操作和学习。

○ 案例：

中班主题墙《在秋天里》

主题墙《在秋天里》的设计之前，我与幼儿一起讨论了用哪些元素来表现秋天，最后我们决定并用玉米粒和绿豆等秋天的果实做了几朵向日葵作点缀，营造出温暖的丰收的氛围。在主题的进程中，我与孩子一起将主题相关的活动素材和幼儿经验呈现到主题墙纸上。

第一,我收集的树叶&我眼中的树叶。大自然是我们最广阔的教室,赋予我们取之不尽的源泉,在主题开展的前期,我们鼓励幼儿在校园里、放学路上、周末出游时去收集各种各样的树叶,不同形状、不同颜色的,并且将自己眼中的树叶通过绘画的方式进行呈现,最终老师和孩子一起归纳总结出了主题墙中的这一部分。

第二,树叶大变身。有了收集树叶为前提,我们自然而然地过渡到了"树叶贴画"这一内容。秋天,是一个树叶飘落的季节,我们同时也请幼儿与家长一起寻找树叶、搜集不同形状不同颜色的树叶进行创意贴画,激发了幼儿的想象力,培养了大家的设计制作能力,从而掌握树叶贴画的方法和技巧。瞧,有可爱的小动物、有天上飞的小鸟、有水里游的小鱼、有地上爬的螃蟹等等,还有美丽的公主、漂亮的小花……一片片普通的树叶在孩子和家长的巧手中变成了一幅幅充满故事的作品!

第三,收庄稼。秋天,是一个丰收的季节,主题开展过程中恰巧有一个国庆节,于是我们提前布置任务,请幼儿在节日里去寻找秋天的各类庄稼,在找寻丰收果实的同时孩子们也感受到了秋天的美。通过"寻找秋天的足迹",孩子们走进大自然,他们找到了诸多秋天的果实,有玉米、红薯、柿子、栗子等,也看到了棉花、小麦、稻谷等……在家长的配合下几乎每名幼儿都参与其中,从而拥有了自己的所见、所闻、所思、所感、所得,真正成了学习的主人。

主题活动的进行与深入将幼儿探究的过程、幼儿作品呈现在主题墙,生动地呈现出幼儿在《在秋天里》这一主题活动中学习、发展的全过程。

往后,我们会一直不断地根据孩子的兴趣以及主题的开展,及时更新主题墙的内容,争取让孩子每个星期都能感受到不一样的主题墙,时刻关注自己的进步与成长!

3. 生活味

幼儿园应该是孩子的"另一个家",一个能让孩子产生归属感、安全感的地方。家是一个充满温度的空间,有色调柔和的窗帘、洁净的墙面、能透过温暖阳光的窗、宽敞的活动空间、好看的小绿植……所有的元素和谐地存在着,既有设计又有留白,让孩子感到安宁、舒适。而幼儿园作为孩子与老师一起生活的"家",其环境不必刻意凸显出与众不同和别具一格,而是更接近孩子的生活,如家一般,处处体现生活情趣。通过环境的布置,来还原孩子们真实的生活和文化环境,让每一处园所和班级的环境,都给予幼儿一种仿佛置身于“家”里一般的温暖、舒适之感。如班级环境中，我们会设计和布置一些“帐篷小屋”“星星之屋”这样足够安全的、小尺度的私密空间，供给孩子独处、自说自话和享用秘密时光。又如我们赋予幼儿自主参与环境创设的机会，聆听他们的需求，鼓励他们自主设计、自主进行创设。在中、大班角色游戏的空间安排上大胆打破了“固定”空间，将整个教师、走廊、阁楼都交给幼儿，关注幼儿的游戏需求，鼓励幼儿根据自己的需要改变教室区域，大胆调整空间、创造空间。幼儿可以走到教室外面的走廊开店做生意，可以在阁楼上搭建属于自己的战壕，更可以在教室的四周营造出富有个性化的游戏场景。又如，班级生活环境标志作为幼儿日常生活习惯的一种暗示，也是由幼儿自行设计与制作，富有个性的“班级公约”和“我们的约定”也都由幼儿根据实际情况进行创设。

4. 艺术味

环境所具有的美感特征会对人的生理和心理产生作用，进而激发审美意识。我们要创造创设美的环境，让幼儿感到温馨舒适，给幼儿以美的熏陶和启迪，促进幼儿去发现美、感受美、体验美，当幼儿拥有一双发现美的眼睛时，他的生活也将会是美好的。我们在园所环境的创设过程中，全力打造可视化的美环境，合力营造浸润式的美环境，让幼儿在与客观环境的互动中得到视觉、听觉、触觉等多通道的美的体验，并拥有舒适、温馨的心理环境。如我们在环境中渗透色彩、线条、音乐、旋律等艺术元素，让幼儿在一步一景的环境中都能感受到艺术之美。在楼梯平台上的大型浮雕兼具传统文化与浮雕艺术之美；来、离园的校园音乐广播流淌着动听悠扬的园歌和各类幼儿喜爱的乐曲；校园绿化也透露出浓浓的艺术气息，如高音谱号造型的庭院草坪、富有野趣的河道亲水平台、幼儿涂鸦的石头道路等。如幼儿艺术作品展示中，我们利用布景的方式让作品呈现出艺术之美，不仅满足了孩子表达表现的机会，更是把艺术融入环境，让幼儿园环境自然而然成为蕴含艺术味道的空间。

（二）富有“情趣”的美环境设计

幼儿园课程环境的创设须基于“幼儿视角”，须尽可能发挥环境育人的作用，使得环境成为满足幼儿需要、支持幼儿发展的课程资源。在“在孩子的心海植入美的种子”课程理念的指引下，我们将幼儿喜闻乐见的、美的元素融入环境之中，构建蕴含美元素的环境，让幼儿有充足的机会去寻找和感受艺术之美、创造之美和多元之美。

1. 在公共互动环境中闪现艺术之美

第一，环境素材源自孩子需求。平时，我们十分注重引导幼儿在细致观察的过程中关注到生活中美丽的景色、好听的声音、多姿多彩的艺术作品，将这些幼儿喜欢、感兴趣的艺术美元素作为环境创设的素材。如将孩子们喜欢的大师作品汇聚到“与名画有约”楼梯平台，供幼儿在欣赏名画佳作的同时去体会艺术作品的美感；又如将孩子们喜欢哼唱的歌曲集中到“音乐长廊”平台，在扫码聆听、自主演唱、歌唱表演的过程中体会歌曲的美妙意境；又如将校园中各色落叶拼凑出“树叶狂想曲”，将孩子们画笔下的美景呈现在“校园一隅”。我们跟随孩子一起寻觅生活中美好的事物，将这些富含艺术之美的作品有机渗透到园所的公共环境之中，让每一个孩子都能欣赏、感受到“美”，在无形中萌发审美的情趣。

第二，整体规划中兼顾共性与个性。幼儿园中的公共区域众多，每个角角落落、平台与长廊都能成为幼儿耳濡目染的环境教育的一部分，我们采用顶层设计对园所的环境进行整体规划，一部分凸显幼儿园共同性课程的内容，一部分则反映幼儿园特色，让所有的环境都能有机融合、交相辉映，发挥多元的教育价值。如在走廊尽头的文化墙上，我们根据小、中、大班幼儿年龄特点创设了富有童趣的生活提示，将不同年龄段的生活培养目标渗透于环境墙上，如小班文化墙以“生活习惯”为主，中班以“生活标志”为主，大班以“自我管理”为主。又如在楼梯边的“竖笛小站”则是幼儿园竖笛社团特色的延伸，为幼儿创设了自由吹奏、结伴表演的兼具休憩功能的区域。

第三，创设与实践中体现动态发展。幼儿园的所有环境并非一蹴而就，也并非永恒不变，许多环境的创设常常会伴随季节、节气、兴趣、热点等不断变化和调整。如门厅环境一直是一部动态的“教科书”，也是能够最直观地了解幼儿最新动态的“气象站”。有时，门厅会成为一部美好的四季变化“图画书”，在“秋日硕果”“冬日里的小确幸”“新年倒计时”等主题的环境中呈现了幼儿的新年愿望、艺术作品，充分表达了他们对四季变化的关注和喜爱之情；有时，门厅会成为一个富有号召力的“宣传册”，如在新冠疫情暴发之际，“防疫5步骤”“防疫小贴士”“防疫小故事”等版面以童趣、直观的方式告知幼儿懂得防疫知识，展现了幼儿面对疫情的积极态度。

2. 在班级个性环境中点亮创造之美

第一，合理布局之下的整体美。创设班级环境的过程也是一个不断思考和实践的过程，须对班级的空间进行合理的规划，并进行整体设计和布局。

如在个别化区域创设之时，一是要遵循各学习区域间动静交替原则，如把相对安静的语言区、科学区放在相邻的区域，而音乐区则须安排到相对独立的空间；二是遵循各学习区域间材料互动原则，如将建构区和美工区安排在相邻区域，并且公用工具和废旧材料创设主题作品；三是遵循空间“最大化”原则，充分利用教室中的桌子、柜子、窗台、钢琴背面等空间，发挥空间的优势，因地制宜创设适宜的学习区。

第二，凸显独具魅力的艺术区。艺术区作为我园艺术特色区的集中反映，更是培养幼儿艺术素养的重要学习区。我们以全新的模块化设计为思路，全力提升现有艺术区的品质与内涵。首先由课程领导小组结合艺术区发展核心价值、园所课程特色等因素，确立具有园本特色的艺术区核心要素和相关创设要点，提出了模块化创设蓝图，如音乐区创设中，小班以节奏、形体、主题音乐活动延伸为主要模块——即“3”模式，中大班则在小班的基础上增加“竖笛”模块——即“3+1”模式；再由各阶段教研组结合当前年龄段幼儿的发展目标、主题背景对于音乐区内容进行审议，赋予各模块具体活动内容及其相适宜的环境创设、材料提供及玩法要点。后由班级教师结合本班幼儿热点兴趣、发展经验及主题实施轨迹，创设富有班级特色的音乐区，并在实施中不断进行反思与调整，最终达到艺术区模块化创设的不断优化。

第三，塑造班级独特个性文化。不同班级的环境设计也有其独到之处，这也反映了班级教师与幼儿的个性需求。我们鼓励班级教师发挥自身环境创设的优势，打造出自己独特的班级环境文化。如个别对色彩较为敏感的教师，会在“色彩”上做文章，用色彩搭配来提高班级整体环境的美感，营造温馨、舒适、富有艺术感的班级可视环境。如具有水墨画特长教师，会和孩子一起用中国传统水墨作品点缀班级环境，将水墨的元素融入班级的整体设计之中，呈现出富有传统文化之美的班级环境。

二、美的环境格局

基于“四美”幼儿培养目标，我们紧紧围绕幼儿园课程的特色用心打造能够为幼儿呈现多元之美的园所环境，创设了幼儿喜爱的“三区六馆”专用活动区域。这些都是幼儿喜爱的活动内容和场所，不仅满足了幼儿个性化的艺术需求，也是对集体教学活动的补充和调整，是实施个别教育、促进幼儿个性发展的有效途径。

第一，“三区”——走进自然、崇尚童趣。美国著名心理学家贝尔·福克说：“大自然是孩子的教育之神，孩子可以在一草一木、一雨一露、一花一土中孕育出高超的智慧、坚毅的心胸以及敏锐的感受力。”3～6岁的孩子是天然的学习者，他们可以毫不费力地在成长环境中汲取“营养”，自主去探索并解读周围事物。我们为孩子提供尽可能充分的活动空间，从室内走向户外，让每一个孩子能够在大自然的怀抱中尽情享受童年的乐趣。我们所创设的“三区”包括户外三大主题区，分别为艺耕园、涂鸦廊、游艺场，充分利用户外每一处长廊、草地、种植园，让幼儿在自然、开放的空间中体验游戏、艺术、运动、种植等活动带来的快乐。如涂鸦廊中，我们将户外草坪、河畔、休憩台等区域打通，并提供了各类笔刷、颜料、喷壶等绘画工具，形成一个可供幼儿自主选择、自由结伴、自信涂鸦的空间，幼儿可以在涂鸦廊中轻松、愉快地进行各种涂鸦游戏。在这种自由自在的方式中，孩子们可以尽情地表达，它可以是一些无序的线条与点的组合、可以是天马行空的想象画、可以是看到的自然景物……孩子用自己喜欢的方式进行艺术表现活动，并能大胆地表现自己的情感和体验。又如艺耕园中，我们充分发挥幼儿园种植园地艺术价值，一方面利用种植园地本身所呈现的“美”为幼儿带来审美价值，让幼儿在参与种植的过程中欣赏到植物生长的美，观察和比较不同农作物生成过程中的特点，尝试发现其色彩、造型和特征所蕴含的自然之美。另一方面利用种植园地中的资源为幼儿提供表现美、创造美的机会，如对物品的装饰、对植物的写生、对零散材料的拼摆等。又如游艺场中，我们为幼儿提供了宽敞、有趣的户外游戏空间，幼儿可以尽情地与同伴参与野趣运动探险、小木屋表演剧场、沙水乐园等各种游戏，满足幼儿多种游戏的需求，使得每一个孩子能在多元的游戏中获得快乐、得到发展。

第二，“六馆”——支持多元、体现整合。“六馆”包括室内六大馆，分别为艺术创意馆、语艺畅想馆、科艺探秘馆、建艺游戏馆、叮咚音乐馆、艺术表演馆，这些专用馆区充分凸显了艺术与其他领域的整合功能，我们试图让孩子进入这些不同的专用活动区，既能体验主功能区蕴含的学习与游戏价值，又能感受到无时无刻不存在的艺术之美，功能区设置开放且低结构，使得孩子能在自主选择、自主体验、自主表现中感受专用室活动所赋予的乐趣，让每个“潮娃”在玩转艺术中得到快乐成长。如艺术创意馆是幼儿大胆开展美术创作的活动场所，我们提供了丰富多样便于幼儿取放的材料、工具或物品，让幼儿可以在“美术材料超市”中自主选择各类材料，并乐于运用多种材料进行想象创作，满足其美术表现的愿望，获得多样表达的经验。如建艺游戏馆中，我们为幼儿创设了“室内”和“户外”共存的活动空间，既满足幼儿在室内建构区中进行建构游戏，又能在阳光灿烂的日子里在户外延伸区域中完成创想建构，教师为幼儿投放了大型建构类材料、生活材料、废旧材料、自然材料等多元材料，这些高开放性的材料充分激发了幼儿创想的兴趣，也能够满足幼儿天马行空的建构想法，激发幼儿完成一件件充满童趣、充满奇思妙想的创意之作。

三、美的环境微创设

幼儿园环境是一个幼儿和教师共同构建的空间，它是会说话的环境，不仅为幼儿提供学习、游戏的空间，更承载着园所办学理念、文化精神以及教师的教育理念和情怀。

第一，一步一景怡人心。在公共区域环境创设时，我们追求公共环境无死角，实现最大限度的资源共享，展现一步一景怡人心，让步入园所的每一个人自然地呼吸到扑面而来的艺术气息，站在每一个转角、每一座楼梯、每一条长廊，每一个露台处，能够直观地看到孩子的奇思妙想，老师的独特设计；感受到可视环境传递的听幼文化精神。

○ 案例1：

南园部二楼转角一景《我有一个音乐梦想》

我园开设的歌唱、舞蹈、古筝、竖笛等各类艺术活动深受孩子的喜爱，他们自由、快乐地徜徉在艺术的海洋中，萌生着小小的艺术梦想。为了让孩子的梦想得以呵护，我们创设了一个环境区，让幼儿的音乐梦想得到表达与呈现，让同伴用欣赏的目光去支持，让成人以赞赏的态度去支持。转角的墙面上以幼儿园主色调之一的蓝为底色，嵌入大幅白色玻璃镜框，用白色树枝和音符衬托，将幼儿的音乐梦想呈现于一张张相片中。如在班中爱好指挥的男孩身着小礼服、手持指挥棒，自豪地表达长大想当指挥家的梦想；身着民族服装的女孩专注地弹拨古筝琴弦，手指下流淌着涓涓乐声，宛如具有古典气质的古筝家……同伴们走过时的夸赞，老师针对他们爱好与梦想的引导和培养，让孩子们的音乐梦想得以绽放。我园艺术教育的价值润物细无声地得以体现。

○ 案例2：

北园部二楼长廊一景《教育就是……》

北园连接南北楼的楼道较狭窄，靠近办公区，且缺少直射光线，我们将其与办公区文化自然衔接，设计了教育箴言墙，向教育者传递教育的理念，指引教育行为。墙面背景为罗马拱门造型，以浅蓝底色，深色拱门嵌入，白色画板衬于上方，凸显错落有致的层次感和艺术性，教师在画板上手绘黑白卡通简笔画，如“教育就是让每个孩子发光”配上一个快乐奔跑的女孩的图片，“教育就是陪伴，而不是陪着”配上一幅亲子共乐的图片……卡通人物造型和经过的孩子自然、亲密地互动。这正是我们听幼每一位教育者所遵循的教育理念，也是教育行为的指引。

第二，一花一草皆美好。孩子具有比成人更为敏锐的感官，他们能动用所有感官来体验周围世界的神奇与美好之处。很多看似平常的物品、景色在孩子眼中则会焕发出别样的美感。作为成人，则要学着从孩子的视角去欣赏这些“美”的事物。如秋日户外散步时，很多孩子都喜欢玩抛落叶的游戏，也有很多孩子喜欢捡拾各种形状、颜色各异的落叶，还有的孩子会对石头、小草这些普通的物品产生浓厚的兴趣，或捡拾玩弄或与同伴一起把玩，如果仔细聆听和观察，我们会发现孩子总会出其不意地找到那一丝丝的“美”或独特：“瞧，这片落叶很像一个金色的皇冠！”“这个小草的叶片上怎么会有毛茸茸的小毛毛，就像我家里的地毯一样柔软。”这些都是成人所忽视的细节，也是很容易被忽视的“美”。

对孩子来说，艺术活动往往就是他们释放天性的时候。所以，教师要多关注艺术活动的过程而不是艺术作品结果，教师要尊重和接纳孩子的各种表达，切记不能用成人的标准去评判，用心体会和认同每一个孩子独特的审美需求。如班级作品展示墙上，教师会尊重每一名幼儿的美术作品，即使有些孩子的作品线条、色彩可能会乱成一团，但老师还是会将其布置出来，并且鼓励幼儿大胆介绍自己作品的含义，甚至是用自己的符号来记录作品想要表达的意思。

○ 案例3：

一个特别的画画“高手”

乐乐是班级中话最多的孩子，喜欢交朋友、喜欢玩耍、喜欢唱歌跳舞，但唯独不喜欢画画。每次绘画的时候，他总是抓耳挠腮，迟迟不愿意下笔，好不容易下笔了，过了一会儿就会央求老师给他一张新的纸重新画。一次绘画“未来的房子”时，乐乐忽然格外认真，他眉飞色舞地边画边跟身旁的小伙伴说道：“我这个房子不要太特别哦，全部都是电脑控制的，而且还特别环保，能够自己进行垃圾分类和循环利用……”一旁的小伙伴看了一眼后，没有怎么搭理。我俯身看了一下乐乐的画，只见房子的轮廓确实很奇特，圆溜溜的样子有点像飞碟，里面还有很多小房间，中间还有很多的管道相连，可是过于复杂的管道让房间看上去显得十分杂乱无序，但是今天的乐乐下笔果断且信心十足，令人不禁刮目相看。在分享环节，我特别邀请到乐乐为大家分享自己的作品，乐乐十分自信地述说着房子的各种强大功能，充分体现了他独特的想象和创造力，同伴们也在聆听后给乐乐的房子送来了一片掌声。于是，我连忙说道：“原来乐乐是一个画画的高手，他画的房子真特别！”我想，乐乐虽然不擅长画画，但是他能够通过绘画表达自己的想法，在分享作品的过程中同样体会到了绘画的乐趣。在今后的绘画过程中，我也会不断观察和仔细聆听孩子们所要表达的信息，接纳孩子们独特的世界。

我们要以爱之名，以关怀之名，为幼儿创设他们所喜爱的生活和学习环境。珍惜每一处与孩子共同生活的空间，竭尽全力打造能为孩子带来美的体验的课程环境，让每个孩子浸润于这美妙、和谐、温暖、舒适的环境之中，享受幼儿园中一花一草所带来的别样体验，成为属于他们的童年成长中的美好回忆。

第二节 构建“美”的课程

随着课改的不断推进和幼儿园自主发展的需要，我们的艺术教育逐渐从“单一”走向“多元”、又从“多元”走向“整合”。在力求彰显艺术特色的同时，我们不断追寻着艺术教育的真谛，也在不断思考：“如何更好地让艺术教育润泽每一个孩子的人生？”“怎样才能让美育视域之下的艺术整合教育落地生根并能开花结果？”这些年，在“潮美而行 艺启成长”的办园理念的指引下，我们直面本园艺术教育发展过程中的问题，把课程开发与课题研究统整起来，不断拓展和丰富园本课程内容，以期让我们的园本课程不断焕发新的光芒，生长成“最好”的自己。当前，我们创新实践“美育视域”课程背景下的“艺术整合”特色课程研究，正是要建立更为全面、综合的艺术教育价值取向，达到“以艺术教育为载体”促进幼儿整体全面和谐发展的目的。本章将从课程目标、课程内容、课程实施路径三个方面对我园艺术整合特色课程作一概述。

一、幼儿艺术整合特色课程的目标

课程以“在孩子的心海植入美的种子”作为理念，是一种指引，更是一种行动。“心海”聚焦儿童观，着眼儿童视角，即每个孩子都是独特的，宽广清澈的内心深处蕴藏着无限的可能。“植入”体现教育观，注重教育艺术，即尊重孩子天性、陪伴孩子成长、顺应孩子发展，为孩子的未来学习和后续发展奠定基础。“美的种子”凸显课程价值观，即关注经验、多元体验、表达创造。我们期待的这些美的种子是蕴含无限能量的种子，它是一颗可以愉悦孩子身心的种子、一颗可以引发孩子情趣的种子、一颗可以激活孩子想象的种子、一颗可以释放孩子天性的种子。在课程实施过程中，我们搭建课程实施的共同体，让我们每一个参与者能和谐共存，共同成长，潮美而生，收获快乐。

（一）幼儿艺术整合特色课程目标

在“在孩子的心海植入美的种子”课程理念的指引下，我们以《纲要》和《课程指南》为依据，进一步解读原有课程目标，结合幼儿培养目标，调研我园幼儿当前的发展现状及需求，进行课程目标园本化设计，形成课程总目标。其次，依据课程总目标，我们以“细化分解、让目标可操作”的思路，制定出小班、中班和大班三个年龄段课程目标，并梳理出各年龄段多领域整合目标，形成了总目标、年龄段目标、多领域整合目标组成的目标体系。

第一，艺术整合特色课程总目标。

以《纲要》和《课程指南》为依据，通过幼儿园课程的实施，促进幼儿情感、态度、认知能力等全面发展，使幼儿成为身美、智美、行美、情美，初具艺术素养，全面和谐发展的快乐儿童。

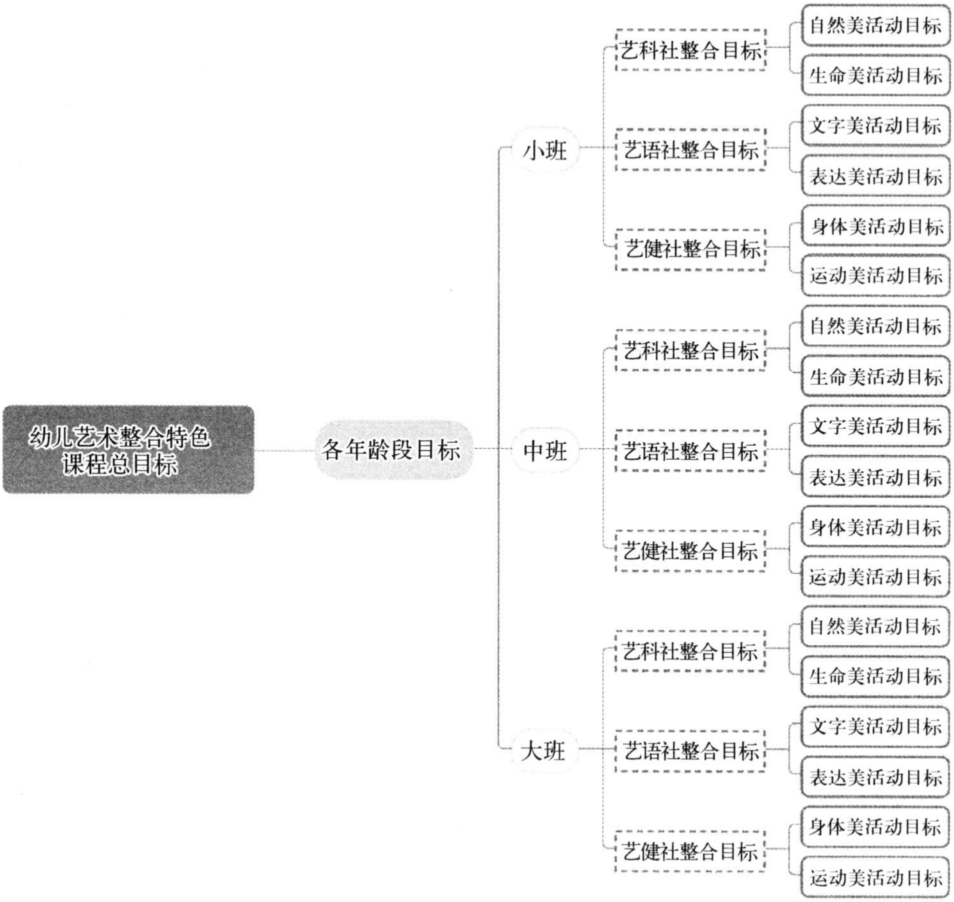

身美：身强又体健。能亲近自然、爱护环境、珍爱生命，身心健康，富有仪态美，具有良好的运动品质与运动能力。

智美：自信又好学。能对周围的事物感兴趣，好奇好问，乐意尝试探究和创造，养成良好的学习品质与学习能力。

行美：文明又能干。能自信勇敢地做力所能及的事，文明乐群，乐于发现美好事物，形成良好的规则品行与交往能力。

情美：活泼又开朗。能热爱生活，乐意表达创造，有良好的情绪情感体验，拥有美好的生活情趣与艺术素养。

第二，艺术整合特色课程年龄段目标。

第三，艺术整合特色课程多领域整合目标。

幼儿艺术、科学与社会领域整合的目标：在学前儿童身心发展的基础上，发展艺术、科学与社会领域中的共同要素，按照有机的联系加以关联与整合，帮助幼儿完善个人知识体系，激发幼儿的创造力与想象力，使幼儿具备丰富的情感、愉悦的审美、积极探索的科学精神，从而建立幼儿的社会责任感。

幼儿艺术、语言与社会领域整合的目标：在学前儿童身心发展的基础上，发展艺术、语言与社会领域中的共同要素，按照有机联系加以关联整合，促进幼儿发展表达与表现自己对语言、艺术作品体验与理解；培养幼儿发现美、表现美、创造美的能力；促进幼儿体会爱家人、爱同伴、爱集体、爱家乡、爱祖国的情感，并进一步树立幼儿社会责任感。

幼儿艺术、健康与社会领域整合的目标：在幼儿身心发展的基础上，发展艺术、健康与社会领域中的共同要素，按照有机联系加以关联与整合，促进幼儿动作灵活协调发展，有保护自己的意识；培养幼儿初步感受欣赏生活和艺术中的美，激发幼儿的想象力创造力；提升幼儿身体素质和适应环境的能力，促进幼儿社会性的提升。

二、幼儿艺术整合特色课程主要内容

幼儿艺术整合特色课程主要包括三方面内容：单领域整合式、多领域整合式以及全领域整合式。而考虑到我园的艺术特色发展现状，在之前的研究中，我园对单领域整合有了一定的成效，形成了形体美育、民间美术、幼儿文学、音乐启蒙等多套艺术活动方案与竖笛、古筝、扬琴三大特色活动实施方案集，以及“潮娃四玩”方案集。因此本次研究中在梳理原有的艺术整合活动之后，主要的研究内容聚焦在多领域整合活动以及全领域整合活动上。因此幼儿艺术整合特色课程的实践研究分为了两个阶段：设计与实施初阶多领域整合活动阶段和设计与实施高阶全领域整合活动阶段。

在设计与实施初阶多领域整合活动阶段，我们分为了三个部分：艺术、科学、社会领域间整合活动（自然美活动、生命美活动）；艺术、语言、社会领域间整合活动（文学美活动、表达美活动）；艺术、健康、社会领域间整合活动（身体美活动、运动美活动）。

在设计与实施高阶全领域整合活动阶段中，考虑幼儿园活动特性，我们分为了两个部分：自主游戏（建构游戏、沙水游戏、角色游戏）中全领域整合活动；实践活动（远足活动、参观活动、种植活动）中全领域整合活动。

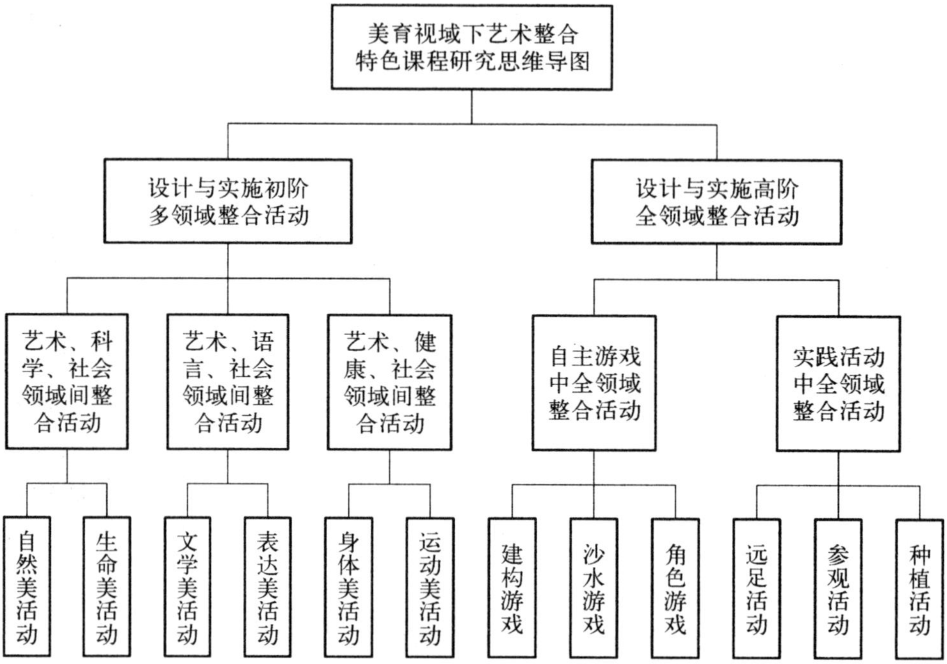

图：美育视域下构建艺术整合特色课程的思维导图

三、幼儿艺术整合特色课程实施路径

课程的实施过程是幼儿园、教师创造性地开展工作的过程。在课程实施过程中，我们始终以培养“四美”幼儿为课程目标，基于幼儿多通道学习途径的思考，开展“4M体验路径”的实践，课程实施充分凸显“体验性”，让幼儿能够主动地、富有个性地感受美、欣赏美、表达美、创造美。让每个孩子在“寻美—赏美—识美—创美”的过程中乐享成长。

第1个M——寻美。即让幼儿在亲近自然、亲近社会的过程中寻找美，并乐意发现美好的事物。在课程实施之初，我们鼓励孩子利用视听感受法、身临其境法等策略寻找美好的事物。

第2个M——赏美。即让幼儿在游戏情境、故事情境，生活情境中乐于欣赏美，喜欢参加各类艺术欣赏活动。通过有效观察法、问题指引法鼓励幼儿在欣赏艺术作品时能通过表情、动作、语言表达自己对作品的理解。

第3个M——识美。即让幼儿在探索世界、共同生活的过程中认识美，并喜欢体验美好的世界。通过多感官参与法、教师退位法等策略，充分调动幼儿的多通道感官体验，让每个孩子自主自发地参与活动，在师幼互动中构建“识美”的能力。

第4个M——创美。即让幼儿有个性地、创造性地大胆表达和表现对周围一切美好事物的感受和认识。通过游戏激趣法、多元辅助法鼓励幼儿乐于运用多种工具、材料或不同的表现手法来表达观察到的事物。

“4M”体验路径十二方法说明

路 径	实 施 方 法	实 施 要 点
寻美	发现幼儿兴趣点	在谈话、聆听、观察中了解幼儿近期感兴趣的热点问题 通过与幼儿互动发现可开展的活动主题 总结梳理出班级幼儿兴趣点和问题，找到共同点，开展活动
	建构活动框架	根据幼儿兴趣，结合核心经验，预设活动主要内容 根据幼儿兴趣变化和经验生成，调整具体活动
	挖掘周边资源	尽可能挖掘幼儿园室内外可利用的课程资源 利用不同家长的资源优势，为课程实施补充资源 充分利用社区可利用资源，开拓园外活动区
赏美	创设有效情境	结合幼儿年龄特点，创设游戏情境、故事情境、生活情境 鼓励幼儿在情境中主动发现问题、提出问题
	丰富主题大环境	班级环境创设体现“活化”，创设具有低结构、互动性、自主性、美育性的课程环境 公共区环境与课程特色、与当前实施主题同步
	共创活动小环境	设计“问题墙”“计划书”“故事书”了解幼儿的主题经验 鼓励幼儿大胆表述自己的发现，激发幼儿探究欲
识美	高低结构结合	组织全体幼儿开展集体活动 注重集体活动前个别化学习区的材料投放与集体活动后个别化学习区的延伸
	自主亲历体验	通过各种情境体验、材料互动为幼儿创设多元的体验方式 充分调动幼儿多感官体验通道，满足幼儿真实体验
	亲子互动参与	通过亲子参与互动（材料收集、创意征集）满足幼儿个性化需求

（续表）

路　径	实　施　方　法	实　施　要　点
创美	多元材料支持	在园内和班级内创设丰富多样的材料，满足幼儿多元表达的需求 在集体活动个别化学习活动中，提供更多的机会鼓励幼儿开展创美活动
	多样展示助推	通过多样艺术表征形式（舞蹈、作品等）展现活动中的收获和积累的经验 创设师生分享、讨论、质疑环节，进一步呈现幼儿学习经验
	同伴互动评价	教师对幼儿整体情况、小组合作情况、个体发展情况进行正面评价 引导同伴间开展互助评价，肯定他人亮点，发现不足并提出合理建议

第三节　建设“美”的教师团队

第五次全国教育大会上，习近平总书记在强调“兴国必先强师”基础上，要求把“政治素质过硬、业务能力精湛、育人水平高超”作为新时代加强教师队伍改革建设的根本要求与基本标准，可见总书记对教师素养的重视，对教师队伍的殷切期望。

我园积极响应习近平总书记的号召，在办园理念和幼儿园发展规划的引领下，定位“和谐雅致、锐意进取”的“和美”团队文化。基于我们的教师根植潮美的底蕴，在赋予自己心灵美、专业自信美的同时，为孩子创造美的教育；坚守教育初心，落实立德树人根本任务，为幼儿终身发展负责，不断加强自身修养，展现职业青春的风采，使校园里的一切活动都能增加诗性的浪漫和人性的和谐之美。

为了让每一位教师获得针对性、有效的培养，我们分析汇总每一位教师的四年发展规划目标和需求，发现尽管大家的需求各有不同，但处于同一阶梯的教师存在共性。我们认为只有团队成员齐心协力，向着同一个目标，才能形成团队精神，积累文化能量，实现团队与自我价值。由此我们推出了“梯队式结合，小步子成长”的教师发展路径。为新教师、成熟型教师、骨干教师，分层架构成长梯度，建立发展策略，帮助教师实现专业发展之梦，扬自信之美，成和美团队。

一、扬帆起航的新教师团队

我们将园内1～5年教龄的教师归为新教师，针对新教师推出“适应型教师—合格教师—胜任教师”的成长梯度，关注体验，推出“保底型”培训项目，逐步实现从“拐杖支持”到“内化行为”的转换。例如岗前培训、双师带教、青年教师工作坊、悦·行——听潮风读书社团等。下面，以我园由学科带头人领衔的、以1～5年教龄教师为主体的“青年教师工作坊”团队建设为例，谈谈我们的做法与成效。

○ 案例：

扬帆启航——青年教师工作坊团队建设

第一，青年教师工作坊的缘起。我园1～5年教龄的青年教师约占全体教师四分之一，是一个较为庞大的群体。踏上幼教工作岗位不久的他们往往面对着角色转换、专业发展、教法思辨和教研能力等方面的发展困惑，他们更需要园方提供平台支持，需要经验教师的扶持引导，需要同伴的共话和共享。青年教师工作坊正是我园为他们搭建的一个成长平台。他们根据自己的本意自由选择参加活动，自主确定研究内容，为达到共同的目标，在主持人引领下进行合作研究，读书活动、师徒带教、培训实践等策略多管齐下，这种方式帮助青年教师快速适应教师身份和岗位，让青年教师有心理上的归属感，助青年教师明确由合格向胜任的行动目标，不断尝试主动学习与探索，竖起起航的风帆。

第二，青年教师工作坊的实践。提供有力的保障机制。为保障青年教师工作坊的顺利开展，园方制定一系列保障机制为青年教师工作坊保驾护航。委派专门的项目负责人：由园内区学科带头人领衔工作坊，聚焦青年教师专业成长过程中的问题，扎实开展青年教师的研训与培养工作，帮助青年教师充实教育教学理论，提高教育教学技能，引导青年教师走上专业化成长之路。

制定明确的培养目标：一是重视理论学习，帮助青年教师掌握扎实的基础知识，形成先进的教育观念和较深厚的教育理论修养，树立正确的人生观、世界观和价值观。二是具有扎实的教学基本功，能独当一面地胜任教育教学工作，熟练运用现代教育手段，并将现代信息技术与学科课程有机地整合。三是加强对学习活动中语言、科学探究、音乐、美术各个领域活动的设计与实践，提升集体活动设计能力。四是能胜任班主任工作，和搭班教师通力合作，和家长密切联系，提高家长工作能力。

确立适切的培养内容：包括人文素养、专业素养以及专业成长三个板块。

提供有益的奖励机制：一是每学年举行一次主题征文活动，优秀征文优先投稿，激发青年教师专业发展的积极性和自主性，为青年教师提供一个“有机会，有选择”的环境。二是参加“听潮杯”教育教学论坛、教育教学评比、艺术节等一系列活动，充分发挥青年教师的特长，为青年教师展示自己的才华提供了一个广阔的平台，表现优越、贡献突出者给予奖励。

第三，青年工作坊实施的主要举措。首先，书香润心灵——读书学习提升青年教师的人文素养。读书能够丰富人的知识视野，提升人的内涵修养。然而，电子信息技术飞速发展的今天，青年教师的阅读兴趣在下降、阅读内容在窄化。为了改变这一现状，我们发动青年教师成立悦·行——听潮风读书坊，把它列入青年工作坊中的一个板块，依托“采文读书坊区级课题项目”为引领，以“3+3”活动为主形式，即三类书目阅读+三类实践活动。其中人文书目阅读通过自我品读+师德论坛开展；专业书目阅读：通过导师共读+课堂实践进行；经典书目阅读：以小组读+创艺体验为主。在读书坊中，年轻的伙伴相约相聚，一起阅读、一起思考、一起交流，徜徉在书的海洋中，感受着共读共享的无穷乐趣。读书坊改变了青年教师以往个人读书的方式，成为大家的一种习惯和期盼。

读书坊主要活动：一是集体共读，打造学习团队：提供学习资料和相关书籍，保底每学期一本专业书籍，带领青年教师共读，打造学习型教师团队，营造浓厚的读书氛围，养成良好的读书习惯。二是分组阅读，合力开放思维：区别于往常阅读后交流介绍的固定单一模式，组织小组积极互动，充分发挥创意，通过分享心得等展示读书成果，外化于行，内化于心。三是自主阅读，培养文化素养：征询教师们意见，及时调整与更新读书坊专属书单，青年教师们可以根据自己喜好，自主选择书单中书籍阅读，以此来提高自身的文化素养。四是写作交流，提升阅读质量：根据教师们阅读情况，定期开展撰写学习故事、读后感、身边感动的事等交流活动，“以读促写，以写促读”，提升青年教师们的阅读质量和写作能力。

其次，实践促成长——实践演练提高青年教师的专业素养。对于一名教师来说，专业素养是重要的一环。我们聚焦课堂研究，围绕我园龙头课题《美育视域下构建幼儿艺术整合特色课程的实践研究》进行集体活动的设计与思考，从目标确立到教案成型再到实践研讨，青年教师们都在此过程中进行脑力激荡，对于不同领域的整合活动，有了一定的认识与思考，不管是执教者还是评课者，都提升了集体活动方面的实践能力。

实践促成长主要活动：一是开展创意手工培训：平均每月一次，安排专人在线上对青年教师进行培训，提升教师的动手能力。二是聚焦课堂研究探讨：开展"集体活动的设计与实施"专题研究：确保每月一次，让青年教师们自定领域及主题，开展现场听评活动，提升青年教师的集体活动执教能力。三是教师师德素质提升：为全面学习贯彻党的十九大精神，结合新冠肺炎疫情防控形势，提高青年教师的师德素养，提升教育教学安全管理水平，开展关于"师德师风"与"疫情防控"的专题学习分享活动。四是利用资源提升技能：结合我园的歌唱、舞蹈和水墨坊社团，利用家长资源，对青年教师进行歌唱、舞蹈、水墨画等方面的培训，不断提高教师的专业技能。

最后，携手共进步——师徒结对提升青年教师专业成长。我园开展的师徒带教活动是本着"教学相长、互利共赢"的理念进行的，开展集体活动、生活、运动、游戏、家教等不同方式的带教内容。"德高为师，身正为范"，教师在结对的过程中，相互影响、相互激励，带教师父以自己良好的师德修养与礼仪规范潜移默化地影响徒弟，让其养成良好的行为习惯。

带教促进步主要有：一是通过"示范"提升修养，以身作则，以自己良好的师德修养与礼仪规范潜移默化地影响徒弟，让其养成良好的行为习惯。二是通过"学习"促进成长，对于青年教师来说，对教育理念、学科专业知识的学习应是其学习的关键。带教师傅悉心指导徒弟的学科教学基本功，帮助形成良好的教学习惯，指导徒弟认真学习二期课改和《3～6岁儿童学习与发展指南》，领会其精神，钻研教材，熟悉教材，做好备课工作，并提出修改意见。三是通过"实践"提高能力，在教育实践中，青年教师既要对自己的教学活动进行详细的计划和安排，也要对自己的教学活动进行有意识的评价和反馈，还要善于发现自己教学活动的不足并进行调整。四是通过"反思"积累经验，青年教师在丰富经验的同时，一定要注重思考。必须对自己已有的教学行为和习惯进行重新审视，筛选并保留好的行为习惯，淘汰和改造坏的行为习惯。

这样一方面可以改正自己的教育教学行为，另一方面可以更新自己的教育教学观念。

第四，青年教师工作坊取得的成效。一是青年教师的人文素养得到了提升。青年教师通过工作坊的各种读书活动在教育理念上逐渐有了转变，更显时代精神、发展眼光和创新锐气。同时老师们的知识结构也逐渐复合化，他们不仅掌握了专业知识，且拓宽了涉猎范围，掌握更多与专业相关的边缘领域知识，能更加从容自信地回答幼儿千奇百怪的疑问，唤醒幼儿积极主动的学习兴趣，更好地推助幼儿的发展。二是青年教师的专业素养得到了成长。一个优秀的幼儿教师，必须学习并掌握广博、扎实且精而专的教育理论，同时还要善于理论联系实际，具有思辨运用的能力。简而言之，就是能做到理论与教育实践的完美结合，这是青年幼儿教师的必要“装备”。我们聚焦课堂研究，开展“集体活动的设计与实施”专题研究，教师们的教育实践能力得到了提升。而在技能技巧方面，竖笛、水墨画、歌舞、书法、教具制作、创意美术、写作技能等各种各样青年教师感兴趣的培训，让大家真正地爱上艺术，成了一名潮美而行的教师。三是青年教师的专业成长得到了进步。教师在结对的过程中，相互影响、相互激励，青年教师们积极开发利用资源，开展教育教学的实践研究；根据本班幼儿的实际情况，认真制订各类计划，及时记录反馈信息；深刻领会指南精神，并以新的课程观指导实践；经常反思自己的教育行为，反思自己所采用的教学方法是否有利于幼儿的发展。

二、激流勇进的成熟型教师团队

针对成熟型教师，我们推出“胜任教师—优秀教师—特长教师”的成长梯度，关注内驱，推出“实践式”培训项目，逐步实现有“专业思考”到“专业自觉”的跨越。结合特长与兴趣，领衔教研、信息、环境、课程等固定与临时项目组，参与指导幼儿社团活动，参与青年教师带教等，引导成熟型教师开展富有挑战的工作，成为我园教育教学的中坚力量。例如，我们在提拔教研组长时，首要综合考虑教师的人格素养、工作经历和专业能力。选定人选后，我们对其进行专门的岗前辅导，并配备经验教研组长进行带教，为其保驾护航。过程中，我们关注新手教研组长的自信心和专业力，鼓励其大胆实践，及时点评与引导。

（一）角色转变——迎接挑战，重新启程

我们深知教研组长是整个教研组的核心人物，感受到了肩上那份沉甸甸

的责任和不小的压力。突然由教研参与者转换为教研活动组织者，从策划到组织再到实施，面对挑战，我深知肩负的责任与期望。对于新角色，我不知能否胜任；对于教研，我的经验仅停留在看课例展示、针对问题进行集体研讨和分享研讨结果上，而对如何确定教研主题、如何策划教研活动等并不清楚。当我在机遇和担忧并存之际，园长主任们和我悉心交流，让我放下思想负担，对我进行岗前思想和专业上的辅导，帮助我了解了一些教研工作开展的基本方法和要点，鼓励我大胆尝试。就这样，我开始迎接挑战。

然而，在教研开展的初期，我认真准备、全心投入，总感觉自己似乎是一个传达信息和工作任务的传声筒，例如案例中对教研计划内容的撰写、解读论证都是由我一人从头至尾地参与，缺乏互动，教研氛围非常冷清。姚老师观摩了我的现场教研，引导我剖析根源，归根结底我并没有真正去了解组员们的内心真实想法，并没有真正领悟到教研组长是组织者、策划者和指导者的角色。在姚老师的支招下，进行问卷调查尝试。认真审视组内的每一位老师，对他们每一个人的现状进行客观的分析，包括优势、潜力、不足，同时我设计了"我心目中的教研组长"问卷调查，如你期望得到教研组长哪些帮助和支持？你觉得教研组长还有哪些需要改进的地方？梳理调查问卷时，可以发现组员的问题、困惑、需求和诸多有价值的信息，据此，着手改进策略，找到了使教研活动内容具体化和可操作性的突破契机，也可以渐渐地与组内成员拉近距离。

（二）完善自我——理念转变，自我觉醒

教研组长作为教研组内部的牵线人，在每次组织教研活动前都要进行计划的制订、内容的选择、形式的确定、资料的准备等等，但是在这个过程中，我往往感觉力不从心，缺乏一定的理论知识的支撑，自身专业能力的不足导致我在教研活动筹备时考虑不够全面。如在教研活动中教师给出的观点回应，我不能很好地提升和总结，经常造成研讨浮于浅层，不够深入，对组内教师的专业成长帮助不够。虽然在每次教研活动前都会查阅资料，但是在教研活动中会有很多新的火花，对于这些我就很难回应到点子上，也很难引导教师深入研讨。

第一，提升理论专业化水平。教研组长应具有较强的专业水平和丰富的教育教学经验，要能够称得上是幼教行业内的"业务专家"。苏霍姆林斯基说过："只有当教师的知识视野比教学大纲宽广得无可比拟的时候，教师才能成为教育过程中真正的能手、艺术家和诗人。"区教研室每学期有教研组长培训，园领导特别关注我的需求，为我提供适切的培训内容，带领我参加姐妹园的观摩交流学习，还邀请专家辅导并鼓励我们和专家互动，多样化的专业培训加上我自身的勤奋努力，让我逐渐拥有专业上的底气。

第二，采用结对式指导。幼儿园为我牵线的组长带教郑老师是我们的区级骨干教师且优秀的教研组长，经常参与区、市的各项培训活动，能获取前沿教育信息。郑老师经常主动与我进行沟通，通过理论分享、课例研习及实地指导，帮助我迅速提升业务能力。在郑老师跟踪指导中，往往能敏锐地发现我的诸多问题，如虽然准备充分、及时提出问题，但在教研活动的过程中，不能及时抓住问题进行抛问互动；在关键问题的处理上往往无法抓到重点进行点拨；教研组长的总结虽然正确，但有些空，教师没有抓手等。她会用自己丰富的经验和案例实实在在地给予我可操作的建议，如环节不宜过多，每个环节要有递进，时间分配要详略得当；在重点环节上，要多花些心思，将问题讲深、讲透等。每次教研后，郑老师会让我先谈一下自己参与此次教研的收获，然后再针对这次的教研提出一些建议。让我学着不断反思自己在教研中的优点与问题，逐渐理清教研活动设计与组织中的一些要点，明确改进的方向与措施，为今后能够更好地开展教研打下基础。

第三，提高实践效果。每一次教研活动必须有一个活动方案，教研方案策划得比较完善，活动效率就高。在教研活动开展前，由我提前设计教研方案，金老师和郑老师会不定时地把关，修改后方可依此来开展教研活动。在把关的过程中，她们会把问题抛给我，比如：设想教研过程中教师可能的反应，以及教师会得到哪些可以借鉴的实践策略等。在她们的把关下，我渐渐地进入了有效教研的门槛。渐渐地，组织教研活动前的全盘思考成为我的习惯。我明白了要根据计划中的内容认真思考，一是预备：对将要研讨的内容做一些知识与经验的储备，收集、学习一些相关信息，做到领先组员一步，在组织活动时才能胸有成竹；二是预想：对研讨中组员可能出现的反应做些预想，对如何更好地发挥每个成员的作用、用什么方式引导大家研讨做一些案头准备，组织活动时有的放矢；三是预设：对本次活动要达到的目标、形成的结果作一个评估，组织活动时围绕目标展开。教研活动开展时，我也变得自信了，教研实效也得到了提高。

第四，引领团队，寻求共进。教研组长起的就是引领作用，不仅要把握现实背景下教研组目标定位、专题的确立，更要特别关注在常态的活动中给予大家专业引领。上任第二年，部主任金老师告诉我，希望我承担一次教研展示的任务，这对刚上任不久的我来说压力非常大，内心十分忐忑。金老师鼓励我接受挑战，把它作为历练自己的一次机会，并和我一起设计与思考，之后她让我大胆实践、自主创新。

根据教研计划确立教研展示主题为“运动中观察与识别”。引领并和组员们一起做好教研前期的准备，以保证教研效果，主要从三方面进行准备：一是注重理论学习的引领，提前学习和理解教研内容有关的理论支撑点。如对观察法的了解、如何根据专业书籍去识别幼儿的运动水平以及后续的优化、支持方法等专业知识。二是预设问题框架的引领：每次活动前，都要与教研组长进行商讨，制定合理而有效的教研方案。教研组长把本次教研活动要研讨的问题提前预设给教师，让教师心中有数，提前预知。例如根据分工针对不同幼儿的具体运动情况：动作、次数、表情等都要进行详细地观察记录，并且根据专业的衡量标准去划分幼儿的不同运动水平等任务。三是细致准备PPT和相关的材料设施等。在一次次的教研模拟中，组员们也积极发表自己的建议和想法，把各种材料都细致考虑了，真正把教研组的活动当作自己的事做到自觉主动，在学习共同体“互补、合作、协商、互动”关系中逐渐使更多教师的教学智慧被充分调动与激发。

一次高效的教研活动除了前期精心的策划和计划执行，后期的反思和评价也是尤为重要的。教研展示后，园领导和其他教研组长给予了赞扬和鼓励，同时他们对我提出了非常中肯的意见，向我提出改进建议。如徐老师提出虽然内部层面的经验交流，但还不够深入，特别是在观察记录方面，组员间讨论的内容是割裂的，不利于教研活动中的互动和质疑；针对观察工具表的设计，黄老师也提出观察要素需要再拓展和细化，之后，我进一步深入思考和梳理大家的建议并形成有价值的内容。通过此次教研展示，我获得了很多宝贵的经验指导，让我开拓了教研思路。

教研组长作为小组领头羊，学习和反思能力尤为重要。一名称职的教研组长，应该时刻不忘学习、永不停息地学习，其生也有涯，而知也无涯，学也无涯，不光要向专业书本学习专业知识，还应该选择不同种类书籍索取知识，向他人学习。当然，向专家学习，向身边的同事学习。反思，则是要在学习中反思，在日常教学中反思，反思自己的长处和不足，反思他人的短处和成功，在反思中领悟，在反思中提高。相信只有教研组长自身有了这种终身学习、时刻反思的精神，才能促使周围的教师爱上学习、乐于反思，共同创建学习与反思的和谐氛围。

三、勇攀高峰的骨干教师团队

针对骨干教师，我们推出“园级骨干—中心骨干—区级骨干”的成长梯度，关注成长、推出“引导式”培训项目，注重从“专业发展”到“专业责任”的价值回归。通过导师制、教师培训课程研发、主持科研项目、领衔项目展示等，引导骨干教师在实践中能形成自己独特的教学风格与教学专长，对自身专业成长的价值与意义有明确的认识。如，我园是区见习教师规范化培训基地，每年都承担着培训任务。负责基地培训的徐老师有着七年的培训经验，我们在肯定她成绩的同时给她压下担子，期望她能突破自我，做出基地带教的亮点。在输送她参加区中心组培训、外出观摩基地考核等后，她开始了自己的创新实践。

在《听潮艺术幼儿园见习教师规范化培训课程实施方案》的引领下，基于区见习教师规范化培训要求以及园所特色常抓不懈、扎实推进提升基地培训工作。我们在基地中挑选最优秀的教师组成带教导师团队，构建教师学习的实践共同体，给新教师提供全方位、高水平的指导，让见习教师与各导师在对话、交流与协商、相互学习、彼此协作、分享实践的过程中共同多向共赢地发展。

（一）探索团队带教思路是推动见习教师发展的革新

美国学者莱夫和温格提出“实践共同体”这一概念，认为“实践共同体是人、活动和世界之间的一系列关系，这些关系是跨时空的”。在《上海市见习教师规范化培训指导意见》的精神引领下，也帮助我们明确培训路径：实行导师团队带教，实践学习共同体的理念。基地在每学年接收新学员前严格进行导师的遴选，组建“基地导师培训团队”，在常规的“一对一”师徒结对指导模式下，使见习教师在短期内尽快实现教师角色的转化；进而不断扩大导师带教的人数，使见习教师们不断感受到“1+N”的团队带教力量，组建成一个由听潮艺术幼儿园优秀教师们形成的带教导师团队，和见习教师们一起共同构成学习实践共同体。在这一过程中导师带教的指导力量与经验水平会更加优化：个人的特长得以充分体现，解决指导过程中的各种问题、善于接受新事物、敢于尝试新方法等的能力得以全面提高。在导师团队的带教、交流、互动中，将见习教师们的专业发展置于一个由不同专业背景、不同的教学经验以及不同的性格特点所构成的指导团队之中，从而接受多样化的教学风格与教学特点的师父们指导，更有助于新教师在这一年中有所思、有所悟、有所得，经历进步、发展与蜕变：从角色的变化（学生—教师）；岗位的变化（实习生—带班教师）；责任的变化（爸爸妈妈的宝贝—独当一面的孩子王）；职业素养的变化（懵懂带班—基本把握一日活动的带班要求）等等，从而成长为一名合格的幼儿教育工作者。

（二）实践团队带教模式是提高见习教师成长的关键

“得到教师资格证书只是拿到一把打开教师专业发展的钥匙而已”，因此，在见习教师规范化基地培训的平台下，我们致力提升见习教师素质，努力造就一支合格的、充满活力的高素质专业幼儿教师队伍。在培训过程中，我们充分考虑多元多途径的导师团队培训方式推进培训实效，提高见习教师的专业素养。

第一，导师引领式培训。针对见习教师实际情况，导师与学员之间签订“一对一”师徒结对协议，导师在制订计划前与他们进行面对面的访谈，了解他们的实际情况与需求，根据见习教师的参培要求，指导他们制订符合自身特点的参培计划。导师们利用自己扎实的专业理论、教育技能和丰富的教学经验及带教经验，充分发挥个人特长开展培训，激发见习教师参与培训的主动性与自觉性，注意需求培训。通过导师半日活动观摩、教学活动手把手研讨、教师访谈等引发学员的观察、模仿和实践，加强专业道德与素养培训，从而感受导师师德与教学魅力。在这个过程中，见习教师更好地学习与领悟作为一名幼儿教师的使命与职责，也更好地提升他们树立对幼教这份职业的信心。

第二，问题反思式培训。围绕着真实的教育情境中的各种问题，以解决实际问题为中心，重视教学和问题意识是我们在培训过程中的主要方向。基于需求和问题，我们为学员开展《周日计划的撰写培训》和《幼儿自我保护》案例解析以及《班主任工作实效》《幼儿健康领域解读》《主题活动设计》等等一系列的培训讲座，我们还特别邀请教发院的教研员、专家为他们进行《对幼儿园游戏的再思考》《师幼互动的有效性》等讲座解析，通过他们在带班过程中的问题进行答疑解惑，从而让培训更有针对性。在借助导师们的团队带教中，使他们投身于不同导师所组成的实践共同体中，得到多方浸润，从而有助于满足青年教师多向度的学习需求，使青年教师学习机会最大化。

第三，特长带教式培训。对见习教师而言，由于不同导师的专业特长、教学方式、教学经验各异，必然使得指导方式呈现多样化的状态。见习教师须投身于不同人员所组成的实践共同体中，须行走在多元的跨界的背景中方能获得成长。

导师个体特长培训。我们善于发挥带教导师的个人优势进行针对性的培训：比如在生活课程板块，我们由具有丰富班级管理经验及对生活课程有研究的导师陈英，帮助见习教师了解生活课程要点以及生活环节的实践与梳理；由擅长环境设计的导师郑丽芳，根据班级管理中的班级环境创设进行解读，并结合整个幼儿园三部的环境让见习教师有一个直观的认识；借助导师金玲区级课题《游戏超市的实践与研究》，帮助见习教师学会如何观察幼儿的游戏并做游戏记录；利用导师赵丽娜对于《幼儿园保教合作实施办法》进行介绍与分析，帮助见习教师深刻领会保教结合的重要性等等，从而让学员获得的培训体验和效果都是最优化的。

基地教师特长培训。俗话说得好，三人行必有我师焉。虽然遴选的导师都是非常优秀的，在专业方面各有所长，但是对于见习教师而言，所要给予他们的是全方位、全方面的。因此在培训过程中，我们深刻领会"浸润式带教"的培训理念，将基地中所有的老师变成一个整体，发挥团队整体效果，让学员获得最全面最优质的培训。如结合幼儿园艺术领域教学展示活动，让他们能领略到其他优秀教师不同的教学风格和教学演绎能力；又如我们邀请拥有二十几年丰富班主任经验的陆英老师，为学员们开设《如何做好班主任》的微型讲座；邀请区级一般课题负责人凌行知老师，为学员们开设《幼儿教师如何进行时间管理》的专题讲座等等。

分部特色带教。充分发挥各分部、各阶段特点与特长开展一系列培训，结合园所各部开展的保教展示重点开展相关的观摩、研讨与讲座，如《北园部生活活动中幼儿进点的组织与指导》《香桂部幼儿自主游戏的观察与指导》《南园部幼儿运动环节与运动材料设置的观摩与研讨》等等，从而帮助见习教师充分感受各分部在各自优势板块中的呈现，从而汲取最优质的"营养"。

项目带教。作为一所艺术特色的幼儿园，我们一直践行着"潮美而行，艺启成长"的办学理念，我园大艺术的课程理念日趋凸显与成熟，艺术教育成果不断，艺教特色逐步凸显，因此我们在见习教师规范化培训过程中，以项目带教的方式推动见习教师们对于我园特色课程的感受与实践。通过项目带教，我们进一步帮助新教师梳理与实践幼儿园教师所必须掌握的"唱、弹、画、跳"等技能，从而促使他们能较好地把专业技能转化为教育技能。

（三）完善团队带教机制是引领基地发展的保障

认知是一个真实的过程，是一个在行动思维给予参与对话的过程中产生知识的过程，见习教师们在不同导师团队所组成的实践共同体中得到多元的培训体验并获得成长。因此，在基地的培训过程中，将团队带教的多元多途径的指导模式不断上升为一种显性的培训机制，形成“一对一的师徒制”“团队带教制”“专家加盟制”等，成为见习教师专业发展培训的一种带教长效机制，从而发挥其应有的作用，为见习教师们的成长助力。

在我们的针对性培养和精心扶持下，各层级教师团队逐渐形成独特的团队氛围和文化精神；在每个团队成员的凝心聚力和不懈努力下，听幼“和谐雅致、锐意进取”的和美团队文化日趋显现，他们致力听幼教育，呵护幼儿成长，成为幼儿园中一道亮丽的人文景观。

第四节 形成“美”的校园文化

校园文化是学校物质文化和精神文化的总和，是园所环境、师生风貌、价值取向和行为规范等的综合呈现。校园文化决定着学校的价值追求和发展目标，彰显着学校的办学理念，是学校内涵发展的标志。听潮艺术幼儿园秉着传承与发展的理念，不断对幼儿园多年来积淀的校园文化进行深入解读，并付诸扎实的行动，不断深化校园文化建设。2019年，在幼儿园新旧四年规划交替筹谋时，我们再次对校园文化体系的架构进行思索，尝试探寻新的生长点。通过自下而上、自上而下、专家指导等多方位、多途径的思考，在传承“雅致、大气、和谐、进取”校园文化的基础上，不断丰富其文化精神及内涵，倾力打造美的校园文化，让每一个听潮人获得美的滋养，让听幼获得艺术的润泽和积淀，得以生命的绽放。

一、润美于心的潮美文化

我们在践行艺术教育的过程中，全园构建了相互关怀、尊重、接纳、亲密的师幼关系氛围，形成了“潮美”校园文化品牌。潮美文化，是我们倾心打造的、听潮独有的美文化，旨在让每一个听潮人能在悦己、悦人、悦世界的过程中，从内心深处涌起美的感受、亲历美的体验、收获内外兼修的品行美。潮美文化核心价值为悦己、悦人、悦世界。潮美文化体系为智美管理、和美团队、慧美教研、艺美课程、聚美家社。在潮美校园文化精神引领下，全体教职工怀揣教育初心与梦想，建立共同的价值取向，将“潮美而行”的理念根植于心，外化于行，携手共建具有艺术特色的听幼家园。

（一）智美管理情系园所

具有智慧与艺术的管理，能够在校园文化建设中起到引航作用。我们认为“没有规矩，不成方圆”，校园文化建设需要科学的制度管理与约束，才能规范师生的行为，形成良好的园风园貌，从而保障校园各方面工作和活动的有序、顺利开展与落实。制度的落实需要组织机构的管理和文化队伍的实施，校园文化组织机构的健全和完善，校园文化队伍的阵地与职能，对正常开展校园文化活动，加强校园文化建设，具有十分重要的、决定性的作用。

在对幼儿园文化历史的溯源和发展现状调研基础上，我们确立“智创赋能、潮美而行”的“智美”管理文化。把教师视作平等、合作的伙伴，将人文管理意识根植于教师心中，努力激发每一位教师的主体内驱，竭力发掘每一位教师的聪明才智，倾力赋予每一位教师管理权利，使他们情系听幼发展，心怀听幼文化目标，真正成为听幼校园文化建设的主人。

例如，我们定期开展“听幼管理制度执行情况满意度调查”，向每一位教师进行调研，倾听他们对幼儿园管理与发展现状的看法和困惑，及时给予解读和答疑，并鼓励他们积极献计建言，在汇总分析和反复商议后，调整并完成管理制度修订稿。当教师看到自己合理、有益的建议被采纳进幼儿园制度文本时，当教师未采纳的建议得到回复说明时，他们的内心充盈着满满的被认同感，学校发展我做主的真正意义得到诠释，有效激发了教师的主体意识，增强了教师自我管理能力，提高了共建校园文化行为。

又如，在新四年规划制订前，我们以教研组为单位，开展规划制订意见征询，听取教师对幼儿园规划的意见与建议、设想与期望；党政班子成员深入基层走访，了解教师的真实心声、切实需求，激发每一位教师的学校发展主体意识，使他们感受到幼儿园的四年规划制订是与自己息息相关的事情，是自己的一份使命与责任。基于教师征询意见汇总分析的规划初稿完成后，我们再一次进行规划初稿意见征询，由各教研组长组织组员就规划七块内容进行逐一学习，共同研讨并提出意见与设想，党政班子成员分别到各组列会聆听，再次分析汇总并调整规划，在全体教师大会上进行规划审议并定稿。在规划的征询—调整—征询—审议—定稿的过程中，体现了管理的智慧，对教师的尊重，对人文的关怀，更好地激励了全体教师的价值归属感。

（二）和美团队凝心聚力

校园文化建设中提升人的素质是重中之重的工作，唯有人的文化素养和道德涵养的提升，才能呈现美好的精神面貌，即我们常说的相由心生。团队精神是园所的一张名片，美的团队是校园文化的一个窗口。我园以“和谐雅致、锐意进取”的“和美”团队文化建设为追求，努力创建一个个美的窗口，打造一张张美的名片，将美传递给周围的人。

第一，目标引领。我们以《听潮艺术幼儿园师资队伍发展阶段性规划》为核心，为不同发展水平的教师提供合适的平台，提供合适的梯子——“梯队式结合，小步子成长”的发展路径，帮助教师实现专业发展之梦，扬自信之美，针对性打造三阶教师和美团队。

针对1～5年新教师：我们推出“适应型教师—合格教师—胜任教师”的成长梯度，关注体验，推出“保底型”培训项目，逐步实现从“拐杖支持”到“内化行为”的转换。例如岗前培训、双师带教、成立由学科带头人领衔的“青年教师工作坊”，其中比较有特色的是成立“悦·行—听潮风读书社团”。读书社团依托“采文读书坊区级课题项目”为引领，以“3+3”活动为主形式，即三类书目阅读+三类实践活动。其中人文书目阅读通过自我品读+师德论坛开展，专业书目阅读通过导师共读+课堂实践进行，经典书目阅读以小组读+创艺体验为主。多位教师接受上海教育电视台采访报道，他们的创新阅读故事在上海教育新闻网报道。

针对5年以上成熟型教师：我们推出“胜任教师—优秀教师—特长教师”的成长梯度，关注内驱，推出“实践式”培训项目，逐步实现有“专业思考”到“专业自觉”的跨越。结合特长与兴趣，领衔信息、环境、课程等固定与临时项目组，参与指导幼儿社团活动，参与青年教师带教等，引导成熟性教师开展富有挑战的工作，成为我园教育教学的中坚力量。

针对骨干教师：我们推出“园级骨干—中心骨干—区级骨干”的成长梯度，关注成长，推出“引导式”培训项目，注重从“专业发展”到“专业责任”的价值回归。通过导师制、教师培训课程研发、主持科研项目、领衔项目展示等，引导骨干教师在实践中能形成自己独特的教学风格与教学专长，对自身专业成长的价值与意义有明确的认识。

第二，弘扬学习典范。我们以党工团为主阵地，深入贯彻十九大精神，认真落实习近平总书记关于教育的重要论述，落实立德树人的根本任务，建设和美团队文化氛围。根据幼儿园新一轮规划培育“四美”教师目标，开展各类教师美行、美育实评选活动和示范岗实践活动，打造有影响力、榜样力的和美团队，以期形成宣传典型、树立典型、学习典型的氛围，从而不断提高教师的育人形象，进一步丰厚我园教师的人文素养和师德涵养。

○ 案例：

工会开展听幼最美教师评选活动

评选标准：爱国爱党，贯彻党的教育方针，践行社会主义核心价值体系，模范遵守社会公德、职业道德和家庭美德。爱岗爱生，坚定理想信念，坚持以美育人，以文化人。潮美向善，有与人为善的品行，锐意创新的勇气，敢为人先的锐气，蓬勃向上的朝气，不懈求索的专业。

具体标准：心美，以专业之爱呵护孩子成长。受到孩子的喜爱，是孩子平等的玩伴；赢得家长的信赖，家长评价满意度高；获得同伴的赞赏，纯真善良，乐于助人。言美，以专业之声诉说教育感悟。能传递正能量，用文明美语与人交流，用规范美语进行教育教学，用智慧美语表达专业感悟。文美，以专业之笔记录教育故事。能充实自己的专业视野，善于发现孩子的世界，勤于记录教育故事，利用不同平台发表心声并获得同伴认可。致美，以专业之心传递教育对话。能致力于自身发展，乐于钻研，在个人专业上有显著成果；能致力于团队共生，善于沟通协作，在团队中有作为、有贡献、有引领。“四美”教师，具有心美、言美、文美、致美综合美、有引领性的教师。

经过教师民主推荐、汇总材料、评审组审核，最终推选出有代表性的15名最美教师。

文美教师濮老师写道：此次获奖于我是一种鼓舞，更是一份感恩。用林徽因的诗表达我此刻的心情：“你是一树一树的花开，是燕在梁间呢喃，你是爱，是暖，是希望，你是人间的四月天。”文字，是绽放在指尖上的一朵小花。它，干净朴素；它，宁静悠然；它，震撼生命。在文字的跳跃间感受爱与希望，能够遇见便是最美的绽放。我愿在文字的世界里遇见教育之美、书写人文之美、感悟生命之美。

心美教师康老师说道：和孩子们的相处，简单又纯洁，我想只需要用自己最自然本真的一面。我爱孩子，孩子们也爱我。心存感恩，感恩天使般的孩子带给我的幸福感。我相信，保持一颗感恩之心，用爱去工作，用心去感悟，那么我们的孩子们也将是幸福的。

言美教师马教师说道：我只是尽量做好属于自己岗位上的工作，尽自己的努力去完成每一次任务,且以身作则传播幼儿教育工作者的真挚与正能量。从今往后,我会继续用文明美语与孩子交流,用规范美语进行每日的教育教学,用智慧美语表达教学感悟。我也会继续怀着爱工作,将责任、奉献精神化为自觉行动,坚守平凡的岗位,怀有一颗关爱之心,善待每一个孩子,为听艺教育事业的不断进步,贡献自己的一份力量。

获奖教师在带领的团队和工作领域中的成绩有目共睹。颁奖典礼上,获奖感言发自肺腑,传递着浓浓的美育思想与行为,看着台上领奖的教师,大家倍感认可,深受感染,有力提升了各个团队、团队之间的和美文化和向心力。

(三)慧美教研合作共生

幼儿园教学质量的提升需要教学研究的推助,而教研则是主阵地,唯有真实、慧美的教研氛围和过程才能有效促进教学质量的提升,从而提升教师的专业素养,最终使幼儿获得更好的发展。我们引导教师用“平等、支持、执着、善思”的教风建构学习型团队,以此形成教师“在工作中学习,在学习中工作”的自我管理行为。以“教研实证活动”为载体,深化“慧美”教研文化,以园所主文化精神为指引,不断营造“慧学真研、合作共生”的研究氛围,让幼儿园里时时处处充满浓浓的文化气息。

(四)艺美课程快乐玩转

我们的课程经历了“潮之术、潮之乐、潮之美”三部曲的发展轨迹,主要有两大变化。一是关注点的变化,即关注艺术技能—艺术兴趣—艺术综合素养,以实现促进幼儿核心素养提升、全面发展。二是幼儿学习方式的变化,即为被动式学习—自主式学习—体验式学习,以实现幼儿在课程活动中获得真正意义上的主体地位。

我们凝聚全体教职工的智慧,对幼儿园前期课程的理念与架构进行梳理与分析,提出了“在孩子的心海植入美的种子”的课程理念。通过开展课程研究活动,建构合作、对话、探究的课程文化氛围,推进我园课程园本化的进程,促进师生的和谐发展。通过“全景式+全领域”课程的打造,不断优化与完善,以艺术整合为特色、以孩子的体验式学习为主要方式,以培养现代小潮娃为目标的“小潮娃”课程。

全景式指共同性课程与特色课程相融的课程体系架构,包括潮生活、潮运动、潮学习、潮游戏、潮空间(三区六馆九景)、潮联盟(家教社)。

全领域指“领域+”课程,即我们以学习活动艺术领域为主领域,整合其他领域活动，形成艺术、科学、社会领域间整合（艺科社整合活动）；艺术、语言、社会领域间整合（艺语社整合活动）；艺术、健康、社会领域间整合（艺健社整合活动），生成六美活动。

（五）聚美家社共促美行

构建“聚美”家社平台，凝聚家社教育合力，形成“聚力合育、共促美行”的“聚美”家社文化。我们以上海市家庭教育示范校、“家长艺术课堂”品牌项目和家教课题研究为引领，充分挖掘和利用社区、家庭教育资源，丰富和拓宽家长工作内容，优化幼儿园家长学校课程体系；整合各类教育资源，搭建有利于学校、家庭、社区乃至社会互动、合作、共进的平台，形成教育合力，为幼儿提供最优质的成长环境；优化家园互动的策略，将学前优质教育理念和方法深入社区、家庭，形成家庭、幼儿园、社区一体化教育，使教师、幼儿与家长共同成长。

二、寓美于形的徽标文化

学校徽标文化是富有学校特征的标志，为了将我园的办园理念和文化内涵潜移默化地传递给教职工、家长和幼儿，我们不断挖掘美的自然与人文景观、美的文字符号与视觉形象，构建寓美于形的听幼徽标，以更好地提升园所文化品位，深化校园文化建设。

（一）一园一景，彰显特色

在幼儿园整体物质文化建设方面，我们从设计出发，让每一处环境蕴含美的元素，让每一个听潮人能够获得美的享受。整体设计前，在调研与考察三个园区不同硬件条件、家长需求、幼儿发展需求等综合因素的基础上，本着将园所文化精神浸润于整体环境创设中的思想，进行一园一特色物质文化设计，充分彰显多元、丰富的文化气息。如南园部呈现温馨艺术+雅致特色，由于教室空间相对狭小，我们统一每楼层走廊色系，注重班级环境布置与走廊色调的呼应与协调，以扩大空间感，更增添一份清新、温馨与舒适；北园部呈现艺术+大气特色，外墙面玫红色与灰色搭配，楼梯平台富于内涵的八幅立体浮雕，围绕“唱、跳、画、奏”艺术长廊与楼道亲子艺术体验区等都成为来往路者与孩子、家长、教师、来宾眼前的一道美丽风景线；香桂部呈现艺术+温馨特色，园外道路宽敞交通便捷，外墙艺术浮雕独具匠心，园内大厅欧式风格清新典雅，各专用室及楼梯下休闲吧设计巧夺天工，活动室空间布局科学合理主题内容丰富、教育性艺术和美感充分显现。

（二）悦看园标，怡养视觉

园标是园所的重要标志，是体现学校特别的文化记号。我园的园标，呈音符形状，由蓝红两种颜色组成。

单个形意解读：主体是音符，代表我园听潮的首字母缩写“TC”；由浅入深的蓝色寓意孩子们在听幼“美”和“艺术”的环境、课程、校园文化、教师团队熏陶下，从粗浅的认识美、体验美，到自主的感受美、欣赏美，直至勃发创造美的愿望和能力的渐进过程。流畅的线条形似音符，象征多姿多彩的“艺术”世界，凸显听幼艺术教育特色。红色代表初升的太阳，象征听幼每一名富有朝气，积极、向上、爱生活的阳光孩童。圆形形似全音符，象征活泼好动、乐意亲近艺术、喜欢生活中美好事物的快乐孩童。

整体形意解读：蓝色音符托举着太阳，象征听幼全体教职工齐心合力培育孩子，帮助孩子构建潮美的世界观，为孩子心田播下“美”和“艺术”的种子，丰富孩子的多维感受，激励他们自主体验、自我创造，培养他们认识美、体验美、感受美、欣赏美和创造美的能力，成长为身美、智美、行美、情美，初具艺术启蒙素养的快乐儿童。

（三）悦听园歌，滋养心灵

园歌是一所幼儿园的文化传递，歌词内容、歌曲旋律反映着园所精神。在办园理念的引领下，我们以听潮为背景，以小潮娃为主角，创作了欢快灵动的园歌“小海螺”。把听幼的每一个孩子比作一个个置身大海、快乐的小海螺，倾听潮声，如置身艺术、广袤、跃动的海洋中，倾听乐声，享受快乐。音乐旋律为A调，以3/4与4/4拍相结合，呈现优美与欢快相融的曲调美。每天我们在孩子离园时滚动播放，让他们能够得到听觉的享受、艺术的熏陶，在哼唱中萌发对幼儿园的浓浓情感。

（四）吉祥潮娃，乐享成长

吉祥物是园所文化的产物，也是园所文化的代表。为了更好地将园所文化生动、直观地物化于孩子眼前，我们开展听幼吉祥物征求活动。尊重并发动幼儿，让他们设计、画出心中的听幼吉祥物造型；我们从儿童的视角出发，走近孩子，聆听孩子的设计想法、推选理由；我们基于提升幼儿审美情趣的思考，对入围作品进行艺术再加工，最终萌宠吉祥潮娃脱颖而出——男孩听听、女孩艺艺，简称“听艺小潮娃”。

听艺小潮娃脑袋为幼儿最爱的圆形，五官用简笔方式呈现，艺艺头顶两个圆形发髻，听听脑门一簇水滴形短发，水珠形眼睛俏皮灵动线条简洁流畅，造型夸张可爱。色彩方面基于一脉传承的思考，沿用听幼粉蓝两种主色系；结合中国传统的故宫色彩美学理念，我们赋予粉蓝两种色彩中国味，即艺艺为盈盈色，具有纯净的美好感（盈盈，粉色系，其色若桃花映水，皎容顾盼）。听听为苍苍色，富有宽广的生命力（苍苍，蓝色系，或水或天，其色幽蓝；或草或木，茂密盛开）。整体造型方面，融入我园艺术教育特色，艺艺着裙装，手持话筒，快乐歌唱，徜徉在艺术的海洋中；听听着背带裤装，头戴耳机，手握画笔，纵享于艺术的乐园中。

代表快乐、艺术的吉祥物——听听和艺艺成为每一个听幼小潮娃的好朋友。我们期望：每一个小潮娃能在听潮艺术幼儿园获得艺术的滋养、快乐的成长。

（五）艺术九景，积淀文化

环境是无声的教育，却又润物细无声地传递着浓浓的校园文化精神。我们思考：如何让每一个走进听幼校园的人，尤其是我们的教育对象——童真的幼儿受到直观的视觉冲击，浸润独特的文化气息，从而获得精神激励。为了生动、直观地物化校园文化精神，我们发动三部全体师幼共同寻找"我眼中最美的听幼景点"，对其进行全景观探，挖掘其价值及建设背景，最终确定了九个有代表性的人文景观，即"听艺九景"。（分别是南园部三景：听潮熠、踏音园、潮乐园；北园部四景：观潮石、潮娃亭、听竹轩、听韵池；香桂部二景：叮咚池、野趣园。）

听幼一景——听潮熠：听·音弦拨动，潮涌心头；艺·童心荡漾，术然于心。熠·红日初升，熠熠闪亮；生·童真无邪，慧（辉）然于智。即：听潮艺术，熠熠生辉。

听幼一景位于南园部游艺场北侧，一片约三十米长的绿色灌木丛蜿蜒流淌，一簇红色球型灌木宛如一轮熠熠闪亮的红日跃动其间，充满生机。高处俯瞰，它正是听幼的园标。巧妙的设计赋予绿化灵动的人文气息，向每一个听幼人传递着孩子是我们托起的太阳和希望，听幼是艺术启蒙的摇篮的理念。

听幼二景——踏音园：看·绿草葱茏，赏·美妙音符；踏·绿茵小径，寻·曼妙之音。小小潮娃，跃动其间，艺起成长。

听幼二景位于南园部南北两栋楼之间的中庭，踏上鹅卵石铺设的小径，葱郁的树木和片片草坪跃入眼帘；沿径而行，或踏或跳，触碰架上的悬挂物发出的乐声，妙趣横生；穿过小径，恍然发现整个鹅卵石小径竟是一个高音谱号，巧妙贯穿于整个中厅地面，它给予听幼的孩子们音乐的启迪。

听幼三景——潮乐园：听，潺潺水声，清澈流淌；捧，粒粒细沙，指间撒落，置身自然，自主探索，尽情玩耍，探寻教育之本源，乐享潮娃之茁壮。

听幼三景位于南园部游艺场南侧，两顶纯白色的大伞跃入眼帘，伞下是一组爱心造型的池子，边缘呈高低流线型。外围为水池，池间有若干水泵；内部是沙池，池中细沙在阳光下散发着柔和细腻的光泽。孩子们在其间玩水、弄沙、嬉戏、打闹，自由自在地享受着拥抱大自然的乐趣，充分体现了我园基于孩子视角的理念与实践。

听幼四景——观潮石：山石之魄在于灵气，教育之美在于心气。站山石之巅，望教育之远；取山石之灵，延艺术之源；听山石之音，思人文之渊。

听幼四景位于北园部涂鸦廊南侧，放眼望去，一块巨石赫然挺立前方树丛中，巨石背后是静静流淌的河流。它是建园初期一些致力于家园共育的家长代表筹资所赠，见证了听幼的成长。追溯历史，惠南地处杭州湾沿海，自古就是上海东南沿海的重要门户，有"上海的海边、海边的上海"之称。惠南古城有东西南北四门，西为"听潮"门，听幼南北园临近"听潮"门。驻足观潮石下，放眼四周，一片绿意尽收眼底，听幼教师向孩子们述说南汇、惠南和听潮的历史，将文化植入孩子们幼小的心田。

听幼五景——潮娃亭：宁静小亭，遮阴蔽日；小小潮娃，于此休憩；听鸟之语，闻花之香，与伴同乐。

听幼五景位于北园部游艺场东侧，小径两侧两座凉亭相连相望，亭上风车转动，亭边绿植小景清新养眼，动静宜然。听潮的孩子们可倚靠在亭中休憩乘凉、沐浴阳光、悠然自得；亦可趴在围栏上欣赏园中风景，和小伙伴嬉戏聊天。这方庭院是属于每一个潮娃的休闲天地。

听幼六景——听竹轩：青林翠竹，青砖古墙；竹之高节，心之高远。以竹启智，以节铭心；教育之源，犹竹挺然。

听幼六景位于北园部艺耕园，两面青砖墙错落矗立，墙上扇形窗口遥相呼应，独特的设计使其别具趣味。透过窗轩，一片竹林在风中摇曳，传递竹之拔节生长的情怀。孩子们和老师、同伴一起穿梭其间，浸润于中国传统文化的魅力中。

听幼七景——听韵池：看·绿草葱茏，赏·美妙音符；踏·绿茵小径，寻·曼妙之音。小小潮娃，跃动其间，艺起成长。

听幼七景位于北园部涂鸦廊，两个巨型木廊下是一方宽敞的平台，这里有画架、绿植、山坡、小径、水池、河道，几尾金鱼悠闲于池中，偶有小船鸣笛于河中，这里是小潮娃们快乐玩艺的小世界。

听幼八景——叮咚池：听·叮咚的水声，潮娃心尖的音符在跳跃；艺·启航的童年，术者手中的画笔在挥毫。

听幼八景位于香桂部游艺场，听得潺潺水声，循声望去，三个造型各异的洁白小天使雕塑站立于水池中灵动喷泉，池前是听潮艺术的四个拼音首字母雕塑，雕塑色系为听幼的主色调，迎接着每一个走进听幼的人们。

听幼九景——野趣园：潮娃乐运动，高处看风景，低处纳百川，野在自然，趣在自主，艺在心中。

听幼九景位于香桂部艺耕园，小潮娃们在这里钻山洞、爬大树，攀器械、穿长廊，玩游戏，尽情撒欢，妙趣横生，健康成长。

三、化美于行的多彩活动

我们认为，要不断努力地将务虚的“潮美”文化转化为具体、显现的实际行动，让全园教师体验鲜活的活动，沉浸于美的校园文化氛围，润泽于育儿的行动中，从而推进园所更好地向上、潮美发展。

每学年，我们以“师德涵养”为主题，通过一月一学、一月一活动、一年一先进制度，先后围绕“做个最美听幼教师”“不忘初心、情系园所发展”“不忘初心、逐梦成长”等主题开展教职工“师德主题培训”“红歌演唱会”“绿色阅读”“园丁奖评比”“教育教学评比”“最美教师评选”等系列实践与学习活动，丰富多彩的文化活动，帮助教师在园所发展的不同时期形成共同的价值观，不断增强园所的凝聚力、向心力。

如2020年，我们借幼儿园开园二十年的契机，开展以“不忘初心、逐梦成长”为主题，以党工团联建为阵地，以菜单活动为方式的二十周年园庆系列活动，子活动分别为“说成长故事”“寻成长足迹”“观成长时刻”“听成长心声”。下面，以“说成长故事”微案例，呈现我们以活动为载体深化校园文化精神的行动思考与实践的具体做法。

（一）挖掘文化价值性

园所文化影响着全体教职工的思维方式、行为习惯、审美情趣与价值取向，有助于幼儿园在实现内涵发展的同时，凸显园所特色。如何让教师的内驱力得以有力激发、主体性得到充分发挥，是我们思考的切入点。

活动前期，由党工团负责人在走访基层教师、聆听群众期望的基础上，拟订活动方案。党政班子会议商议并确立方案。我们以校园文化精髓为核心，以子主题“说成长故事”为主线，以二十周年园庆为契机，设计活动五环节，分别为教师发言、颁奖典礼、诗歌朗诵、园长致辞、宣读誓言。在教师发言环节，我们挖掘不同层面、有代表性、有影响力的教师，最终选择三位具有特别身份（二十年园龄、三十年教龄、第一届听幼宝宝）的教师代表，三位具有特别情怀（见证并与三个园部共同成长）的教师代表，分享他们的成长故事，期望从他们眼中看自己的成长，看幼儿园的成长，看自己和幼儿园共同的蜕变与感悟。颁奖典礼环节，我们设计从教三十年教龄教师“青春奉献奖”、伴随听幼二十年教师“守护听幼奖”、党员“学习强国”优秀“学习标兵奖”，以期借榜样力量激励全体教师不懈追梦、锐意进取。在团队中，有些个体熠熠发光、有些个体则淡淡地闪亮，如若我们能够发现它，便能成为一束散发火花之光。我园唐老师的诗歌《听潮有声》，轻轻阐述听幼从呱呱坠地到蹒跚学步到娉娉婷婷走来的步伐，听幼人初心不忘，挽着时光行走在路上的历程。这份记忆、这份情怀、这份守望、这份期许，正是我们想传递给所有教师的精神与力量，于是这首诗歌朗诵纳入活动环节中。正值教师节来临之际，教师职业道德规范是一道很好的精神食粮，我们在活动最后环节设计了共同宣读《浦东新区幼儿园教师入职承诺书》，期望以集体承诺的方式在教师心中留下美行印迹。

（二）凝聚文化感召力

感召力是引领团队共同奔跑的动力，也是凝心聚力的领航力。我们充分发挥党工团条线的战斗力，在共商共议后分别认领、部署与落实活动推进工作。由党支部负责统筹安排，工会负责活动推进情况指导，团支部负责主持与技术支持，实施过程中三个部门之间随时沟通与调整，有序推进行动节奏，全园上下齐心协力、共同行动、形成积极参与的和美氛围。党政班子成员牵头落实相关人员与主要工作要求，并提出建设性意见，使大家感受到主人翁意识。工会委员主动询问相关人员准备情况和需要提供的物质准备，使大家感受到被关怀的温暖。团支部成员充分发挥团队精神，布置场地、制作VCR、排练主持，充分显现了青年教师的智慧与活力。当全体教师步入大厅时，温馨的场景、二十年历程精彩回顾VCR吸引大家的眼球、震撼大家的心灵；一张张座椅上整齐摆放着一张微型精致贺卡、一支娇艳的玫瑰花，呈现艺术美的氛围。大家感受到来自党政工班子全体成员的关怀与祝福，“潮美”校园文化体系润物细无声地流淌在每一位教师的心田，化为一股巨大的感召力，牵引着大家潮美而行。

（三）发挥文化影响力

教师节当天，我们如期举行以“说成长故事”为主题的活动，整个活动简单却承载着非凡的意义。

第一，摘录教师发言环节部分感言。毕业即踏进听幼并与之共同成长二十年的徐老师如是说：

听幼的昨天、今天、明天进行着日新月异的变化，在不断地发展、创新与铸就辉煌。20年的芳华，我把青春献给您——听潮艺术幼儿园，在未来的道路上亦将一路追随、一路相伴。

我愿做你身后的0，默默倾听您的需要。

我愿做你身后的0，感受奋斗在这片芳菲土地上的踏实和温馨。

我愿做你身后的0，努力筑造听幼团队和谐合作的力量。

我愿做你身后的0，感受您被社会与同行尊重与认可的这份荣耀。

我愿做你身后的0……

潮美而行，艺启成长……

在幼教沃土上辛勤耕耘三十年的张老师娓娓道来：

2009年来到听潮艺术幼儿园，在学校整体艺术培养中，我选择学习古筝，当时已经四十几岁了，但是因为有目标，在老师的带领下，没有放弃只有不断地努力学习。而今承担了我们幼儿园的古筝社团任务，付出总有汇报，是自己的一种价值追求。在工作中不管承担什么任务，每次都是一种煎熬，但是我总认为年轻时应该有煎熬，这是一种痛苦的蜕变，更是一种美丽的演变。从教三十年有余，我不断在实践中成长、在成长中沉淀，我认为教育没有范本，教育只有不断地学习、积累、反思和推进。

我还有三年要退休了，但是我依然坚定地行走在我的幼教逐梦路上……面对自己走过的教育时光——不悔，面对自己那么多的学生——光荣，面对自己慢慢增多的白发——感叹，面对我亲切的各位同事朋友——愉快，面对年轻的姑娘们——逐梦，面对我为之努力工作的两所校园——欣慰。

第一届听幼宝宝、入职第二年的小徐老师述说：

二十年间，我长大了，听幼也在不断地成长，从当初一个园区到如今三个园区，每隔一段时间，都能“装点”出不一样的风采，活泼而又雅致，承载起一批又一批孩子们童年的梦想，在他们幼小的心田灌溉艺术的气息。我很自豪，作为人生的第一站，我的童年是在听幼度过的，往后，我也能继续见证听幼的美好。从孩子转变为教师，从懵懂到肩负使命，幼师这个职业并没有他人想象中的容易，只有不断提升自己，才能用更好的状态去爱孩子、引导孩子。

听幼培养了我，我也会为听幼贡献出自己的力量。我会将这份自豪之情化作前进的动力，在这个充满爱的世界，用心灌注这片心田，将这份情感不断地传递下去。

第二，呈现教师收获成果瞬间。与南园开设相伴成长的王老师，分享了多年担任教研组长的经验，感悟携手团队共同成长经历的同时，她带来了教过的孩子们现今的照片，送上了他（她）们为听幼二十周年园庆送来的祝贺视频。王老师说：看到他们的成长，就像看到我自己的过去和未来、看到了我这二十年的成长。在座教师，特别是青年教师惊叹王老师的爱心与细心、敬业与专业、平凡与非凡，表示要以王老师为榜样，学习她的用心和执着。

在颁奖环节，设置了党员“学习强国”学习标兵奖，三位获奖教师分别为总积分、年度积分、暑期积分第一，她们在打卡学习的同时，不断拓宽学习视野，扩充学习知识，丰实自我内涵。她们上台领奖的瞬间，全体教师掌声雷动，感叹她们坚持的恒心、坚韧的毅力、不懈的努力和学习有成。党员教师的榜样力量辐射影响着大家，传递着不断进取的校园文化内涵。

一次“说成长故事”活动轻轻落幕，风雨同舟，携手共进，铸就美丽听幼，迎接更美好明天的行动感召力在全体教师心中留下烙印，美的校园文化精神在全体教师的行动中留下深刻的足迹。

良好的校园文化有助构建和谐校园、提升教育内涵、促进教育可持续发展。我们在校园文化建设的道路上砥砺前行，不断营造美的文化气息，打造美的文化环境，助推每一位听潮人朝美而行，厚实幼儿园美的文化底蕴。

第三章 以美育人：践行艺术整合课程

幼儿艺术整合特色课程主要包括三方面内容：单领域整合式、多领域整合式以及全领域整合式。而考虑到我园的艺术特色发展现状，在之前的研究中，我园对单领域整合有了一定的成效，形成了形体美育、民间美术、幼儿文学、音乐启蒙等多套艺术活动方案与竖笛、古筝、扬琴三大特色活动实施方案集，以及“潮娃四玩”方案集。因此在梳理原有的艺术整合活动之后，我园主要的研究内容聚焦在多领域整合活动以及全领域整合活动上。

艺术教育作为五大领域教育之一，有着自身独特的作用，同时又在不同领域的交叉和融合中发挥着中介作用。在探寻艺术教育与其他领域教育联系的过程中，我们发现，艺术教育与科学教育、艺术教育与语言教育、艺术教育与健康教育在总体教育目标、教育内容、教育手段和方法上存在一定一致性，因此艺术领域分别与以上三个领域间的整合是切实可行的。此外，幼儿社会领域的学习与发展过程是其社会性不断完善并奠定健全人格基础的过程。社会教育只有在社会生活这个真实而生动的大课堂里才能有效地完成。幼儿社会性发展，其中一个重要途径就是把社会教育整合在其他领域活动中，并渗透于幼儿一日生活的各个环节。因此，社会领域应与其他四个领域进行整合。综上，我们将设计与实施初阶多领域整合活动分为了三个部分：艺术、科学、社会领域间整合活动（简称艺科社整合活动）；艺术、语言、社会领域间整合活动（简称艺语社整合活动）；艺术、社会、健康领域间整合活动（简称艺健社整合活动）。将以上三个部分从活动内容选择的角度进行细分，可将艺科社整合活动分为自然美活动和生命美活动，艺语社整合活动分为文学美活动和表达美活动，艺健社整合活动分为身体美活动和运动美活动。

第一节　艺术、科学、社会整合活动

艺术、科学、社会领域间整合活动分为自然美活动和生命美活动。艺术、科学、社会领域间整合有利于培养幼儿的探索意识和创造力，丰富幼儿的情感，促进幼儿社会性发展等。在艺术、科学、社会领域间整合活动中，基于艺术、科学教育整合目标以及幼儿的年龄特点，幼儿艺术教育与科学教育整合的素材点不是一个个高深难懂的科学知识，而是自然与生命的奇妙与美丽。自然美活动让幼儿通过艺术教育，感受和认识自然界的存在与演变、自然与人类的关系，以及通过自然的奇妙与美丽提升幼儿的综合审美能力。生命美活动让幼儿通过艺术教育，感受和认识各种有生命的生物、生物与人类的关系，以及通过生物的奇妙与美丽提升幼儿综合审美能力。

一、内容的选择

在活动内容的选择方面，主要考虑以下两个因素：

- 以儿童视角选择艺科社整合活动内容。内容的选择应该从儿童视角出发，用儿童的眼睛看，用儿童的脑子思考，因此活动内容应该选择幼儿在自然、生命方面感兴趣的内容，幼儿近期的自然、生命热门话题等。
- 以儿童年龄特点选择艺科社整合活动内容。儿童的年龄特点对于内容的选择是非常重要的。每个年龄段的幼儿他们的发展需求、认知特点等都是不一样的，因此对于儿童年龄特点的分析是非常重要的。

（一）小班阶段

1. 源于幼儿生活中明显的自然现象，选择能引发幼儿思考的活动内容

小班阶段幼儿的发展需求和认知特点是独特的，能够引发小班幼儿思考的内容也是独特的，因此需要考虑小班幼儿的年龄特点。基于以上考虑，将《3～6岁儿童学习与发展指南》科学领域中含有自然、生命元素的小班年龄段目标梳理如下图：

总　目　标	小班年龄段目标
1. 亲近自然，喜欢探究	1. 喜欢接触大自然，对周围的很多事物和现象感兴趣 2. 经常问各种问题，或好奇地摆弄物品
2. 在探究中认识周围事物和现象	1. 认识常见的动植物，能注意并发现周围的动植物是多种多样的 2. 能感知和发现物体和材料的软硬、光滑和粗糙等特性 3. 能感知和体验天气对自己生活和活动的影响 4. 初步了解和体会动植物对人类的贡献

小班幼儿会更为关注常见的动植物、常见的天气情况等，因此在小班自然美活动《树叶魔法师》，教师选择幼儿对秋天中最为关注的落叶作为活动内容：深秋了，气温逐渐地下降，飘落的树叶引起了孩子们极大的关注。孩子们散步的时候，偶然发现地上有许多叶子，就被叶子吸引住了，他们不断地拾到了各种各样的树叶，玩得不亦乐乎。孩子是天生的艺术家，他们有一双发现美的眼睛，当艺术的灵感来源于自然，落叶也被孩子们赋予了不同的意义。秋叶飘落的动感也与幼儿跃动的心灵天然地契合，让我们和幼儿一起进入落叶世界，去探究、去发现、去思索、去想象、去表现，开启多彩树叶的奇妙探索之旅。教师关注到了小班孩子对于秋天天气变化的兴趣。除了选择季节变化的内容还能够选择天气变化，比如当幼儿关注到下雨的现象，可以与幼儿在户外一同感知下雨的景象，在唱唱玩玩中聆听雨滴落下的声音，喜欢雨天美好的景象。

2. 基于小班幼儿探索兴趣，选择能激发幼儿探索的主题活动内容

在选择艺科社整合活动内容时，关注到小班幼儿的探索兴趣是非常重要的。在教育理念和课程理念不断更新中，越来越关注儿童的需要和兴趣，立足于儿童本位，幼儿园活动应以幼儿为主体，活动内容的选择尊重幼儿兴趣及需要，从而促进每一名幼儿富有个性的成长。

可以在原有的主题活动的素材点中选择小班幼儿有探索兴趣、能够激发幼儿探索的内容。将小班原有的20个主题中含有自然、生命元素的小班主题以及主题中的素材点梳理如下：

小宝宝	好听的声音
●我的名字　●我的身体	●谁的声音　●铃儿响叮当　●美妙的声音 ●会唱歌的车　●脚步声

（续表）

小兔乖乖	苹果和橘子
●喂小兔 ●小兔乖乖的故事 ●替换可爱的小兔	●许多苹果、一个梨 ●剥橘子
小司机	**小医生**
●开车 ●运货卡车工作忙	●学做小医生 ●不怕打针
不怕冷	**熊的故事**
●晒太阳 ●冬天吃什么 ●风雪爷爷来了	●大熊山 ●三只熊 ●熊来了
好朋友	**白天和黑夜**
●一起去“春游” ●朋友在哪里	●阳光下 ●太阳和月亮 ●不怕黑夜
小花园	**好玩的水**
●花仙子 ●大树和小树	●倒来倒去真好玩 ●水娃娃变变变 ●戏水 ●许多小鱼游来了

可在以上素材点中选择班级幼儿有探索兴趣的内容，如小班幼儿对于各种好听奇妙的声音是很感兴趣的，不管是各种悦耳的乐器声还是自然界美妙的声音，孩子们一听到就会仔细地聆听，讨论这是什么声音。因此可以选择《好听的声音》主题中“奇妙的声音”素材，听辨瓶子中不同物品摇晃发出的声音，将好听的声音作为小乐器投放至音乐区中演奏。

可以根据幼儿有探索兴趣的兴趣点和热点话题，拓展主题中新的素材点作为艺科社整合活动内容。比如在《小花园》主题中，教师提出：“在平时一日活动中，我发现我们班级的孩子对于班级植物角中的照顾植物很感兴趣，孩子们也很有爱心，都想好好照顾植物，喜欢观察周围的花草树木，有爱护它们的情感。在照顾植物的过程中，我发现孩子们对于给植物浇水很感兴趣，很想去尝试，个别有相应生活经验的幼儿已经知道植物的生长需要浇水，但对于浇多少水合适、怎么浇水的概念还是比较笼统和缺乏实践的。而活动中水彩晕染的美术形式，是我偶然一次在网络上看到一位湿画派大师的美术作品，特点是运用颜料自然晕染后形成的柔和色调来代替明确的轮廓线和边界，让人产生朦胧浪漫的感觉以及色彩碰撞的美感，于是我也想让幼儿能够体验一次这样的绘画技巧和呈现效果给他们带来的梦幻感觉，基于小班幼儿的年龄特点以及幼儿的兴趣，我设计了此次《花儿朵朵开》的自然美活动。”于是在小花园主题中拓展了“花儿朵朵开”素材点作为自然美活动内容。

3. 贴近小班幼儿生活经验，选择与幼儿生活密切相关的活动内容

幼儿的生活经验是幼儿发展的基石，《幼儿园教育指导纲要》也指出教育活动内容的选择既要符合幼儿的兴趣和现有经验，又要有助于形成符合教育目标的新经验；既贴近幼儿的生活，又有助于拓展幼儿的经验，因此符合幼儿的生活经验是很重要的。

如小班生命美活动《我长大了》中，小班是幼儿自我认知、自我意识初步形成的时期，是孩子认识自我、萌发长大意识的关键期。但他们又十分依赖成人，对自己行为、能力缺乏信心，但又渴望尝试任何事情。为了满足幼儿的成长需要，使教养真正建立在幼儿的需求上，基于此考虑选择“我长大了”作为活动内容，让幼儿在通过自己观察、发现、讲述、总结等一系列活动中来意识到自己已经长大了，可以自己做许多事情了。在实际操作中让孩子从“我不会做”到“我学着做”再到“我做好了”这一系列变化中，培养孩子的自信心，萌发孩子的长大意识。

（二）中班阶段

1. 基于幼儿学习兴趣选择中班艺科社整合活动内容

中班阶段与小班阶段相同，考虑幼儿的兴趣对于选择中班艺科社整合活动内容是非常重要的。源于幼儿兴趣、需要和生活中突发的有教育意义生成的活动主题。如孩子在户外活动中发现蚯蚓，对蚯蚓感兴趣。基于幼儿的兴趣点，组织了与蚯蚓相关的一系列自然美活动，探索蚯蚓的秘密，可以尝试用水粉绘画、身体动作等各种方式表现蚯蚓。

2. 基于幼儿年龄特点选择中班艺科社整合活动内容

中班艺科社整合活动内容，同样可以来源于主题教学中适合幼儿年龄发展的、适合科艺整合的，利于激发幼儿操作探索、表达表现的内容。将《3～6岁儿童学习与发展指南》科学领域中含有自然、生命元素的中班年龄段目标梳理如下图：

总　目　标	中班年龄段目标
1. 亲近自然，喜欢探究	1. 喜欢接触新事物，经常问一些与新事物有关的问题 2. 常常动手动脑探索物体和材料，并乐在其中
2. 在探究中认识周围事物和现象	1. 能感知和发现动植物的生长变化及其基本条件 2. 能感知和发现常见材料的溶解、传热等性质或用途 3. 能感知和发现简单物理现象，如物体形态或位置变化等 4. 能感知和发现不同季节的特点，体验季节对植物和人的影响 5. 初步感知常用科技产品与自己生活的关系，知道科技产品有利也有弊

不同年龄的幼儿有不同的发育规律，不同年龄段的幼儿兴趣也不同，并且不同年龄的幼儿获取的生活经验也不同，因此，按照幼儿的年龄特点选择活动内容是幼儿真正需要的。如中班自然美活动《鱼戏莲叶间》，教师选择这个活动内容是由于：本活动是《在农场里》主题下的延伸活动，幼儿美术教育活动是培养幼儿创造能力为核心的一种创造教育活动，每个幼儿都有创造的潜力，同时又是一种需要他们手、眼、脑并用，并须把自己的想象和从外界感受到的信息转化成自己的心理意象。《指南》中指出中班年龄目标包括：能感知和发现动植物的生长变化及其基本条件。我在设计中班美术活动《鱼戏莲叶间》的时候，整个思路就是以这两点为依据。鱼是幼儿生活中常见的一种动物，对于鱼的外形特征幼儿已相当地了解和熟悉，通过创设"许多小鱼游来了"的音乐情境活动勾起幼儿强烈的好奇，激发幼儿探索及创作的欲望。并运用多种绘画材料、工具及载体，通过手和印泥拓印、蔬菜拓印及添画的方式进行美术创作，引导幼儿自主创造，表达自己的意图及对美术作品的感受，让幼儿尽情地表现。

3. 基于幼儿探索需求选择中班艺科社整合活动内容

中班艺科社整合活动内容可以来源于幼儿偶发性的科学活动自然生成艺科社教育主题活动。比如：在户外活动时，几个孩子捉到一只蝴蝶并热闹地讨论起来，教师把握住幼儿在活动中表现出来的兴趣、需要，充分挖掘其中蕴含的教育价值，并进行有组织的辅助、观察、引导。随后，可生成"美丽的花蝴蝶"这一活动，活动中投放丰富多样的材料，满足幼儿多元表达的需求，生成的活动可以包括寻蝴蝶（带上蝴蝶镂空板一起到花园中寻找多彩的蝴蝶）；绘蝴蝶（拿起画笔，蘸上颜料，蝴蝶翅膀变得五彩斑斓）；演蝴蝶（背上蝴蝶翅膀，穿上小纱裙，跟着音乐跳起来）等。

又如中班生命美活动《可爱的猴子》中，动物是人类的好朋友，是孩子喜闻乐见、百看不厌的。动物是孩子成长过程中的亲密伙伴，孩子们对动物世界充满着兴趣和好奇。《纲要》中指出："既符合幼儿的现实需要，又有利于其长远发展；既要贴近幼儿的生活，选择感兴趣的事物或问题，又有助于拓展幼儿的经验和视野。"《在动物园里》主题中有"马戏团的演员"这个素材点，有"猴子学样""猴子找工作"和"猴子学跳舞"的学习活动，结合有的孩子们一直会去上海野生动物园郊游。听到孩子们会讨论"我最喜欢猴子了，它很灵活的""每次去动物园看猴子，它都在那里用尾巴荡来荡去""猴子很聪明的，我们做什么动作它们也会做什么动作的"等等童言童语。其实在平时的一日活动中，可以观察到孩子会时不时地用玩具拼搭、绘画、讨论等方式开展关于猴子的活动，于是“可爱的猴子”故事开始咯……

（三）大班阶段

1. 基于幼儿兴趣热点选择大班艺科社整合活动内容

同样，选择大班艺科社整合活动内容同样应该考虑幼儿兴趣热点，内容应该来源于幼儿关注的诸多事物或提出的感兴趣的问题。但大班幼儿的兴趣热点与小班和中班阶段的兴趣热点是不一样的。比如在大班自然美活动《一棵“柚子”树》中教师选择了柚子为活动内容，出于以下考虑：大自然的美好与奇妙需要被发现，而幼儿天生就对整个世界尤其是自然世界充满了好奇。我们的校园自然环境优美，绿化种类繁多，在运动、散步时，孩子们经常会闻闻花香、捡捡落叶、看看昆虫蚂蚁，感受大自然赋予我们的趣味。他们对自然世界充满了好奇和想要探索的需求。在《有用的植物》主题背景下，孩子们发现在校园里有棵香橼树，那是他们最喜欢观察的植物。到了秋天，树枝上挂满了沉甸甸的果实，孩子们对他们充满了好奇，从果实青色盼到了黄色，有些果实承受不了重量落到了草丛里。由于果实长得酷似柚子，他们一直叫它柚子树。终于有一天，有个孩子在散步时忍不住捡了一个“柚子”，于是，我们和“柚子”的故事就开始了。幼儿关注到自然中细微的事物。

又如教师在大班自然美活动《秋天演奏会》写道：秋天就像一个魔法师，让大地铺满金黄色，很多树叶已经从树上落下，幼儿园内秋叶飘飘。带着孩子们在园内散步时，我们发现孩子十分喜欢捡落叶、看落叶、玩落叶。当踩在落叶上听到“窸窸窣窣”的声音时，孩子们都十分欣喜，幼儿尝试了摩擦、吹、揉、拍扇等许多方法让树叶发出声音。发现孩子们对用树叶制造声音表现出很大的兴趣，我们开始思考如何继续鼓励幼儿进行探索。由于孩子们十分喜爱跟随音乐演奏各种小乐器，所以我们决定鼓励他们用树叶辅以其他自然物，路边的果子、树枝、小石子等，制作会发声音的小乐器。等他们做好小乐器后，合着秋天优美的景色，开一个秋天演奏会，一起演奏秋天的音乐，尽情享受秋日的美好。幼儿对季节的关注点更为深入了。

2. 贴合幼儿探索需求选择大班艺科社整合活动内容

大班阶段的幼儿相较于小、中阶段的幼儿，他们的探索欲望和探索需求前所未有地旺盛，就如下图中《3～6岁儿童学习与发展指南》科学领域中含有自然元素的大班年龄段目标中描述的那样，大班的孩子会对自然中贴近自己生活的感兴趣的问题刨根问底，喜欢动手动脑寻找问题的答案等。因此我们必须尊重幼儿这种珍贵的探索需求，从幼儿的探索需求出发选择大班自然美活动内容。

总　目　标	大班年龄段目标
1. 亲近自然，喜欢探究	1. 对自己感兴趣的问题总是刨根问底 2. 能经常动手动脑寻找问题的答案 3. 探索中有所发现时感到兴奋和满足
2. 在探究中认识周围事物和现象	1. 能察觉到动植物的外形特征、习性与生存环境的适应关系 2. 能发现常见物体的结构与功能之间的关系 3. 能探索并发现常见的物理现象产生的条件或影响因素，如影子、沉浮等 4. 感知并了解季节变化的周期性，知道变化的顺序 5. 初步了解人们的生活与自然环境的密切关系，知道尊重和珍惜生命，保护环境

比如在大班自然美活动《陀螺转起来》中，自由活动时孩子们会用陀螺在桌子上转动起来，陀螺转动起来的样子深深地吸引了他们的目光，他们试着让陀螺转起来，也试着怎样让陀螺转的时间更长，孩子们说着玩着，兴趣盎然。对于大班的孩子们来说，他们爱学、好问、有极强的求知欲望的年龄特点，开始对自然现象的起源和机械运动的原理等产生兴趣渴望得到科学答案的发展需求，从而开展源于幼儿生活，具有挑战性的操作探究活动。

又如大班自然美活动《山之韵》中，生活中任何一件普通的物品都能成为绘画工具，如牙刷、树枝、吸管等，我们一起尝试用湿巾作为绘画工具来擦画创作。通过探索湿巾和墨水颜色深浅变化的方法，以擦画的形式表现不同深浅的高山，感受擦画的层次美与艺术美，进一步体现了此次活动“艺科社”不同领域的巧妙融合。结合主题《我是中国人》，以擦画形式表现出中国的山水，将传统艺术与创意绘画结合起来，碰撞出不一样的火花。在自主创作和实践中，进一步引导幼儿对擦画艺术的感受和欣赏，大胆表达和表现擦画之美。

3. 符合幼儿关注热点选择艺科社整合活动内容

同时，大班自然美活动内容可以来源于存在幼儿生活周边的、幼儿关注的热点。比如在大班自然美活动《秋日莲蓬》中：秋天的植物角，孩子们带来了自己收集来的各种东西。金灿灿的稻子、长长短短的芦苇花、大大小小的番薯、圆圆的南瓜。植物角就像一个小自然，热闹极了。一天，骁骁带来了几根枯萎的莲蓬，引来了孩子们的驻足观看。“这是什么？”悦悦问骁骁。骁骁说：“这是莲蓬呀！”“不对，不对，莲蓬才不是这样的呢？我看到的莲蓬应该是绿色的。”妮可理直气壮地说。越来越多的孩子加入了争论，谁也说不过谁。于是关于莲蓬的故事就这样开始了。

又如，大班幼儿的社会意识逐步增强，他们对于自我的认识也更深入。他们喜欢和同伴分享玩具、食物等。特别是在自己过生日的时候，孩子们会让爸爸妈妈买生日礼物和同伴们一起分享，此时是幼儿最开心的时候。然而这种过生日的方式也有许多弊端，于是在满足幼儿想在幼儿园过生日的意愿的同时，让“过生日”这一件事情不仅是“分享礼物”。就这样我们设想着让幼儿在幼儿园开展“生日会”活动，让每个幼儿都有一次在幼儿园过集体生日的经历。生日会按幼儿出生的月份分批进行，而有关“生日会”的形式与内容的决定权则交给幼儿，让幼儿自主地选择和确定，从而既能让所有的幼儿都能有机会在幼儿园体验和朋友一起过生日的愉悦，又能让幼儿体验自主的快乐，使快乐的“生日会”成为幼儿童年珍贵的记忆。因此，大班生命美活动《生日会》选择了幼儿的生日作为活动内容。

二、目标的制定

（一）目标凸显艺科社整合活动领域特征

艺科社整合活动是艺术、科学、社会领域整合的活动，因此艺科社整合活动的目标应该能够凸显艺术、科学、社会三个领域的特征。

比如，大班自然美活动《陀螺转起来》的目标制定为：

1. 能通过观察、比较与分析，发现陀螺多变的玩法，并用图形、符号、图画等进行记录，在探索陀螺转动的过程中感到兴奋和满足。

2. 乐于动手动脑，尝试设计和动作制作，并在制作各种陀螺的过程中巩固和提升经验。

3. 充分调动多种感官，引发对生活中旋转现象的兴趣：比如风车、洗衣机、车轮等，体验科学探究的乐趣，发现科学活动中蕴含的艺术性。

在这三条目标中包含了三个领域的特征。在艺术领域，支持幼儿在轻松愉悦的环境中，鼓励幼儿自主选择各种颜色的水彩笔作为陀螺轴进行线条的表现，感受不同线条组合的美。在科学领域，让幼儿在充分了解陀螺旋转和陀螺轴的位置、转动平面关系的同时，通过统计、正计时等科学过程让幼儿对陀螺转动的过程兴致盎然，使其能充分投入艺术创造表现的活动中。在社会领域培养幼儿勇敢面对挑战，乐于助人的品质。

又如，大班生命美活动《影子的秘密》的目标制定为：

1. 与影子做游戏，了解影子的特性，并能将自己和影子做的游戏用绘画的形式表现出来。

2. 合作仿编，尝试与同伴一起把自己发现的影子游戏仿编进歌曲内。

3. 合作排练，与同伴一同排练，尝试用歌声和律动来表现影子游戏。

这三条目标中同样包含了三个领域的特征。在艺术领域，支持幼儿在“运用音乐进行表达表现”方面有所发展。幼儿艺术发展从探索开始，幼儿参与音乐活动时应该注重探索和发现，于是在捕捉到幼儿对于“影子游戏”的兴趣点之后，引导幼儿进一步用歌声和肢体动作来表现他们对“生命科学”的认识，为幼儿提供创造性表达及聆听的机会。在科学领域，为幼儿提供更多观察和探索影子的机会，能促使幼儿对影子的特性产生丰富的经验。在社会领域活动中幼儿可以根据自己了解到的影子的特性进行创编及合作排练表演，促进了社会性发展（讨论、预设以及合作排练）等方面的发展。

（二）目标符合幼儿年龄特点

与活动内容的选择相同，自然美活动目标的制定必须能够体现幼儿的年龄特点。让我们来比较一下同样选择秋天为内容的自然美活动《树叶魔法师》和《秋天演奏会》，在小班阶段和大班阶段是如何体现不同的年龄特点的呢？

小班自然美活动《树叶魔法师》目标制定为：

1. 乐于收集秋天的树叶，或向别人简单介绍，丰富幼儿对于树叶的认识。

2. 能通过寻找、收集、观察、交流、游戏等方式，发现树叶的变化和秘密，并用照片、绘画等进行记录，在探寻树叶的过程中感受自然之美。

3. 充分调动多种感官，在大自然、图片和视频中，观察秋天的树叶，发现树叶在季节变化中的神奇。

大班自然美活动《秋天演奏会》目标制定为：

1. 在秋天寻美的过程中，充分调动多种感官，感受秋天里自然物发出的独特声音带给人愉悦的美感体验。

2. 用收集的自然物制作“乐器”，并能将自己的计划用图形、符号、图画等进行记录，体会探索与创造的乐趣。

3. 在用落叶结合其他自然物进行探索的过程中，对落叶的特点积累更加丰富的感知和体验。

小班年龄段的目标针对秋天的树叶，大班年龄段的目标针对秋天的声音、景色；小班阶段的目标更为细致，大班阶段的目标更为深入。小班目标体现了对感兴趣的事物能仔细观察，发现其明显特征；能用多种感官或动作去探索物体，关注动作所产生的结果。大班目标体现了幼儿能在成人的帮助下能制订简单的调查计划并执行，能用数字、图画、图表或其他符号记录，探究中能与他人合作与交流。

三、实施策略的运用

在艺科社整合活动的实施中，我们主要采用了视听感受法、亲历体验法和游戏激趣法三个策略。

（一）视听感受法

在引导幼儿欣赏和感受美的事物时，利用先进的多媒体技术中的视频作为资源，以视频独有的音效与动画效果来呈现美好的景色、声音、画面，为幼儿创设自主学习、主动建构知识意义的学习情境，充分调动幼儿的视觉、听觉体验，作为活动的导入部分，激发幼儿积极主动去感受美好事物的兴趣，支持和满足幼儿后续的主动学习、深入探索的愿望。

比如，在大班自然美活动《秋天演奏会》，在秋天寻美的过程中，充分调动多种感官，感受秋天里自然物发出的独特声音带给人愉悦的美感体验。在活动中，教师开展了维瓦尔第《四季——秋》音频欣赏活动，感受回旋曲式B部分，激发幼儿想象力，感受主小提琴演奏双音和弦，大提琴与其呼应，共同模仿黎明的号角声的和谐之美，感受秋日的丰富情感。伴随优美的音效与夸张的画面变化，强烈的视听觉冲击为幼儿带来了独特的体验，进一步激发了幼儿敏锐的艺术感受力，为之后的表达、表现环节进行铺垫。

（二）亲历体验法

幼儿在探索世界、共同生活的过程中认识自然、生命之美，并喜欢体验美好的世界。充分调动幼儿的多通道感官体验，让每个孩子自主自发地参与活动，通过各种情境体验、材料互动为幼儿创设多元的体验方式。在幼儿的亲历体验中充分调动幼儿多感官体验通道，满足幼儿真实体验。

比如，在大班自然美活动《陀螺转起来》中开展了：

活动名称：陀螺大本领

活动指向：

对陀螺有强烈的好奇心，愿意探究陀螺，对有关陀螺的问题进行调查，积累关于陀螺转动的知识。

活动建议：

1. 鼓励幼儿提出对陀螺的疑问，并将有关陀螺的问题用画画的方式记录下来。

2. 分组分享自己的发现，并能将自己的调查发现记录在画纸上，和同伴一起积累有关陀螺的知识。

3. 联系生活，帮助幼儿进一步感知陀螺的特性以及在生活中的实际应用，如：你们还知道哪些东西是可以旋转的呢？爸爸的汽车的轮子是可以旋转的。游乐场的旋转木马是可以旋转的。家里的电风扇是可以旋转的。

4. 感受转动的原理对人们的生活带来的方便。

环境支持/家园合作：

与家长进行沟通，根据调查表收集陀螺的大本领。

在活动中幼儿和爸爸妈妈一起找一找、看一看，观察了解生活中关于旋转的物体，如旋转木马、挂钟里的时针、摩天轮、飞机的螺旋桨、汽车车轮、风车、爸爸刮胡刀的刀片等，引导幼儿了解陀螺在机械设计中的种种用途。通过幼儿的亲历体验充分调动多种感官，引发对生活中旋转现象的兴趣：比如风车、洗衣机、车轮等，体验科学探究的乐趣，发现科学活动中蕴含的艺术性。

（三）游戏激趣法

美国心理学家布鲁纳说：最好的学习动力莫过于学生对所学知识有内在兴趣，而最能激发学生这种内在兴趣的莫过于游戏。对于幼儿园的孩子来说，游戏是最好的活动组织方法。“游戏激趣法”是指教师在活动中将“游戏”和“活动”巧妙地结合，以游戏的方法开展活动，甚至让游戏贯穿整个活动，从而激发幼儿参与活动的兴趣，让幼儿在游戏中体验快乐，在游戏中获得提高。

比如，在大班生命美活动《生日会》中，“过生日”这一游戏贯穿在整个系列活动中，首先是策划生日会，小组及全班讨论如何开展集体生日活动；其次是准备生日礼物，幼儿运用折、剪、贴、画等多种方法为朋友制作生日礼物，表达自己的美好祝愿；还有生日歌会和舞会的准备，幼儿列出适合在生日会上歌唱的歌曲列表，请当次生日会的小伙伴投票选举想听的歌曲，小伙伴们利用自由活动时间自主排练歌曲，最后是在户外布置生日会的场景，让孩子感受户外集体生日会的乐趣。幼儿在游戏中体验和朋友一起过生日的愉悦的同时，体验自主游戏的快乐，使快乐的“生日会”成为幼儿童年珍贵的记忆。

附：自然美活动方案呈现

自然美活动：《江南印记》（大班）

一、活动背景

在开展主题《我们的城市》时，孩子们经常会用自己的方式去形容他们看到过的房子，也会聚在一起讨论，有的孩子说："我喜欢高楼大厦，因为它很现代。"有的孩子说："我们家的小区房子很高很漂亮。"还有一个孩子说："上次妈妈带我去古镇，那里的房子很旧，看上去破破烂烂的。"什么样的房子是美的呢？时尚现代的房子很有设计感，确实很美，但是古镇上的老房子就不美了吗？于是顺着孩子们的讨论，关于老房子的寻美就这样开始了。

二、核心经验

1. 乐于收集老房子的照片和资料，或向别人介绍自己发现的老房子的独特之处，能与他人分享。

2. 能通过观察、比较与分析，发现老房子的独特美，并用图形、符号、图画等进行记录，在探索老房子的过程中对美有新的认知。

3. 在整个体验和学习的过程中，乐于运用不同的工具、材料及表现手法表达对美好事物的感受，不断提高科学和艺术素养。

三、活动路径

活动阶段	活动内容	实　施　要　点
第一阶段 【童眼寻美】	我眼中的老房子 古镇摄影	教师和孩子们一起谈话讨论：你看到的老房子是什么样的？和现代的房子有什么不一样？了解孩子们眼中的老房子。 和爸爸妈妈一起到古镇看一看，将古镇的房子用摄像的方式记录下来。 建议生成的活动形式：谈话活动、亲子古镇游活动、古镇摄影活动等。
第二阶段 【童心赏美】	不一样的老房子 吴冠中的《江南》 绘本《荷花镇的早市》	收集老房子的照片、观察老房子的独特之处，让幼儿用图形、符号、图画等记录自己的发现，并形成版面布置在教室中。 提供名家的老房子作品，如吴冠中的《江南》，让幼儿在大师的作品中欣赏老房子的美。 看看关于老房子的绘本故事《荷花镇的早市》，让幼儿从绘本中进一步感受老房子的建筑特色。 建议生成的活动形式：家园互动：老房子摄影大赛等、亲子共读老房子绘本书籍。话题讨论墙：不一样的老房子。

（续表）

活动阶段	活动内容	实施要点
第三阶段 【童慧识美】	江南建筑探秘 吴冠中的江南水乡作品 一起来玩墨 古诗《山村咏怀》	通过绘本《江南寻宅记》引发幼儿对江南建筑的探秘，鼓励幼儿通过不同的途径了解江南建筑的特征，并用自己的方式进行记录。 组织集体教学活动《江南水乡》，了解老房子中点、线、面的运用，尝试用点线面表现老房子。 组织集体教学活动《山村咏怀》，理解诗歌的意境美和韵律美。 在个别化美工区中投放毛笔、喷壶、滴管、积木等生活中常见的用品，鼓励幼儿通过自主探索乐于运用不同的工具、材料及表现手法表达对老房子的感受。 建议生成的活动形式：集体活动：《江南水乡》（艺术：美术 ）、《山村咏怀》。探索活动：江南建筑探秘；个别化活动：一起来玩墨。
第四阶段 【童趣创美】	写生：新场古镇 江南印记 四季江南 立体江南	组织幼儿到古镇去，让幼儿自选角度，用写生的方式画一画老房子，并用线描进行装饰。 设计并组织集体教学活动《江南印记》，让幼儿在探索体验中发现纸板与点线面的联系，并借助大师吴冠中的作品让幼儿在美感的刺激下自然地关注到点线面在作品中的运用，从而更好地感受作品中老房子的黑瓦白墙、浓淡相宜的诗意营造的美感。 《江南水乡》的延伸活动：在个别化美工区中继续用点线面表现江南水乡，并运用水彩晕染的方法表现四季江南。 亲子手工制作：立体江南，在不同大小的纸张上画出老房子，利用高低关系、前后摆放位置表现江南老房子的错落有致。 建议生成的活动形式：户外实践活动：《写生：新场古镇》（艺术：美术）。集体活动：《江南印记》（艺术：美术）。个别化活动：四季江南。亲子手工制作：立体江南。

✧ 第一阶段：【童眼寻美】

活动名称：我眼中的老房子

活动指向：

和孩子们一起谈话讨论对老房子的印象和感受。

活动建议：

1. 教师抛出问题：你看到过老房子吗？在哪里看到过？老房子是什么样

的？和现代的房子有什么不一样？通过提问了解孩子们眼中的老房子。

2. 展开讨论：你们觉得是现代的建筑美还是老房子美？通过思辨让幼儿充分表达自己的想法。

3. 用投票的方式表达自己的观点，看看是选择现代建筑多还是老房子多。

环境支持/家园合作：

在班级墙面上让幼儿用图形、符号、图画等进行记录，表现自己对新旧建筑的感受。

活动名称：古镇摄影

活动指向：

和爸爸妈妈一起到新场古镇走一走、看一看，用相机从各个角度拍摄下古镇的房子。走进古镇，感受古镇的建筑风格。

活动建议：

1. 教师和家长进行家园沟通，在春光明媚的天气里带领幼儿一起去新场古镇游玩，寻找古镇的老房子。

2. 通过班级或者阶段家委会等活动，让幼儿在新场古镇感受古镇建筑的特征，发现它与现代建筑的不同之处。

3. 活动后，幼儿可以和同伴一起交流自己对老房子的感受，一起分享自己的记录发现，并展开讨论。

环境支持/家园合作：

将亲子的摄影作品布置在环境中，供幼儿欣赏。

✧ 第二阶段：【童心赏美】

活动名称：不一样的老房子

活动指向：

收集古镇老房子的照片，让幼儿一起欣赏、观察老房子的独特之处并让幼儿用图形、符号、图画等记录自己的发现。

活动建议：

1. 组织幼儿一起欣赏、观察老房子的独特之处，鼓励幼儿用图形、符号、图画等记录自己的发现，完成调查表《不一样的老房子》。

2. 通过实地欣赏、观察、拍摄、完成调查表等活动之后，再来组织幼儿谈话，特别是之前对老房子印象不好的幼儿，再请他们来讨论之前的话题：你们觉得是现代的建筑美还是老房子美？通过谈话、讨论，让幼儿感受不同的建筑有不同的美，新房子现代时尚，老房子黑瓦白墙也很美。

3. 再次通过投票的方式表达自己的想法，看看结果和第一次的有什么不一样。

4. 通过结果启发幼儿思考：只要有发现美的眼睛，就会改变最初的看法，其实只要你仔细观察，美好的事物就在身边。

环境支持/家园合作：

将幼儿两次的投票记录呈现在环境中，通过同伴交流和分享说说自己改变想法的原因。

活动名称：绘本《荷花镇的早市》

活动指向：

和爸爸妈妈共读绘本《荷花镇的早市》，感受绘本中用水粉画细致地画出的一幅幅场景，河水、屋瓦、石级、木柱、门板等等，体会细腻的笔触下的水乡风情。

活动建议：

1. 爸爸妈妈和幼儿共读绘本《荷花镇的早市》。

2. 一边读还可以和幼儿一起互动，让幼儿说说你看到了什么。

3. 通过提问：书里的房子是什么样的？你喜欢房子的什么地方？这些房子给你什么感觉？让幼儿关注到江南水乡房子的古朴。

4. 通过提问：除了房子，你还看到了水乡哪里很特别，引导幼儿关注水乡的河水、屋瓦、石级、木柱、门板等等，体会细腻的画风笔触下的水乡风情。

5. 联系幼儿在古镇看到的情景，和幼儿一起聊聊古镇中有趣的事情。

环境支持/家园合作：

亲子共读，爸爸妈妈还可以和孩子一起聊聊小时候的事情，丰富幼儿对古镇的认知。

✧ 第三阶段：【童慧识美】

活动名称：江南建筑探秘

活动指向：

对老房子有强烈的好奇心，愿意探究老房子，对有关老房子的问题进行调查，积累关于老房子的知识。

活动建议：

1. 鼓励幼儿提出对老房子的疑问，并将有关老房子的问题用画画的方式记录下来。

2. 投放绘本《江南寻宅记》，和爸爸妈妈一起阅读，通过亲子共读的方式进一步了解江南建筑的特征。

3. 分组分享自己的发现，并能将自己的调查发现记录在画纸上，和同伴一起积累有关老房子的知识。

活动名称：一起来玩墨

活动指向：运用各种材料、认识和了解墨，通过探索运用工具表达对老房子感受。

活动建议：

1. 认识和了解墨，能在探索中发现浓墨和淡墨的不同之处。

2. 在个别化美工区中投放毛笔、喷壶、滴管、积木等生活中常见的用品，鼓励幼儿通过自主探索乐于运用不同的工具、材料及表现手法表达对老房子的感受。

3. 分享交流并展示作品。

活动名称：山村咏怀

活动目标：

1. 初步学习朗诵古诗《山村咏怀》，理解诗歌的意境美。

2. 尝试用拍手、敲击节拍的方法感受古诗的韵律美。

活动准备：古诗《山村咏怀》、伴奏音乐

活动过程：

一、以创设情境，激发幼儿学习古诗的愿望

1. 你们认识这些字吗？我们一起来读一读吧！

2. 过渡语：有一个诗人很伟大，他把这10个数字都写到了一首古诗之中，我把这首古诗读给你们听，请你们找一找这10个数字藏到了这首古诗的哪里。这首古诗的题目就叫作《山村咏怀》。

二、欣赏古诗

1. 你听到诗歌中都有哪些数字？除了有数字，你还听到古诗里说了什么呢？（幼儿自由讲述）

2. 看图说一说：请你们仔细看一看，在这幅图里说一说你都看到了什么呢？

3. 结合画面，理解“烟村四五家”的含义。

有几座房子？房子上还有什么？为什么说是烟村？

4. 结合画面，理解“门前六七树，八九十支花”。

除了房子你还看到了什么？对啊，这边还有大树呢，这些大树枝繁叶茂。大树底下遍地盛开着美丽的花朵。诗歌中是怎么说这些美丽的小花的？（八九十支花）

5. 结合画面，理解“一去二三里”。

图上还有两个小朋友，你觉得他们在干什么？他们看到小山村的美丽风景啊，可能决定去逛一逛，瞧一瞧。这么美的风景他们一走就走了多远？诗中是怎么说的？（一去二三里）

小结：是的呀，天气真好，我出门走走、逛逛，不知不觉啊就走了二三里路，看到不远处的小村庄里，有四五户人家已经冒起了炊烟。我走着走着，又看到房子门前有六七棵郁郁葱葱的树，嗯？什么东西可真香啊！原来是路边开着许多美丽的小花呢！

三、朗诵、表演古诗

1. 诗人用短短的四句话说出了这么多的意思，可真了不起。现在我们来试着朗诵这首古诗吧！

2. 我们朗诵古诗的时候要慢一些、这首诗写出了这么美丽的景色，那你看到美丽的景色心情是怎么样的啊？那我们就用愉快的心情来朗诵这首古诗。（朗诵古诗第二遍）

3. 孩子们，你们读得可真好，诗中说了烟村、树、花朵，我们可不可以用动作来表示它们呢？我们来试一试好不好？“一去二三里”可以怎么做呢？（孩子试着做动作）“那烟村四五家”呢？下面又是哪一句啊？准备怎么做？最后一句呢？（孩子朗诵古诗第三遍，边念边做动作。）

4. 孩子们，古人可真了不起，他们边走边看美丽的风景，情不自禁地发出了感叹，一首诗就出来了。现在啊，老师就请一个小朋友来做一回小诗人，一边走一边来朗诵这首古诗。（引导幼儿做动作，读出古诗韵味。请一到两个孩子表演。）

5. 孩子们，古诗我们慢慢读来还真有一番味道呢！其实呀，我们还可以变一种方式来读古诗呢！还记得我们之前唱过的《静夜思》吗？我们就把它唱出来吧!

6. 现在我们试试用《静夜思》的曲调来唱《山村咏怀》吧!

7. 我们还有更多的方法来读这首古诗,你们看我还可以怎么读这首古诗。(教师边用积木打着拍子边朗诵诗歌)

拓展延伸:原来古诗有这么多种有趣的朗诵方法,你们可以下课之后试着用我这样打拍子的方法读古诗,你也可以想想还可以用别的来朗读今天学的这首古诗吗?

✧ **第四阶段:【童趣创美】**

活动名称: 四季江南

活动指向: 在《江南水乡》的基础上进一步感受不同季节下的江南水乡,继续用点线面表现江南水乡,并运用点彩、水彩晕染的方法表现四季江南。

活动建议:

1. 欣赏不同季节的江南水乡,引导幼儿说说每个季节的江南水乡有什么不一样。

2. 在个别化美工区中投放水粉饼,让幼儿探索用水粉表现江南四季的方法。(点彩、晕染等)

活动名称: 立体江南

活动指向: 在美工区尝试用不同的方式表现立体江南。

活动建议:

1. 一起欣赏江南的老房子,感受房子的高低和错落。

2. 一起讨论:怎么样让房子看上去更立体?(剪贴、折、折纸等)

3. 在美工区投放手工制、剪刀、黑色卡纸、铅画纸等不同材料,鼓励幼儿大胆尝试,用不同的材料和方式表现立体的老房子。

环境支持/家园合作:

在环境中展示幼儿的作品。

活动名称: 江南印记

活动目标:

1. 尝试运用纸板印墨的方式表现江南古镇的美景。

2. 感受水墨画的意境美,体验自主探索完成水墨长卷画的乐趣。

活动准备：

1. 物质准备：课件《江南古镇》、大画轴，浓墨、淡墨（每桌一份），自主选择材料（滴管、刷子、喷壶等），小纸板（人手一份），毛巾

2. 经验准备：幼儿欣赏过吴冠中画的老房子，了解点线面

活动过程：

一、经验回顾、激发兴趣（意图：由诗引画，引发幼儿对吴冠中作品中点线面的经验回忆，激发幼儿参与活动的兴趣。）

1. 播放《山村咏怀》的背景音乐。

2. 由诗引画

——谁来说说在这幅画里你都看到了什么？

小结：点线面构成了这幅黑瓦白墙、浓淡相宜、充满诗意的水墨江南。

二、玩转纸板，探索点线面（意图：鼓励幼儿大胆尝试，在探索体验中发现纸板与点线面的联系。）

1. 大胆猜测

——用小纸板怎么来画老房子？

2. 探索验证

观察指导要点：观察幼儿是否愿意尝试用小纸板的不同面来表现老房子。

3. 分享交流

——你是怎么用小纸板画老房子的？

小结：小纸板可以躺下来，也可以立起来，可以印一印，也可以拖一拖，还可以用尖尖头画一画。

三、自主创作，表现古镇美（意图：引导幼儿关注古镇老房子的特别之处，鼓励幼儿大胆表现古镇老房子的美。）

1. 在我们的家乡新场古镇也有很多这样的老房子。你们去过新场古镇吗？古镇的这些老房子有什么特别之处？

小结：老房子黑瓦白墙、有高有低、富有变化，墙壁上独特的图案、屋顶上的弧形造型、弯弯的石拱桥、红红的灯笼以及河里的乌篷船都给老房子增添了独特的美。

2. 这么美的老房子，你们想不想用我们刚刚说到的“躺下来印一印，竖起来拖一拖，或者点一点”的方法再去画一画老房子？

3. 合作创作，体验乐趣

（1）交代作画要求，幼儿自由创造，教师巡回指导。

（2）鼓励幼儿用小纸板的点线面大胆表现江南老房子的美。

（3）鼓励幼儿画完老房子后，根据自己的想象自主选择材料增添细节（人物、景物等），丰富画面。

四、展示作品，交流分享（意图：鼓励幼儿大胆交流自己的创意，在分享交流中感受家乡老房子独有的美感。）

——你喜欢哪一组老房子，你感觉这幅画里什么地方最特别，有一种特别的美？

结束语：你们创作的老房子水墨作品真美啊，虽然老房子比不上新建筑那么现代时尚，但是黑瓦白墙的老房子有一种独特的美，再加上你们的色彩之后，把我们家乡的老房子点缀得更加美了。

拓展延伸：今天我们用小纸板、喷壶、滴管画出了这么美的江南水墨，其实在我们的美工室里还有很多其他的材料，下次我们再去尝试一下，画画我们的新建筑吧！

（浦东新区听潮艺术幼儿园　赵丽娜）

附：生命美活动方案呈现

生命美：《我长大了》（小班）

一、活动背景

小班是幼儿自我认知、自我意识初步形成的时期，是孩子认识自我，萌发长大意识的关键期。但他们又十分依赖成人，对自己行为、能力缺乏信心，但又渴望尝试任何事情，为了满足幼儿的成长需要，使教养真正建立在幼儿的需求上。我们设计“我长大了”主题活动，让幼儿在通过自己观察、发现、讲述、总结等一系列活动中来意识到自己已经长大了，可以自己做许多事情了。在实际操作中让孩子从“我不会做”到“我学着做”再到“我做好了”这一系列变化中，培养孩子的自信心，萌发孩子的长大意识。

二、核心经验

1. 能喜欢自己，通过多种活动感知自己长大过程中身体的特征变化。

2. 在活动中能意识到自己已经长大，懂得自己的事情应该自己做的道理。

3. 知道自己长大了，愿意学习一个新本领，体验成长的快乐。

三、活动路径

活动阶段	活动内容	实　施　要　点
第一阶段 【童眼寻美】	长大真好 祝你生日快乐 我长大了	组织园内大带小活动，感受哥哥姐姐的大本领。 进行一次集体活动，知道生日就是出生的日子，并在个别化学习活动或班级环境中布置“生日墙”，让每个孩子知道自己是几月几日生的。 通过看看照片、欣赏视频、画画自己等，在判断、观察、对比中知道自己的身体、生活能力都在变化，感知长大的变化，知道自己在慢慢长大。 建议生成的活动形式：大带小活动、集体活动《祝你生日快乐》、艺术活动《身体音阶歌》、家长活动《生日会》。
第二阶段 【童心赏美】	宝宝艺术照 长得要比爸爸高 我想学做	欣赏自己与同伴的艺术照，了解艺术照的主要特点，通过身体模仿大胆地表现，照片中人物的体态动作，有追求美的初步愿望。 欣赏诗歌《长得要比爸爸高》，体会自己长大了。 进行谈话活动，说说聊聊自己长大了，并鼓励幼儿在集体中大胆表述自己的想法，表达自己想学做的一件事。 建议生成的活动形式：家园互动——《亲子互动书》，通过观看录像、集体交流等活动，激发幼儿愿意学习一个新本领的愿望，并在家长的帮助下选择一件想学习的事情。
第三阶段 【童慧识美】	我学新本领 鸡蛋哥哥	由家长指导幼儿每天在家练习，比如自己穿衣服、自己整理衣物等，持续两周左右。练习的中途开展一两次交流展示活动，鼓励、支持幼儿坚持练习新本领。 通过绘本阅读，了解鸡蛋哥哥的成长过程，体验鸡蛋哥哥从不想长大到长大之后的情绪变化，从故事情景中感受长大的快乐与自豪。 建议生成的活动形式：艺术活动《我自己》《长高了变矮了》、语言活动《小种子长大了》、亲子活动《生日分享会》。
第四阶段 【童趣创美】	我学会了 我会干的事真不少	邀请家长来园，利用照片、现场表演、DV等多种形式展示幼儿学习的成果，体验成长的快乐。 多种感官参与学习，通过比较，区分最大与最小。 建议生成的活动形式：《大手牵小手，快乐初体验》亲子运动会、户外种植活动《小树苗长大》、亲子绘本制作《宝贝成长记》

✧ 第一阶段:【童眼寻美】

活动名称: 长大真好

活动指向: 通过了解周围比自己大的幼儿在学习、生活等方面的情况,感受到他们很能干,激发渴望长大的愿望。

活动建议:

1. 组织一次大带小活动,鼓励哥哥姐姐带弟弟妹妹学会一个本领。

2. 平时带幼儿观看中大班小朋友做操、上课、吃饭等活动,观摩大班幼儿的图画、手工作品。

环境支持/家园合作:

1. 鼓励家长和孩子们一起感受成长的变化,并引导孩子学会观察自己的身高、体重的变化。

2. 请孩子参与一些力所能及的家务活动,提高孩子的独立意识和独立能力。

3. 在教室里布置小型婴儿照片,展示幼儿小时候的照片,与镜中的自己进行比较,找出和现在不一样的地方;引导幼儿发现,长大了后自己的身体各部位有什么变化。

活动名称: 祝你生日快乐

活动目标:

1. 初步知道生日就是出生的日子,并感受生日的气氛。

2. 在情境中乐意表达自己的想法。

活动准备: 已认识企鹅、恐龙、鳄鱼的外形特征;围裙口袋。

活动过程:

一、看看讲讲

1. 出生蛋宝宝。(丰富词:圆溜溜)

猜猜:蛋蛋里住的是什么?

(1)老师念蛋蛋儿歌。

(2)为什么它在嗨吼嗨吼地叫?

(3)今天小鸡从蛋蛋里面出来,今天就是小鸡的生日。

(4)学说:"小鸡,小鸡,祝你生日快乐!"

2. 幼儿摸摸蛋宝宝。

(1)教师朗诵儿歌。

(2)以猜谜的方法引出蛋里的宝宝。

（3）今天是小企鹅从蛋蛋里面出来，今天是小企鹅的什么日子。

（4）对小企鹅说什么好听的话？

3. 以类似的方法出示鳄鱼宝宝。

（1）蛋的比较。

（2）教师朗诵儿歌。

（3）今天是恐龙宝宝的什么日子，你是怎么知道的？

（4）让幼儿自由地说祝贺的话。

二、迁移于日常生活中，向今天过生日的同伴说说祝贺的话。

三、过生日

1. 数一数，今天有几个宝宝过生日。

2. 一起为宝宝唱生日歌，并分享生日糖。

儿歌：一个蛋蛋圆溜溜，里面藏着什么宝宝，请你猜猜看，今天我就要出来了，嗨吼嗨吼嗨吼嗨吼，今天我就要出来了，我是一个什么宝宝。

活动名称：我长大了

活动目标：

1. 感知长大的变化，知道自己在慢慢长大。

2. 在判断、观察、对比中知道自己的身体、学习、生活能力都在变化。

活动准备：收集幼儿小时候的衣服、物品；幼儿不同时期的照片若干。

活动过程：

一、试穿自己小时候的衣服，感受自己身体上的变化

1. 自己动手试穿衣服。

这里有一些东西，请你们来试试、穿穿，看看你们发现了什么？

2. 讨论：为什么穿不上了？

这些是你们自己的衣服，为什么你们会穿不上呢？

小结：这些你们小时候的东西，现在你们都长大了，所以都穿不上了。

二、判断、观察、对比中发现自己的变化

1. 观看照片，发现自己身体的变化

这里有些小朋友的照片，让我们找一找这些照片里都有谁？他们有什么变化？

（1）观看小时候身体的照片，再比较现在自己的身高、体重，知道自己在渐渐长大。

（2）浏览小时候没有牙齿头上光秃秃的照片，再摸摸自己的头发，感受自己的变化。

（3）看看我们身体上还有哪些变化呢？（同伴间相互讨论）

2. 观看视频，知道自己学习、生活能力的变化

（1）我们的好朋友巧虎也有话想对我们说，让我们来看一看吧！

（2）视频上的小朋友会做什么事了？

（3）那你们还会做哪些事情呢？

小结：我们小时候什么事都要找爸爸、妈妈帮忙，现在，我们长大了，能自己穿衣服、叠被子、走路、和伙伴一起搭积木，还会画画、玩油泥……学会了许多本领。

三、绘画活动《不同的自己》

1. 激起兴趣：

这是老师小时候和现在的样子，我用画画的形式告诉了大家，你们能不能也画出来呢？

2. 幼儿操作，教师巡回指导。

3. 教师与幼儿一同欣赏《不同的自己》。

让我们来介绍自己小时候是什么样的，长大了又是什么样？

✧ 第二阶段：【童心赏美】

活动名称：宝宝艺术照（艺术：美术）

活动目标：

1. 欣赏自己和同伴的艺术照，了解艺术照的主要特点。

2. 通过身体模仿，大胆地表现照片中人物的体态动作

活动准备：事先收集班级幼儿的艺术照

活动过程：

一、幼儿交流照相的经验

1. 小朋友们都照过相吗？你们是怎么照相的？

2. 幼儿简单交流自己照相的经验。

二、共同欣赏艺术照片

1. 引导幼儿观察艺术照。

宝宝在照相时是什么样的表情？摆了什么造型呢？他们穿了什么样的衣服？照片里除了人物还有些什么？

小结：拍艺术照与一般照相的不同。

三、分组欣赏自己和同伴的艺术照片

四、模仿照片中的人物体态动作，摆出各种身体造型“照相”

1. 个别幼儿模仿摆造型。

2. 集体用手势模仿照相。

活动建议：将幼儿的艺术照用相框的形式布置在教室中，呈现在主题墙面上或者布置在娃娃家里。

活动名称：长得要比爸爸高

活动目标：

1. 通过欣赏诗歌，知道自己又长大了。

2. 尝试学说“越……越……”，初步理解词语：“理想”。

活动准备：幼儿穿小了的衣裤

活动过程：

一、感受自己长大了

1. 出示幼儿穿小了的衣服，引出活动内容。

2. 这些衣服我们还能穿吗？为什么？

二、欣赏儿歌《长得要比爸爸高》，理解诗歌内容

1. 诗歌里讲了什么？

2. 为什么说我长高了？你从哪句话里听出来的？

3. 理解词语“理想”。

我长大了，妈妈和爸爸怎么说？

我是怎么跟爸爸妈妈说的呢？

小结：自己长大后想要做的事情就叫“理想”。

三、初步学习朗诵诗歌

四、迁移经验并拓展想象

1. 你的爸爸有什么本领？你长大有什么理想呢？

2. 怎样才能做到我们想做的事呢？

小结：小朋友们一天天地长大，本领也一天比一天高，只有学到很多的本领，长大了才能做好自己想要做的事情。

附：诗歌《长得要比爸爸高》

我长高啦！真的，你瞧瞧！去年坐车免票，今年可要买车票。

我的长裤子，越穿越短；我的大棉袄，越穿越小。

妈妈说："啊哈，你长得真快，将来准比爸爸高。"爸爸说："个子比我高，工作就应该比我好。"

我说："爸爸，我要像您一样报天气，本领可要比您高，您只能预报，下雨，起风暴，天晴天阴，云多还是云少，我却一定要建立一个气象指挥哨，降下人造雨，救活干旱的秧苗，还要在夏夜吹起微风，让人们香甜地睡觉。"

爸爸听了微微笑："你的理想很好，很好！只要你努力学习，这些事情一定能做到。"

活动名称：我想学做

活动指向：知道自己长大了，愿意选择并学做一件自己能做的事情。

活动建议：

1. 准备记录纸、水笔。活动前拍摄录像，内容为小班年龄段幼儿通过练习可以掌握的或自己应该能做的事情。

2. 组织幼儿观看录像，激发幼儿对学习榜样的向往，以及对自己能做或想做的事的范围有一个大致的了解。

3. 组织幼儿讨论：你会做些什么？还想学做什么事？教师用图文的方式进行记录。

环境支持/家园合作：

1. 家园互动

2. 班级里创设讨论墙，可以亲子绘画、调查表等形式呈现。

✧ 第三阶段：【童慧识美】

活动名称：我学新本领

活动指向：在成人的引导下逐步感受自己的进步，愿意坚持练习。

活动建议：

1. 此阶段活动持续两周左右，主要是幼儿在家练习，其中家长的陪伴与鼓励很重要，因此需要得到家长的配合与支持。在幼儿的练习过程中，教师要与家长多沟通，了解幼儿学习的内容、在家练习的近况，针对幼儿的个别差异和个性特点给予家长切实的指导与建议。如过程中的记录方式、怎样鼓励孩子等，使幼儿能顺利完成学习任务，并增进亲子间的情感交流。

2. 练习过程中开展1～2次交流活动，交流时可结合照片、表演等形式介绍“我的新本领”。活动中引导幼儿谈谈自己是怎么学新本领的，一开始怎么样，后来怎么样，有什么好办法可以跟大家分享，在互相观摩的基础上，还可以请幼儿说说：“××小朋友表演了××本领，这个本领你会吗？”让幼儿充分感受成长的快乐。同时，进一步鼓励幼儿认真地坚持练习。

活动名称：鸡蛋哥哥

活动目标：

1. 了解鸡蛋哥哥的成长过程，体验鸡蛋哥哥从不想长大到长大之后的情绪变化。

2. 体会长大的快乐与自豪。

活动准备：PPT、背景音乐

活动过程：

一、观察比较不同，进入故事情境

1. 今天老师给你们带来一群朋友，都有谁呢？

2. 这是谁呢？我们一起来看一看吧！

3. 原来是一只小鸡，它叫鸡蛋哥哥。为什么躲在蛋壳里不愿意出来？

二、仔细观察画面，讲述故事内容

（一）看图自由讲述鸡蛋哥哥和动物捉迷藏的故事情节。

1. 躲在蛋壳里的鸡蛋哥哥会发生什么有趣的事呢？我们接着往下看。

2. 鸡蛋哥哥在哪里？你能用鸡蛋哥哥躲在哪里这样好听的话来说一说吗？请你和旁边的好朋友看着图片商量一下吧！

3. 你们好厉害，鸡蛋哥哥躲的地方全被你们发现了。鸡蛋哥哥很调皮，和小动物玩起了捉迷藏的游戏，我们用一会儿……一会儿……这样的话连起来说一说。

4. 鸡蛋哥哥玩得真开心，它得意地说了起来。

（二）讲述鸡蛋哥哥游泳的惬意与有趣。

1. 还发生了什么有趣的事情呢？

2. 观看PPT，幼儿自由讲述，教师小结讲述。

（三）情景表演鸡蛋哥哥走石头迷宫的故事情节。

1. 鸡蛋哥哥又来到了一个地方，看看这里有些什么？

2. 看到这么多石头鸡蛋哥哥会说什么呢?

3. 鸡蛋哥哥怎样才能保护好自己走出迷宫呢?

4. 鸡蛋哥哥是怎样走出石头迷宫的?

5. 试试看,我们有没有这样的本领。我们也来用椅子摆一个石头迷宫,把鸡蛋哥哥走迷宫的事情演一演吧。走完说一说你是怎么通过石头迷宫的?

6. 小心翼翼的鸡蛋哥哥很顺利地通过了石头迷宫,它开心地说了起来。

(四) 讲述鸡蛋哥哥脱掉蛋壳的故事情节。

1. 正当鸡蛋哥哥得意扬扬的时候,谁来了?

2. 乌鸦先生看到了鸡蛋哥哥,它追了上来,一边跑,一边说。

3. 接下来发生了什么事,我们一起来看一看。

4. 现在请你和旁边的好朋友跟着箭头的顺序来说一说到底发生什么事了吧?

5. 没有了蛋壳的鸡蛋哥哥心情怎么样? 别人看见了会怎么说呢?

6. 你们觉得鸡哥哥有没有长大啊,哪里看出它长大了?

7. 鸡哥哥来到水洼旁一照,看到自己已经不是可爱的鸡蛋了。它悄悄地对水洼里的自己说:“嗯,长大还是不错的嘛。”于是又很得意地说了起来。

8. 此时鸡哥哥的心情又是怎样的呢?

三、联系自身经验,讲述长大感受

1. 长大的宝宝都会做什么了?

观看PPT,幼儿自由讲述,教师小结讲述。

2. 小朋友还会越长越大,本领也会越来越多。将来还会有什么开心的事情呢? 以后我们再来说一说。

◇ 第四阶段:【童趣创美】

活动名称: 我学会了

活动指向: 与大家分享自己成长的喜悦,进一步体验成长的快乐。

活动建议:

1. 活动之前教师要全面了解并合理安排好每一名幼儿的展示,将照片、视频等不同类型的展示方式进行分类,过程中同一类的展示可相对集中,部分需要一定操作时间才能完成的活动,如自己扣纽扣、整理玩具图书、自己叠被子等,现场展示可以和照片、视频同步进行,保证活动有序开展。

2. 向全班家长发出邀请，请家长来园参加为孩子们举行的“我长大了”展示活动，共同见证孩子的成长。每一个类型的活动展示结束后，及时为展示的幼儿颁发奖状、给予赞扬与鼓励，让幼儿感受到自己付出努力而收获成功的自豪。

活动名称：我会干的事真不少

活动目标：多种感官参与学习，通过比较，区分最大与最小。

活动准备：

1. 情景布置。

2. 幼儿用书——连线游戏

活动过程：

一、引起兴趣

1. 教师交代游戏的情景。

“等会儿有客人要来，可是家里乱糟糟的，该怎么办？”

2. “谁愿意来帮忙整理一下？”

幼儿观察情景，并说说有哪些东西需要整理。

二、材料，积累经验

1. 请幼儿在同一类的材料中找出物体最大与最小的各一份。

2. 交流按物体大小排序的方法。“看一看，这些碗是用什么办法排列整齐的？”

3. 教师请幼儿按物体大小排序的方法，再次对材料进行操作。

4. 根据幼儿的实际掌握情况，有重点地进行个别指导。

三、检验操作情况，巩固经验

师生共同检验每件物品的整理情况。

（浦东新区听潮艺术幼儿园　马丹）

第二节　艺术、语言、社会整合活动

艺术、语言、社会领域间整合活动分为文学美活动和表达美活动。艺术、语言、社会领域间整合有利于培养幼儿表达美和创造美的能力，陶冶幼儿情操，促进幼儿社会责任感的建构等。艺术、语言、社会领域间整合活动中，基于艺术、语言教育整合目标以及幼儿的年龄特点，幼儿艺术教育与科学教育整合的素材点不是一篇篇华丽难懂的文章，而是对文学和表达的喜爱和感受。文学美活动是让幼儿通过艺术元素的辅助、艺术氛围渲染，提升幼儿文学知识经验，以及通过幼儿文学知识经验促进幼儿综合审美能力的提升。表达美活动是让幼儿通过艺术元素的辅助、艺术氛围渲染培养幼儿听（倾听）、说（表述）、读（阅读和欣赏文学作品）、写（书写准备）的语言能力，以及通过幼儿听、说、读、写的语言能力促进幼儿综合审美能力的提升。

一、内容的选择

在课程内容的选择方面，主要考虑以下几个因素：

- 基于儿童立场选择艺语社整合活动内容。内容的选择应该从儿童立场出发，满足幼儿发展的整体需要、语言的发展需要。因此课程内容应该选择幼儿在文学、表达方面感兴趣的内容、联系幼儿的实际生活经验与兴趣。
- 以儿童年龄特点选择艺语社整合活动内容，正如陈鹤琴先生所说“大自然、大社会，都是活教材”。在提供幼儿学习的内容时，应尽可能地使幼儿看得见、摸得着，要让他们能够亲身感受与体验，符合幼儿期的年龄特点和幼儿期的生活。

（一）小班阶段

1. 与幼儿原有水平、生活经验相结合，选择具有文学美的活动内容

小班幼儿注意力集中持续时间较短，注意的能力有限，基于小班幼儿语言学习的特点，选择韵律感强的儿歌、童谣，故事选择上需短小且有重复的、便于幼儿模仿并能朗朗上口的语句或对话。源于小班幼儿的生活经验和情感需求，绘本选择时要关注情节特征，情节与语言要有重复，侧重与日常生活相关的内容。在选择非主题活动素材时，要考虑其与年龄特点的契合度以及与现有主题的融合，另外还要对标《3～6岁儿童学习与发展指南》《幼儿行为观察指引》。

小班幼儿已经完成他们的母语习得，口头语言的发展是他们这个年龄段的主要方面。听和说是他们语言能力发展的主要表现形式。基于以上考虑，将《3～6岁儿童学习与发展指南》语言领域中含有表达、文学元素的小班年龄段目标梳理如下图：

小班年龄段目标
1. 别人对自己说话时能注意听并作出回应
1. 愿意在熟悉的人面前说话，能大方地与人打招呼 2. 基本会说本民族或本地区的语言 3. 愿意表达自己的需要和想法，必要时能配以手势动作
1. 别人讲话时知道眼睛要看着对方 2. 能在成人的提醒下使用恰当的礼貌用语

如小班文学美活动《邂逅春天》，教师选择这个活动内容是由于：春天是万物复苏的季节，更是幼儿喜欢的季节。小草绿了，小花开了，冬眠的小动物们都睡醒了。孩子们脱下了厚厚的棉衣，再也不是臃肿的小企鹅。随着天气渐渐地暖和，幼儿在户外的时间也多起来，他们发现土里有绿色的小芽，树上的叶子也有变化，还有很多新奇的事物都发生了改变。对任何事物都很好奇的小班幼儿来说，没有什么比探索新鲜事物更感兴趣的事情了。春天是孩子们拥抱自然、亲近自然的好时节。美妙的歌曲、春天的绘本中都蕴含着很多关于春天的美。为了激发孩子们用不同的感官去发现春天的美，萌发幼儿热爱大自然，爱护环境的情感，老师带领着孩子们来到了幼儿园的户外，爸爸妈妈们带着孩子来到大自然中一起探寻春天生机变化的秘密。通过亲身体验、观察，加深幼儿对春天的认识，通过绘本阅读、音乐欣赏感受春天的美好。

2. 基于小班幼儿年龄特点，选择能激发幼儿表达兴趣的主题活动内容

通过对儿童的身心特点及活动的整合性理解制定活动目标、选择相应的活动内容和方式加以实施并对其进行反思与评价，以促进幼儿身心发展的集体教学方案。小班幼儿教师在设计语言学习活动方式时，将多种学习活动方式综合起来，根据本班级幼儿特点、活动目标，选择适合自己班级幼儿年龄特点与具体活动目标的活动方式，使学习活动方式更好地为幼儿服务，为活动服务。

可以在原有的主题活动的素材点中，选择小班幼儿有表达兴趣、能够激发幼儿探索的内容。将小班原有的20个主题中含有表达元素的小班主题以及主题中的素材点梳理如下：

小宝宝	娃娃家
●我的名字、我的身体 ●小手拍拍	●爸爸妈妈好 ●宝宝的家 ●扮家家
小兔乖乖	**学本领**
●可爱的小兔 ●小兔乖乖 ●敲门声	●乌龟翻筋斗 ●小动物过桥
小花园	**我的幼儿园**
●花仙子 ●大树和小树	●哥哥姐姐喜欢我 ●玩具要回家 ●大家一起玩 ●过生日
好朋友	**白天和黑夜**
●一起去“春游” ●朋友在哪里 ●小猪的野餐 ●找朋友	●太阳和月亮 ●不怕黑夜 ●太阳找朋友 ●小猫和老鼠

如小班幼儿对于美丽的春天是很感兴趣的，幼儿在小花园里初步感知春天的天气和花草、树木的特征，能发现身边自然景色的变化，通过多种感官参与活动，观察感知、体验探索春天，感受春天的美好，也能用简单的语言描述自己对春天的感受和认识。

因此可以选择《小花园》主题中“大树和小树”素材，和孩子一起讨论花草、树木怎么了？观察春天的花草、树木和小动物发生了什么变化？

根据幼儿的兴趣点和热点话题，拓展主题中新的素材点作为文学美活动内容。比如在《小花园》主题中，收集亲子外出踏青拍摄的“我眼中的春天”照片、哥哥姐姐绘画的春天作品，让幼儿在照片、作品中欣赏美丽的春景，感受每个孩子眼中的春天是不一样的。亲子阅读有关春天的绘本，从绘本中感受春天的美。设计并组织活动《美丽的春天》，让幼儿能够通过多种感官观察春天、感知春天、体验春天、探索春天，从而提升幼儿的认知水平，丰富幼儿的生活经验和情感体验，感受春天的美好。在《小花园》主题中拓展了“美丽的春天”素材点作为表达美活动内容。

3. 以幼儿的兴趣、需要为依据，选择艺术社整合活动内容

根据小班幼儿的发展需求和认知特点，他们开始用语言来认识周围的世界，借助语言调整自己的行为并传达清晰的需求和感受。因而，这一时期是幼儿习得完整的口头语言的关键阶段，是幼儿语言能力迅速提升的过程，是连贯语言逐步发展的过程，也是启发书面语言发展的过渡时期。语言不仅是一种沟通交流的工具，语言教育在促进幼儿语言发展的同时，还起到提高幼儿的思维水平、发展幼儿的情感、传递优秀文化的作用。

《幼儿园教育指导纲要（试行）》也提出，将幼儿的早期阅读能力培养已纳入幼儿园语言教育的目标，在重视幼儿听、说等口头语言能力培养的同时，要利用图书、视频以及其他多种方式，引发幼儿对书籍、阅读和书写的兴趣，培养前阅读和前书写的能力。

“兴趣是最好的老师”，让幼儿在游戏中体会到语言的趣味与魅力“寓教育于游戏之中”，通过设计开发系列主题活动，教师能够利用好奇心激发幼儿参与活动的积极性。

如小班表达美活动《亲亲小兔》中，小朋友对动物的喜爱是与生俱来的，他们对待动物和人的方式有时甚至是一样的，由此可见，喜欢小动物，是小朋友的天性，特别是小班的小朋友，出现在眼前的任何一种动物都能引起小朋友的关注。在幼儿园的养殖区经常会迎接各种可爱的小动物，小兔子是小朋友非常喜欢的小动物。它外形可爱、性情温顺，非常适合在幼儿园喂养供幼儿观赏和探索。为了激发孩子们用不同的感官去发现小兔的美，萌发幼儿了解兔子、保护兔子的情感，老师带领着孩子们观察兔子的种类与特点等，通过亲身体验、观察，加深幼儿对兔子的认识，通过绘本阅读、艺术创作等表达对兔子的喜爱。

如：小班的幼儿自然是对这些学习资源十分感兴趣，幼儿有翻阅绘本、欣赏图片的行为。但是在自主活动中幼儿看绘本只是单纯快速地翻页，不能仔细地看画面，说出发生了什么事情。对照小班发展目标“能听懂故事，会看画面，能根据画面说出图中有什么，发生了什么事”，教师设计了“啪嗒啪嗒的蜗牛”活动。让孩子在欣赏绘本《啪嗒啪嗒蜗牛》的活动中，理解故事内容，感受并愿意表达绘本中发生有趣的事情。

小班幼儿主动关心、帮助别人的意识比较淡薄。因此，让幼儿在和小兔玩耍的过程中，融入了教师和孩子的感情因素，如轻轻抱、喂食等。这种环境的营造，拉近了人与自然的距离，产生一种亲和力，所以不需要刻意地提到该如何保护它们，幼儿潜移默化中已真正转化为自身的行为。在活动中，幼儿对小兔子的关爱已经自然而然地在脑海里扎了根；促使幼儿的情感进一步获得升华。从而使活动一步步向纵深发展。

（二）中班阶段

1. 以活动中丰富幼儿语言表达能力为依据选择活动内容

《3～6岁儿童学习与发展指南》中指出：为幼儿提供丰富、适宜的低幼读物，经常和幼儿一起看图书、讲故事，丰富其语言表达能力，培养阅读兴趣和良好的阅读习惯,进一步拓展学习经验。

组织幼儿语言学习活动的核心概念是,除了创造一个和谐融洽的师幼互动环境,让幼儿在轻松、愉快的学习氛围中学习交流之外,还需要考虑采用灵活多变的教学方法,让幼儿带着乐意的、愉快的心境在活动中学习,在学习中活动,从而达成积极主动、卓有效率的学习效果。

如:近段时间,孩子们对于职业这个话题显得很感兴趣。塔塔说:"我的爸爸是一名医生,可厉害了。"晨晨说:"我早上上学时,看到了警察叔叔在指挥交通。"琳琳说:"教我跳舞的丽丽老师很漂亮,我很喜欢她。"茉茉说:"我的妈妈是一名老师,有很多的哥哥姐姐在听妈妈上课。"扬扬说:"昨天护士阿姨给我打了针。"孩子们话题的产生便是生成教学活动的最好时机。

在中班《周围的人》的主题活动下,以绘本故事《小象消防员》设计并实施本次教学活动。活动以集体阅读、分散阅读的形式观察画面培养幼儿良好的阅读能力和阅读习惯;以表达交流、互动分享的形式理解小象体验工作的过程,来唤起幼儿对各种职业的原始经验,培养幼儿语言表达表现的能力。

2. 基于游戏中学习语言,理解活动内容

通过游戏促进幼儿语言包括早期阅读和读写的动机愿望,他们可以不断获得学习的快乐。

可以在原有的主题活动的素材点中选择中班幼儿有表达兴趣,能够激发幼儿探索的内容。将中班原有的16个主题中含有表达元素的中班主题以及主题中的素材点梳理如下:

我爱我家	在秋天里
•我有一个家、爸爸本领大　•家是什么	•秋天的树叶　•中秋时节　•果子熟了
好吃的食物	**在农场里**
•营养餐厅　•在餐桌上　•食品店 •妈妈的菜篮子	•饲养员请客　•找蛋
寒冷的冬天	**幼儿园里朋友多**
•动物过冬　•春节甜甜话	•我的朋友多　•一起进行的活动 •我和老师做朋友　•我们都是好朋友
在动物园里	**春天来了**
•动物园　•大家不一样 •谁的本领大　•五只猴子来表演	•春游去　•在园地里　•我们找到的春天 •花园里有什么　•一颗想长大的种子

3. 在创造中学习语言，为幼儿提供质疑提问的机会

宽松的语言学习环境是愉快的，是积极互动的，也是富含语言创造机会的。让他们大胆思考和表达自己的想法；在创造中学习语言，还要求鼓励幼儿大胆想象，在学习诗歌时可以仿编自己的诗句；在理解故事之后可能想象表达自己的故事结尾，在阅读图书之后还可以画画自己的小书。

比如：在早晨来园后孩子们开始了自由的闲聊。尧尧说："我看到你那边有个警察叔叔在指挥交通，好多车。" 梁梁说："我也看到了，警察叔叔真厉害。" 晨晨说："我爸爸也是警察，我长大也要做警察。" 塔塔说："我爸爸是医生，可厉害了。" 琳琳说："我妈妈是击剑教练。" "你们可真厉害啊，知道这么多不同的职业。" 在聊天中获取幼儿对于职业的初步理解情况。在阅读区为孩子们提供了相关的阅读材料，有关于职业的绘本《鳄鱼怕怕牙医怕怕》《长大以后做什么》《迪伦医生》等相关阅读材料。幼儿可以在个别化活动的时候自主选择"绘本阅读"材料，可边听音乐边阅读，丰富自我和他人的相关经验。同时，也可以在音乐区来欣赏不同音效的音乐。和幼儿一起说一说自己父母的职业，激发他们对于职业认知的表达，进一步理解幼儿对于职业经验的获得情况。通过观察幼儿的已经经验及主题活动的核心内容，以绘本故事《小象消防员》为载体，同时融入有关于激发和渲染幼儿情绪的音效来设计和实施这次语艺整合教学活动。培养幼儿仔细观察画面并大胆讲述故事情节的能力，同时激发幼儿社会化情感的产生，即了解生活中常见的工作，初步感知每个工作的辛苦，懂得尊重他们的劳动。

（三）大班阶段

1. 基于幼儿兴趣热点，幼儿在阅读中通过细致观察逐渐读懂图画书的内容

在阅读中儿童需要学习的阅读经验主要有三点，即学习观察图画书的关键画面形象，能够从中发现人物、动作、背景；学习观察图画书关键情景变化，将之串联起来理解故事情节；学习观察关键细节表情，能敏锐地观察图画中的细节。

站在幼儿角度建议，"丰富幼儿的生活经验，积累语言游戏素材，使幼儿有话可说；选择合适、新颖、有趣的语言游戏，激发语言学习的兴趣，使幼儿想说、喜欢说；创设语言游戏情境，提供幼儿语言实践机会，使幼儿敢说、有机会说"。

同样，在选择大班表达美活动中动物是孩子成长过程中的亲密伙伴。他们与动物有着天然之缘，他们喜欢与动物为伍，喜欢聆听动物故事，翻看各种动物的卡片与图书，他们对动物世界充满着兴趣与好奇，一说起动物他们就

会津津乐道，兴趣多多。在主题《动物大世界》的背景下，他们对动物的认知与感受也激发孩子们的经验得到迁移，大班幼儿对音乐有一定的理解与感受，喜欢天马行空的想象与猜测，他们对动物的特殊喜好也激发他们对于听赏动物类题材的音乐内容更富有兴趣。绘本《彼得与狼》正契合了他们的特点，作曲家运用音乐刻画的人物和动物的性格、动作和神情新颖活泼，既有贯穿的情节还蕴含着宝贵的思想内容，当音乐和绘本进行有效地结合时就能让眼、耳、心得到整体的感受、体验与满足，从而为孩子们打造一个多重感觉的世界。让我们跟着孩子的视角一起去看看这一系列生动的活动吧！

可以在原有的主题活动的素材点中，选择大班幼儿有表达兴趣、能够激发幼儿探索的内容。将大班原有的7个主题中含有表达元素的大班主题以及主题中的素材点梳理如下：

我是中国人	有趣的水
•首都北京 •欢腾的国庆节 •旅行去 •了不起的中国人	•在海上在水边 •会变的水 •护水卫士
我自己	**有用的植物**
•身体真有用 •和影子捉迷藏 •我和别人不一样	•街心花园 •绿色菜篮子
我们的城市	**春夏和秋冬**
•老房子新建筑 •路边新事	•会变的天气 •四季轮换 •四季的树和花
动物大世界	**我要上小学**
•不同的家园 •千奇百怪 •学来的本领 •我和动物是朋友	•我的小书包 •参观小学 •毕业时刻

又如，教师在大班表达美活动《炫动卡通》写道：卡通在幼儿的生活中扮演着非常重要的角色。因为在卡通的世界里，所有的不可能都变得可能，不现实变得现实。这些故事里包含着幼儿甚至是成人都无法解释的东西，虽然有时候显得不切实际，不合逻辑。但也正是这些，赋予了幼儿想象的翅膀，赋予了他们对于未来无尽的遐想，在魔法世界中遨翔，在星际宇宙里漫游。因此，从某种意义上讲，卡通片伴随着幼儿成长。每个幼儿都有自己喜欢和钟爱的卡通片和卡通人物，在日常生活、游戏中，他们常常会模仿、表演这些卡

通人物。生活中凡是有卡通形象的服装、图书、玩具，都会成为幼儿首选的对象，卡通已成为现代幼儿生活中最重要的伙伴之一。因此，我们以卡通片为载体，开展“炫彩卡通”经历学习活动，构建一个引发幼儿大胆表现的舞台，使幼儿在表演中增强自信、提高合作能力和表现能力。

2. 在观察图画书基础上进一步理解图画书内容

幼儿理解由不同图画形象之间的关系直接表现的事件开始，能够用口语讲出画面内容或重点内容；他们会逐渐理解需要联系前后页图画信息进行理解的事件，并能用口语讲出加入自己想象理解的阅读内容；之后他们将进一步达到通过观察图画细节，初步理解图画书中人物的心理与情感，对图画书所蕴含的某个深层次概念能够获得初步认知，他们也将使用口语或者其他方式流畅地表达自己对阅读内容的理解。

比如，在大班文学美活动《冬天的样子》中，冬季悄然而至，万物萧瑟，大地沉睡。对于幼儿来说，即使在萧条的冬日，他们的生活也因为艺术创造而变得有趣且多姿多彩。大班的他们无时无刻不在发现与创造，因为每个幼儿都是观察家、艺术家，灵感很多时候来自他们的生活、来自大自然的美。冬天是属于所有孩子们的，突如其来的雪可以让孩子们找到满满的快乐，水凝结成的冰是孩子挖掘到的最闪耀钻石，枯枝落叶是一场美妙的天女散花，冬天在孩子眼里到底是什么样子的？一起从他们的童言稚语中找到答案吧……

3. 选择符合幼儿关注热点的文学美活动内容

同时，大班文学美活动内容可以来源于存在幼儿生活周边的、幼儿关注的热点。又如大班文学美活动《魔法的夏天》中，夏天是炎热、难耐的，但对孩子们来说夏天是多姿多彩的，可以吃冰激凌，可以穿漂亮的花裙子，可以尽情玩水、游泳、打水仗，可以聆听夏天大自然的风、雨、雷电声和荷塘中美的奏鸣曲……我们抓住孩子们的兴趣点——雷阵雨、荷花池里的变化、在水池边和找蝉等活动为主线贯穿，引导他们主动探索、发现和表达，在嬉戏中积累有关夏日的经验，引发对夏天许多问题的思考。在说一说、做一做中鼓励他们大胆参与、大声表达、积极创造，体验夏日给我们带来的快乐，大声说出喜欢夏天的理由，让我们一起跟随孩子的脚步去寻找夏天、感受夏天、玩趣夏天吧……

二、目标的制定

（一）目标凸显文学美活动领域特征

幼儿园活动目标的层次是指幼儿园活动目标的纵向结构。其从上到下可分为四个层次：幼儿园活动总目标、年龄阶段目标、单元目标、具体活动目标。

作为幼儿园活动总目标的重要组成部分，语言学习活动目标与幼儿园活动总目标一致，分为语言学习活动总目标、年龄阶段目标、具体活动目标。

语言活动的总目标：是幼儿园语言学习活动的“总指挥”，对教师开展语言学习活动起着纲领性作用；幼儿园小班语言学习活动年龄阶段目标：即是指幼儿园小班的语言学习活动目标，是幼儿园按照小班幼儿身心发展特点来制定，语言学习活动目标对小班的幼儿有一定的要求，所以要形成该阶段幼儿具体的语言学习活动目标，并且该年龄段的具体目标应建立在幼儿上一阶段语言发展的基础上。幼儿园小班语言学习活动具体活动目标：幼儿园语言学习活动具体活动目标是指一次或一个主题的语言学习活动要完成的任务，一般是根据该阶段主题或达到某个独立目的而由教师制定的。具体的语言活动目标服务于总目标和年龄阶段目标，只有通过具体的语言活动，才能将语言活动的总目标和年龄阶段目标具体实施到每个幼儿身上。

比如大班文学美活动《像狼一样嚎叫》的目标制定为：

1. 感受故事中“自由自在”的内涵，并能大胆表达自己的观点。

2. 体会“自由”的相对性，懂得在一定规则下的自由更快乐。

在这两条目标中包含了三个领域的特征：

在语言领域，通过一起感受莫卡的自由与不自由，跟随着故事的主线一起和老师互动，大胆回答各种猜测尝试完整地表达莫卡自由与不自由。结合不同时段莫卡的心态，用合适的形容词或成语表达莫卡不断变化的心情。尝试在辩论中主张自己对于自由好与否的观点，大胆表达自己的看法。

在艺术领域，让幼儿在社会文化中萌发幼儿对美的感受和体验。音乐正是最佳的情感调音师。音乐是具有情感形式的创造活动，它的具体形象性、情感渗透性与学前儿童本身特有的淳朴性、浓厚的生命色彩相吻合，特别容易为幼儿所接受。活动中的一些情感的转折就是通过音乐而切换，更好地为孩子们表达自由心声而增彩。

在社会领域，本次活动中选择的其实是一个温馨的故事，在莫卡经历了自由后，最终还是回到了小主人的身边，孩子们在活动中也展开着激烈的辩论，莫卡这样的自由到底好不好，知道别人的想法和自己不一样，能倾听别人的想法，不同意他人观点时候敢于说出自己的理由。这也是社会领域中的一个小目标整合在活动中也是比较合适。

（二）目标符合幼儿年龄特点，注重幼儿语言能力的发展，培养积极情感

与活动内容的选择相同，文学美活动目标的制定必须能够体现幼儿的年龄特点。让我们来比较一下同样选择动物为内容的文学美活动小班《啪嗒啪嗒的蜗牛》、中班《小象消防员》和大班《像狼一样嚎叫》，在小班阶段、中班阶段和大班阶段是如何体现不同的年龄特点的呢？

小班文学美活动《啪嗒啪嗒的蜗牛》目标制定为：

1. 理解故事内容，感受小蜗牛散步时发生的幽默有趣的事情。

2. 体验与同伴一起在情境中阅读的快乐。

中班文学美活动《小象消防员》目标制定为：

1. 仔细观察图片，理解小象找工作的故事情节并大胆表述。

2. 了解生活中常见的工作，初步感知每个工作的辛苦，懂得尊重他们的劳动。

大班文学美活动《像狼一样嚎叫》目标制定为：

1. 感受故事中“自由自在”的内涵，并能大胆表达自己的观点。

2. 体会“自由”的相对性，懂得在一定规则下的自由更快乐。

对照小班发展目标“能听懂故事，会看画面，能根据画面说出图中有什么，发生了什么事”，教师设计了“啪嗒啪嗒的蜗牛”活动。让孩子在欣赏绘本《啪嗒啪嗒蜗牛》的活动中，理解故事内容，感受并愿意表达绘本中发生有趣的事情。

在中班《周围的人》的主题活动下，以绘本故事《小象消防员》设计并实施本次教学活动。活动以集体阅读、分散阅读的形式，观察画面培养幼儿良好的阅读能力和阅读习惯；以表达交流、互动分享的形式，理解小象体验工作的过程，来唤起幼儿对各种职业的原始经验，培养幼儿语言表达表现的能力。

针对大班《我自己》主题，引导幼儿认识自己的同时，也尝试用不同的方式表达自己的情绪。为此，我想借助绘本故事来听听孩子们对于“自由”的心声，并且借助与幼儿几近相同的小狗的行为过程为教学线索，通过自由的辩论引导幼儿体验、感受自由与不自由的，让孩子们了解自由的真正含义。

三、实施策略的运用

在文学美活动的实施中，我们主要采用了音乐渲染法和故事代入法两个策略。幼儿园学习活动目标是各类活动的导向，引导着每个活动环节的进行，

是学习活动设计的关键点，对一个活动是否能够成功起着至关重要的作用。根据活动目标的价值取向，可分为行为目标、生成性目标和表现性目标。所以，教师需要在大的教育目标下，调整每个具体目标，使之不断完善。

在语言学习活动中，教师教学过程中的言语表现会对幼儿的情感产生一定的影响，从而可能会对幼儿今后的行为后果造成影响。语言活动的目标设置要考虑到每个幼儿今后乃至未来的发展。在面临复杂的社会问题，我们更加需要的是个人解决问题的能力，所以我们的教育所要培养的人是要能够适应社会、解决实际问题。幼儿园的语言教育是幼儿启蒙的教育，重点不在于幼儿对字词、句子的掌握，而是为了幼儿终身发展奠定基础所做的准备。语言活动应该更多地关注幼儿语言积极情感的发展和良好的语言学习品质的培养，教授幼儿初步的语言知识的同时，更多的是发展幼儿运用语言的能力。另一方面，对于活动中小目标的制定应服从幼儿发展的大目标。总之，幼儿语言教学活动的目标制定要考虑全面，不仅要考虑到认知目标，还应该体现能力的发展和情感的培养等方面的目标，用活动促进各方面的全面发展。不仅看重语言学习的知识目标，还要看重幼儿积极的情感目标。

（一）音乐渲染法

在引导幼儿欣赏和感受美的事物时，利用先进的多媒体技术中的视频作为资源，以视频独有的音效与动画效果来呈现美好的景色、声音、画面，为幼儿创设自主学习、主动建构知识意义的学习情境，充分调动幼儿的视觉、听觉体验，作为活动的导入部分，激发幼儿积极主动去感受美好事物的兴趣，支持和满足幼儿后续的主动学习、深入探索的愿望。

幼儿的生理、心理与年龄特点决定了教师只有选择趣味性较高的活动内容才会使幼儿愿意进行活动，才能使活动顺利进行，达到理想效果。兴趣是幼儿愿意主动参与到活动中，并且在活动中能够持续积极表现的首要条件。积极的状态有助于幼儿在活动中获益更多。从幼儿本位原则角度出发，活动内容的选择要考虑幼儿的需要与幼儿最近的关注点。从全语言建构性原则角度出发，幼儿会主动建构学习的原因，是幼儿对未知、将要了解的事物感到极大的兴趣。活动内容具有较高的趣味性才能够较长时间地吸引幼儿参与活动中，主动构建自己的认知体系。那么，教师在活动设计时就要选择那些具有一定趣味性的活动内容，避免枯燥乏味，脱离幼儿生活的内容。

比如，在大班文学美活动《像狼一样嚎叫》活动中，通过一起感受莫卡的自由与不自由，跟随着故事的主线一起和老师互动，大胆回答各种猜测，尝试完整地表达莫卡自由与不自由。结合不同时段的莫卡的心态，用合适的形容词和成语表达莫卡不断变化的心情。尝试在辩论中主张自己对于自由好与否的观点，大胆表达自己的看法。

在活动中有一些整合音乐的元素，所以前期有准备不同风格的音乐片段，如G大调钢琴曲，它主要体现了一种悲伤的情绪，通过给幼儿欣赏后，引导孩子说出自己的感受，用丰富的词汇形容此刻的心情，比如悲伤、难过、闷闷不乐、郁闷等。《夏日缤纷》体现的是开心的情绪，通过给幼儿欣赏后，引导幼儿说出自己的感受，如快乐开心、兴高采烈、满心欢喜、愉悦等词汇。这些都为孩子们在绘本中莫卡的情绪作了铺垫。

（二）故事代入法

学习活动开始时形式应多样，可以有随意的交谈、与设计活动主题相关的身体律动、手指操；播放能够引出下面活动的音乐、视频等，将幼儿的注意力转移到教师与即将开始的活动上，目的是起到引出接下来的活动的目的。通过PPT演示、图片、大挂图、实物展示、音乐等，使学习情境更加直观，充满趣味性，激发幼儿的兴趣。

活动内容的选择要根据不同领域的特点，使其具有整合性，幼儿是通过对日常生活中各种各样的事物与活动不断进行观察与接触，从中学习后来获得发展。幼儿园教育注重的是幼儿身心的全面发展，注重幼儿从各领域间的相互渗透和整合进行学习与获得发展，从多种角度促进幼儿的全面发展。

从全语言的整合性原则来看，语言的学习不是简单叠加技能的过程，而是与思维一起呈螺旋式发展的过程，语言与思维具有整合性。因此，幼儿园语言学习活动的内容选择要具有整合性。这样有助于促进语言学习活动与其他领域活动之间的相互联系。所有的学习活动都不是孤立的，而是各领域之间相互融合渗透的，只有打破学科领域的界限，将其他活动与语言学习活动巧妙结合，不仅使幼儿获得完整的学习，增加语言学习活动的艺术性与新颖性，更好地提高幼儿运用语言的能力，促进幼儿语言的发展。

比如，在大班文学美活动《冬天的样子》中开展了：

活动名称：冬之景

活动指向：

让幼儿欣赏画家莫奈的关于冬日系列作品，感受色彩与光影变化所带来的视觉感受。同时激发幼儿细致的观察能力，幼儿的色彩表现力。

活动建议:

1. 对比观察真正的冬日景色与莫奈作品中的景色,感受冬天的色彩,以及光影变化带来的氛围感。

2. 引导幼儿欣赏莫奈的作品,大胆表达,说说自己对名画作品的感受。

3. 幼儿欣赏了有关冬日的名家名画之后,模仿大师进行绘画,表达自己的感受。

环境支持/家园合作:

将画家莫奈的冬日系列作品布置在教室中,幼儿欣赏交流。

文学美活动方案呈现:

在文学美活动中幼儿能够通过艺术活动感受和认识冬天,他们的生活也因为艺术创造而变得有趣且多姿多彩。大班的他们无时无刻不在发现与创造,因为每个幼儿都是观察家、艺术家,灵感很多时候来自他们的生活、来自大自然的美。

冬天是属于所有孩子们,突如其来的雪可以让孩子们找到满满的快乐,水凝结成的冰是孩子挖掘到的最闪耀钻石,枯枝落叶是一场美妙的天女散花,冬天在孩子眼里到底是什么样子的?一起从他们的童言稚语中找到答案吧……

附:文学美活动方案呈现

文学美:《冬天的样子》(大班)

一、活动背景

冬季悄然而至,万物萧瑟,大地沉睡。对于幼儿来说,即使在萧条的冬日,他们的生活也因为艺术创造而变得有趣且多姿多彩。大班的他们无时无刻不在发现与创造,因为每个幼儿都是观察家、艺术家,灵感很多时候来自他们的生活、来自大自然的美。冬天是属于所有孩子们,突如其来的雪可以让孩子们找到满满的快乐,水凝结成的冰是孩子挖掘到的最闪耀钻石,枯枝落叶是一场美妙的天女散花,冬天在孩子眼里到底是什么样子的?一起从他们的童言稚语中找到答案吧……

二、核心经验

1. 能初步感受冬天的美,并能用表情、动作、语言等方式表达冬日的美好。

2. 愿意用图画和符号表现冬天的事物或故事,并能与别人分享、交流自己的作品和美感体验。

3. 能与同伴分工合作，乐于收集冬天的物品或向别人介绍所发现的冬天的事物，能倾听和接受别人的意见，感受冬天带给人愉悦的美感体验。

三、活动路径

活动阶段	活动内容	实施要点
第一阶段 【童眼寻美】	冬天你好 冬日摄影 冬天的色彩	教师和孩子们一起谈话讨论：你是怎么察觉到冬天来临了呢？了解孩子们眼中的冬天会产生哪些变化？ 幼儿在校园散步时，或是和爸爸妈妈一起到郊外，发现冬天，将不同树木在寒风中的景色用摄像的方式或者绘画的方式记录下来。 组织幼儿在校园寻找冬天的色彩，用画笔记录下冬天的颜色。 建议生成的活动形式：谈话活动、冬日调查表、冬日摄影活动、教师幼儿徒步找冬天活动等。
第二阶段 【童心赏美】	美丽的冬天 冬之景	收集冬天的照片、观察身边周围冬天的美景，看看冬天的绘本故事，让幼儿从身边感受冬天的美，从照片、图书上欣赏美丽的冬景。 提供名家名画，如莫奈的《韦特伊附近的雪景》《吉维尼的雪景》《冬天布日瓦勒的塞纳河》，在画中欣赏冬日的银装素裹之美。 建议生成的活动形式：欣赏幼儿园里冬天的景色、亲子共读冬天绘本书、欣赏感受名家绘画作品。话题讨论：冬天的秘密。
第三阶段 【童慧识美】	绘本《温妮的冬天》 冬日蜡梅	组织集体教学活动《温妮的冬天》，感受大自然变化的美好，并能语言进行大胆表述。 设计并开展集体活动《冬日蜡梅》，认识蜡梅花，感受蜡梅花在冬天开放的美。 建议生成的活动形式：集体活动：《温妮的冬天》《冬日蜡梅》。个别化学习：冰块与刨冰。
第四阶段 【童趣创美】	冬日写生 梅花朵朵开 冬之歌	冬日写生：带领幼儿到幼儿园里、植物角中进行写生。或者请家长带领幼儿去古钟园等进行冬景写生。 在个别化美工区中开展梅花展：探索用不同材料、如水墨、泥塑、玩色等方式创作梅花。 唱唱冬天的歌曲，说说冬天的故事，大胆表达，感受冬天带给人愉悦的美感体验。 建议生成的活动形式：写生活动、集体活动：唱一唱冬天的歌曲，个别化活动：梅花朵朵开、冬天的故事，亲子活动：制作冬天的大图书。

✧ **第一阶段:【童眼寻美】**

活动名称: 冬天你好

活动指向:

带领幼儿在幼儿园中散步,寻找冬天里的美丽景色的变化,找找哪些树是常绿树,哪些树是落叶树。

活动建议:

1. 教师带领幼儿在幼儿园中散步和自由活动,引导幼儿发现冬天的变化,发现冬天的美丽景色。

2. 设计"我眼中的冬天"调查表,幼儿和爸爸妈妈一起发现记录冬天的变化。

3. 和同伴一起观察校园里哪些是落叶树,哪些是常绿树。

4. 活动后,幼儿可以和同伴一起开展谈话活动,交流冬天美丽的景色,并且一起分享自己的记录发现。

环境支持/家园合作:

家园共同完成"我眼中的冬天"调查表,将孩子们的调查表张贴在教室中,幼儿互相交流分享,说说冬天的变化。

活动名称: 公园摄影

活动指向:

和爸爸妈妈一起去公园,看看肃静的冬天,用相机从各个角度拍摄下眼中的美景。走进大自然,感受冬天的变化。

活动建议:

1. 请家长带领幼儿去公园或户外,并告知幼儿用自己的相机去寻找、发现美丽的冬天。

2. 帮助幼儿认识树木,提出摄影要求,如拍摄不同树木的纹理、姿态等。

3. 幼儿独立摄影,发现冬天的美。

4. 请幼儿说说眼中的冬天是什么样子的。

环境支持/家园合作:

收集孩子们的摄影作品,幼儿互相交流发现的冬天景色。

活动名称: 冬天的色彩

活动指向:

和老师、同伴一起参观校园,寻找冬天的各种色彩,用画笔记录下每种色彩的不同。

活动建议：

1. 教师带领幼儿一起在校园中观察自然物的不同颜色，引导幼儿仔细观察并找出各种颜色。

2. 教师帮助幼儿用相机记录寻找到的冬天的颜色。

3. 幼儿用彩色画笔描画出自己找到的各种色彩，与同伴述说自己的发现。

4. 将幼儿寻找和记录到的“冬天的色彩大调查”呈现在班级环境中。

5. 幼儿后续可以不断将自己新发现的冬天色彩添加到大调查中。

✧ 第二阶段：【童心赏美】

活动名称：美丽的冬天

活动指向：

跟随老师一起进入校园，寻找冬天的不同花草树木以及冬天里小昆虫小动物的变化，并用画笔记录自己的发现。

活动建议：

1. 教师带领幼儿一起在校园中观察冬天花草树木的不同颜色、不同种类以及不同特征，引导幼儿对不同的花草树木进行比较。

2. 鼓励家长带着孩子去户外感受冬天，看看树木或竹林，去滑雪场玩玩滑雪，感受冬天游玩的乐趣。

3. 引导幼儿和同伴一起拾捡掉落的叶子或枯树枝，收集后带进教室。欣赏冬天里水仙花、蜡梅花的美丽。

4. 了解冬天冬眠的小动物，如乌龟、青蛙、蛇、松树、熊等等，感受冬天使得很多动物都进入了一个休眠期。

活动名称：冬之景

活动指向：

让幼儿欣赏画家莫奈的关于冬日系列作品，感受色彩与光影变化所带来的视觉感受。同时激发幼儿细致的观察能力，幼儿的色彩表现力。

活动建议：

1. 对比观察真正的冬日景色与莫奈作品中的景色，感受冬天的色彩，以及光影变化带来的氛围感。

2. 引导幼儿欣赏莫奈的作品，大胆表达，说说自己对名画作品的感受。

3. 幼儿欣赏了有关冬日的名家名画之后，模仿大师进行绘画，表达自己的感受。

环境支持/家园合作：

将画家莫奈的冬日系列作品布置在教室中，幼儿欣赏交流。

✧ 第三阶段：【童慧识美】

活动名称：温妮的冬天

活动目标：

1. 观察分析画面，理解和想象温妮在度过冬天时碰到的一系列问题，并用适当的语句进行描述。

2. 感受季节是交替轮换的。

活动准备：

1.《温妮的冬天》PPT，背景音乐。

2. 每名幼儿一本《温妮的冬天》。

3.《你喜欢哪个季节》分组调查表，展示板。

活动过程：

一、问题导入，激发幼儿兴趣。

今天我们要来看一本大图书，我们一起来看看大图书的名字，猜猜看故事里会讲些什么？（幼儿讲述）

二、多媒体PPT、小图书结合阅读理解。

（一）多媒体阅读理解。

1. PPT1：我们一起来看一看，你们都从这幅图片上看到了什么？觉得这会是什么季节？你是从哪里发现的？

教师讲述：而在这城堡里住着一名女巫，她叫温妮，她可烦死冬天了。

2. PPT3：这时温妮想出了一个好主意，观察画面：她在做什么？她会念什么咒语？

教师讲述：当温妮念完了咒语时果真发生了不可思议的事情。

（二）自主观察、阅读小图书。

1. 到底会发生什么不可思议的事情呢？让我们一起在自己的小图书中找一找，请大家从第4页看到最后一页（幼儿自主看书）。

2. 发生了什么不可思议的事情？你是在哪一页上看到的？

3. 还发生了什么事情？

PPT5：小动物和花儿会说些什么？你为什么觉得它会这样说？教师总结：原来季节颠倒让小动物和花儿们都不适应了。

4. 讨论：温妮一开始说讨厌冬天，可为什么她还是把夏天变回了冬天，还说："冬天也很可爱呢？"

小结：因为一年四季都是交替轮换的，都是按照春→夏→秋→冬的顺序变化，如果随便变换季节，除了会不适应外还会为自己带来许多的麻烦。

三、幼儿分组讨论不同季节可爱的理由。

1. 原来，不同的季节有不同的特征，孩子们，你们喜欢哪个季节呢？（根据幼儿的喜好分组。）

2. 分组交流自己喜欢的理由，说说在喜欢的季节里发生的趣事。

小结：所以啊，每一个季节都是"美妙可爱""无限欢乐"的，都会给我们带来快乐的故事！

活动名称：冬日蜡梅

活动目标：

1. 观察蜡梅，感知蜡梅花的特征，并能用较形象的语言描述自己的观察发现。

2. 运用手指点画的形式描画出蜡梅花的基本特征。

3. 知道蜡梅花是冬天里的花，感受蜡梅花不畏寒冷的品质。

活动准备：蜡梅、颜料、画纸

活动过程：

一、赏梅

1. 教师把幼儿带到花园：这是蜡梅花，它漂亮吗？

2. 请你轻轻地走近了看一看，蜡梅花长什么样？闻一闻，蜡梅花香不香？

3. 可以和好朋友一起看看，还可以和好朋友说说你的发现。

二、说梅

1. 回到活动室，教师出示刚刚拍下的蜡梅花照片：

你最喜欢哪朵蜡梅花，它长得怎么样？请你来说一说。

小结：蜡梅花的花蕾是椭圆形的，开放的蜡梅花有许多花瓣，一层一层的，我们幼儿园里的蜡梅花是黄色的。

2. 刚才我们在花园里看蜡梅花的时候冷吗？蜡梅花怕冷吗？

小结：蜡梅花一点都不怕冷，冬天都勇敢地把花朵开出来。我们也要像蜡梅花一样不怕冷，每天坚持上幼儿园，勇敢地参加体育锻炼。

三、画梅

1. 蜡梅花真漂亮,我们画下来带给爸爸妈妈看,好吗?

2. 出示颜料和画有蜡梅枝条的背景画:

今天请我们的手指来帮忙,轻轻蘸上颜料,在枝条上点一点,点一下,这朵蜡梅还没有开放;开放的蜡梅花要怎么点呢?

3. 幼儿自由创作。

4. 展示幼儿作品,互相欣赏。

四、活动延伸

1. 请大家把画的蜡梅花带回去给爸爸妈妈看看,向他们介绍一下我们幼儿园里的蜡梅花。

✧ 第四阶段:【童趣创美】

活动名称: 冬天的故事

活动指向: 引导幼儿用各种形式表现冬天的植物,唱唱冬天的歌,说说冬天的故事,表达对冬天的感受。

活动建议:

1. 冬天的景色:各种绘画形式画一画雪景。(蜡笔画、水粉画、水墨画、泥工花等等。)

2. 冬日写生:带领幼儿到幼儿园里、植物角中进行写生。或者请家长带领幼儿去古钟园等进行冬景写生。

3. 在个别化美工区中开展冬日手工坊:手工制作树枝等活动,在探索与创作过程中,表现冬日色彩与纹理,体验创作的快乐。

4. 亲子制作关于冬天的大图书,如《冬天来了》《温妮的冬天》《冬天的样子》等。

5. 运用各种小乐器、废旧材料来模仿北风呼啸、下雪、结冰的声音。

活动名称: 梅花朵朵开

活动指向:

观察梅花的外形,用吸管吹墨和点画相结合的方法创作梅花。也可以用纸浆画的方法创作梅花。

活动建议:

1. 观察梅花的外形和色彩特征。

2. 用吹画的方式表现梅花的枝干，用手指点画出梅花的花心，再围绕花心点画花瓣。

3. 用麻绳表现梅花枝干，填充纸浆表现花瓣，用筷子或小棒工具将纸浆塑成圆形花瓣。

活动名称： 雪花与雨滴

活动目标：

1. 感受冬天的美好，热爱大自然。

2. 用自己喜欢的方式表达对冬天的热爱。

活动准备： 课件、录音

活动过程：

一、律动导入

1.《雪花飘》引导幼儿随音乐模仿雪花飘舞的动作，感受音乐优美的旋律，引起幼儿活动的兴趣。

冬天到了，雪花飘来了，让我们一起跟着音乐学学雪花优美的舞蹈吧。

2. 发声练声活动：复习歌曲《大雨小雨》，引导幼儿用自然的声音表现大雨小雨的强弱关系。

二、活动展开

1. 完整欣赏歌曲、初步感知歌曲旋律。

欣赏歌曲《雪花和雨滴》。引导幼儿感受音乐的优美旋律和意境，熟悉歌曲内容。

看表演听歌曲。引导幼儿通过欣赏教师的表演唱感受歌曲中雪花和雨滴拟人化的趣味意境。

2. 多形式学唱歌曲、深入感知歌曲内容。

学唱歌曲《雪花和雨滴》。多形式引导幼儿理解歌曲内容，通过表演唱学习有表情地表现歌曲。

（1）播放雪花飘落的视频课件，引导幼儿感受歌曲表达的优美意境。

（2）跟唱。引导幼儿跟着视频演唱，重点通过引导幼儿理解动词雪花“飘”和雨滴“落”，帮助理解歌词，正确区分两段歌词内容。

3. 多种方式表现歌曲，通过表演的形式表达自己对歌曲的理解。

角色演唱。多形式分角色演唱，引导幼儿进一步感受歌曲的情趣，学习有表情地演唱。

(1) 分男女角色演唱。如先由男生扮雪花和雨滴,女生扮演小朋友演唱,后面轮换角色表演。

(2) 师幼合作表演。教师与幼儿分别扮演雪花、雨滴和小朋友进行表演唱。

三、活动结束

结束部分:欢乐小舞台——请部分幼儿上台展示表演。重点引导幼儿学习为歌曲配上优美的动作。

四、活动延伸

延伸到个别化活动中,为歌曲配乐、伴舞。

(浦东新区听潮艺术幼儿园　马丁)

附:表达美活动方案呈现

表达美:《亲亲小兔》(小班)

一、活动背景

小朋友对动物的喜爱是与生俱来的,他们对待动物和人的方式有时甚至是一样的,由此可见,喜欢小动物,是小朋友的天性,特别是小班的小朋友,出现在眼前的任何一种动物都能引起小朋友的关注。在幼儿园的养殖区经常会迎接各种可爱的小动物,小兔子是小朋友非常喜欢的小动物。它外形可爱、性情温顺,非常适合在幼儿园喂养供幼儿观赏和探索。为了激发孩子们用不同的感官去发现小兔的美,萌发幼儿了解兔子、保护兔子的情感,老师带领着孩子们观察兔子的种类与特点等,通过亲身体验、观察,加深幼儿对兔子的认识,通过绘本阅读、艺术创作等表达对兔子的喜爱。

小班幼儿主动关心、帮助别人的意识比较淡薄。因此,让幼儿在和小兔玩耍的过程中,融入了教师和孩子的感情因素,如轻轻抱、喂食等。这种环境的营造,拉近了人与自然的距离,产生一种亲和力,所以不需要刻意地提到该如何保护它们,幼儿潜移默化中已真正转化为自身的行为。在活动中,幼儿对小兔子的关爱已经自然而然地在脑海里扎了根,促使幼儿的情感进一步获得升华,从而使活动一步步向纵深发展。

二、核心经验

1. 喜爱小兔,在看看、说说、装扮过程中了解小兔的主要外形特征,愿意照顾和爱护它们。

2. 萌发对小兔的喜爱之情，愿意和老师一起扮演小兔做游戏。

三、活动路径

活动阶段	活动内容	实 施 要 点
第一阶段 【童眼寻美】	你好，小兔	在一次郊游中，嘟嘟让妈妈买了一只小白兔拿到幼儿园的植物角，引起了孩子们的兴趣。老师和孩子一起讨论小兔子的特点，观察小兔子喜欢吃什么等。 建议生成的活动形式：谈话活动：你好，小兔；寻找身边的小兔等。
第二阶段 【童心赏美】	我见过的小兔 敲门声 逃家小兔	收集平时看到的小兔的照片，说说你眼中的小兔，了解小兔的种类，学会欣赏不同颜色的兔子，在故事中感受小兔的聪慧与机智。 建议生成的活动形式：欣赏活动：我见过的小兔。家园互动：亲子绘本阅读《逃家小兔》。集体活动：敲门声。个别化活动：小兔的故事。
第三阶段 【童慧识美】	可爱的小兔 红眼睛 小兔乖乖	设计并组织活动《可爱的小兔》等，让幼儿能够通过多种感官观察小兔的外形特点，如红眼睛、短尾巴等，从而提升幼儿的认知水平，丰富幼儿的生活经验和情感体验，激发对小兔的喜爱之情。 建议生成的活动形式：集体活动：《可爱的小兔》《红眼睛》《小兔乖乖》等。个别化活动：小兔乖乖、小兔的影子、小兔种萝卜等。
第四阶段 【童趣创美】	小兔乖乖 画小兔 小兔的连衣裙	唱一唱小兔的歌《小兔乖乖》，感受小兔的可爱，在情境中模仿小兔的动作，大胆表现对小兔的喜爱之情。 找找、画画自己眼中的小兔，用多种材料来表现小兔的特征。 在个别化美工区中投放多种材料，为小兔穿新衣，装扮成最美的小兔。 建议生成的活动形式：个别化学习活动："玩一玩——小兔的连衣裙""说一说——小兔乖乖""唱一唱——小兔乖乖"。

◇ 第一阶段：【童眼寻美】

活动名称：你好，小兔

活动指向：

幼儿园植物角出现了新朋友——小兔，吸引了大家的注意，老师带着孩子共同观察小兔的外形，说说小兔除了喜欢吃胡萝卜，还有哪些食物？一起聊聊这只兔子和你想象中有哪些不一样？

活动建议：

1. 通过近距离观察，说说我眼中的小兔，讨论喜欢小兔的理由。

2. 观察前一起猜猜小兔喜欢的食物，为小兔准备不同的食物，通过一周的观察，看看小兔都爱吃什么？

3. 与小兔合影，教师用相机记录下孩子们和小兔在一起的场景。

4. 教师与家长进行沟通，如果家中也有小兔，可以共同观察，来园和幼儿分享，家里的小兔和幼儿园的有什么不一样。

环境支持/家园合作：

请家长与幼儿观察家中小兔的特点，并共同记录。

◇ 第二阶段：【童心赏美】

活动名称：我见过的小兔

活动指向：

引导幼儿讨论自己见过的小兔的样子。说说小兔的眼睛、耳朵、尾巴长在什么地方？小兔的毛是什么颜色的？与家长和伙伴一起分享对小兔的认知。

活动建议：

1. 活动前收集见过的小兔的照片，或者和爸爸妈妈一起网上找一找不同颜色的小兔。

2. 将收集的照片带到幼儿园进行分享，说说自己最喜欢的小兔。

3. 组织幼儿一起交流：我拍到的小兔是什么样的。和别人的小兔有什么不一样。

4. 引导结合照片与绘画作品，感知小兔的特征。

5. 鼓励幼儿与同伴或教师分享自己对小兔特征的发现。

环境支持/家园合作：

与家长进行沟通，帮助幼儿拍摄下小兔的照片，并且和幼儿一起事先讨论好如何介绍自己的小兔。

活动名称：敲门声

活动目标：

1. 初步尝试用听觉感知进行数数。

2. 体验情境游戏的快乐。

活动准备：童易软件《小兔乖乖》、响板、数点卡

活动过程：

一、听听看看

1. 观看动画：兔妈妈要出门了，她和小兔乖乖们有个特别的约定，悄悄地告诉小兔她回来时敲门的次数。听一听兔妈妈约定敲几下门。听一听兔妈妈约定敲几下门。看一看兔妈妈出门后，小兔在家里干了些什么？（翻了几个跟头？跳了几下？）

2. 商议兔妈妈的约定，说一说兔妈妈回来时会敲几下门。

3. 听一听响板模仿的敲门声，判断响板声是不是与兔妈妈约定的敲门次数一样。

4. 观看动画：兔妈妈回来了，按约定的敲门次数敲门，小兔把门打开。

二、游戏“敲门”

1. 按教师出示的数点卡拍手。

2. 共同确定兔妈妈敲门的次数。

3. 两三名幼儿扮作兔妈妈，其他幼儿扮作小兔。教师背对扮小兔的幼儿，向扮兔妈妈的幼儿出示数点卡。“兔妈妈”按点子数演奏响板模仿敲门。

4. 与事先商量的敲门次数相同时，“小兔”立即开门。

5. 请判断正确者轮换扮演兔妈妈。

✧ 第三阶段：【童慧识美】

活动名称：可爱的小兔

活动目标：

1. 在看看、说说、装扮的过程中了解小兔的主要外形特征。

2. 激发幼儿喜欢小兔的情感。

活动准备：

1. 小兔的图片、孩子们带来各种小兔的玩具。

2. 自制小兔拼图。

活动过程：

一、小兔玩具导入活动

1. 你们喜欢小兔吗？（教师出示小兔玩具）

2. 向小兔问好。

二、可爱的小兔

1. 你最喜欢哪一只？最喜欢它身上什么地方呢？

2. 一边讨论一边进行拼图。

小朋友，快帮忙找找我身上少了什么呀？（耳朵：出示三角形的短耳朵，问：这是小兔的耳朵吗？小兔的耳朵是怎么样的？）

3. 扮扮兔宝宝。

● 幼儿装扮，教师帮助

● 引导幼儿去照镜子欣赏一下（巩固对外形特征的了解）

4. 小兔跳跳跳跳

在音乐中模仿小兔跳、小兔吃萝卜等结束活动。

活动名称：红眼睛

活动目标：

1. 了解小白兔“红眼睛”的特征。

2. 感受儿歌的幽默，懂得不能用手揉眼睛。

活动准备：童易软件《红眼睛》

活动过程：

一、兔子的特征

1. 让幼儿说说小白兔的特征。

2. 小白兔的眼睛是什么颜色的？

二、小兔的眼睛

1. 为什么小白兔的眼睛是红色的呀？（让几个幼儿说说看小白兔红眼睛的原因。）

2. 我们的眼睛和小兔的眼睛有什么区别？

三、小兔的故事

1. 让其他小动物出场，让小白兔知道自己和别的伙伴不一样所产生的情绪。

● 猴子尾巴长（小白兔觉得自己尾巴钩不了树）

● 梅花鹿身上有花（小白兔觉得自己身上只有白颜色，不好看）

● 小猪什么都爱吃（小兔觉得自己天天吃萝卜，一点都不好吃）

2. 欣赏故事，了解小兔变成红眼睛的原因。

小结：原来啊，小白兔一直喜欢哭，所以它的黑眼珠变成了红眼珠，就像我们有些小朋友，他也一直喜欢哭，哭了以后就要用小手揉眼睛，手上有细菌的，揉了眼睛以后，就要变成红眼睛了。

3. 说说我们怎么保护自己的眼睛，不变成红眼睛。

附儿歌：红眼睛

小白兔、真爱哭，一不高兴呜呜呜，
它说自己尾巴短，对着爸爸呜呜呜，
它嫌衣服没有花，对着妈妈呜呜呜，
它说萝卜不好吃，打个滚儿呜呜呜，
呜呜呜，呜呜呜，黑眼珠变成红眼珠。

活动名称：小兔乖乖

活动目标：

1. 倾听并理解故事内容，尝试学习故事中的对话。

2. 知道不能让陌生人随便进门的道理。

活动准备：童易课件《小兔乖乖》

活动过程：

一、激发兴趣

1. 你知道蘑菇房里住着谁吗？

2. 哦，原来是小兔子一家。今天，小兔子一家发生了一件事，一起去听听吧？

二、感知故事

1. 兔妈妈要去干什么？

2. 出门前她对三只小兔说了什么话？

3. 你妈妈出门前会对你说些什么？

4. 那兔妈妈为什么会对小兔这么说？

三、讨论故事

1. 妈妈走后，谁来了？

2. 大灰狼有没有把小兔子骗到？

3. 小兔子想了什么办法打败大灰狼？

4. 大灰狼最后怎样了？

四、说说故事

1. 第二遍整体听故事。

兔妈妈出门前对小兔子说了什么？

你会唱《小兔乖乖》的歌吗？我们一起来学学兔妈妈的声音。

那大灰狼又是怎么唱《小兔乖乖》的歌的？我们也来学学。

2. 如果你一个人在家，有人来敲门该怎么办？

小结：如果大人不在家，小朋友独自一个人不能随便给陌生的人开门，保护好自己。

✧ 第四阶段：【童趣创美】

活动名称：画小兔

活动目标：

1. 引导幼儿认识小兔的基本特征，尝试用点画的方式装饰小兔。

2. 喜欢和小兔做朋友，学会爱护小兔。

活动准备：白色水粉颜料、操作材料包等

活动过程：

一、认识小兔

1. 猜谜语。"红眼睛，白皮袄，长耳朵，短尾巴。爱吃萝卜爱吃草，走起路来跳啊跳。这是什么动物？"（小白兔）

2. 小白兔是什么样子的？（引导幼儿说出小白兔的特征）

3. 它喜欢吃什么？（萝卜和青菜）

二、观察小兔

1. 观察外形：你们看，这只小白兔是什么颜色？（粉红色）

2. 观察体验：先用一根手指，蘸上一点白色的颜料，然后在小白兔的身上点一点，有什么变化？（点的地方变白了）

3. 提醒绘画：点画的时候能不能点到小白兔眼睛上去？也不能点到小兔子身体外面去？

4. 丰富创作：点完以后呀，看到下面青草了么？我们把它撕下来，然后一条一条贴在小兔周围。

三、创作小兔

1. 幼儿操作，教师巡回指导

2. 引导幼儿点画颜料的时候尽量不要打翻，也不要涂到其他地方去。

四、夸夸小兔

1. 小兔子白又白，真可爱。你们喜欢哪只小兔？它们在干什么？

2. 夸夸我们的小兔。

活动名称：小兔乖乖

活动目标：

1. 在游戏情境中，感知体验两段不同风格的音乐并用动作表达。

2. 喜欢和老师、同伴一起参加音乐游戏，体验游戏的快乐。

活动准备：音乐、PPT、场景布置

活动过程：

一、律动导入

1. 今天来了那么多客人老师，我们和客人老师问个好，看看有没有认识的老师啊？宝贝们，围到妈妈身边来，让我们一起听一段好听的音乐。

二、感知音乐

1. 欣赏、表达A段音乐。

2. 听听这段音乐，你们想做什么？（播放A）

● 欣赏后提问：宝贝们，听了这段音乐，你们想做什么呀？（蹦蹦跳、吃青草、吃萝卜、跳舞、做游戏……让幼儿做做动作，其他幼儿和老师一起模仿，插入音乐A）

小结：宝宝们真棒，听了这段轻松、快乐的音乐，我们就想去拔萝卜、吃青草、做游戏。

● 完整表现A段音乐，（将幼儿的动作梳理、提升，幼儿跟着教师一起做）那现在就让我们听着音乐一起拔萝卜、吃青草、跳跳舞吧。（播放A）

3. 欣赏B段音乐：你们跳得可真棒，让我们在草地上休息一下吧。（播放B）

这段音乐听上去舒服吗？（舒服），舒服的话就让我们轻轻地休息一会儿吧。（教师用语言、动作暗示幼儿做休息的动作。如睡觉、和妈妈抱抱、躺在草地上，轻轻闭上眼睛摇啊摇，还可以背靠背地看看天空。）

小结：刚才的音乐舒服吗？（舒服）对，听着舒服的音乐就会让我们想休息。

4. 交替对比欣赏：妈妈刚才给你们听了两段音乐，听，（播放A），这段音乐让我们想做什么？

（播放B）咦，这段音乐让我们……

三、音乐游戏：小兔乖乖

1. 宝贝们已经学会听音乐的本领了，妈妈还有一段音乐，听听，谁来了？（教师弹奏）（大灰狼来了）现在我们就一起听着音乐玩个小兔乖乖的游戏吧。我们听到快乐的音乐就做（教师用动作提示：拔萝卜、蹦蹦跳的动

作)，听到舒服的音乐就(教师用动作提示)……听到大灰狼的音乐，我们就要怎样啊？（赶快躲起来）看看，躲在哪里呢？（引导幼儿观察场景：房子、大树后面）

2. 谁来扮演大灰狼呢？我们去请一位美女老师做美女大灰狼，好吗？

● 第一次游戏(教师弹奏钢琴，幼儿游戏)

游戏后提问：我的宝贝，你们刚才躲在哪里呀？

● 第二次游戏

谁也想来做大灰狼？大灰狼什么时候出来呢？

游戏好玩吗？下次我们到教室里再玩吧。

活动名称：小兔的连衣裙

活动目标：

1. 爱听童话故事，尝试用皱纸晕染小兔。

2. 喜欢小兔，乐意装饰小兔。

活动过程：

一、小兔的新连衣裙

1. 讲述故事《小兔的连衣裙》。

提问：小兔会用这块布做什么呢？

2. 小兔用这块布为自己做了一条白色的连衣裙。

二、小兔的花连衣裙

1. 可是小兔总觉得这条连衣裙白白的，不是特别好看，妈妈帮她想了一个办法。(出示贴好皱纸的小兔)

2. 哇，裙子一下子变漂亮了，你知道妈妈是怎么把白色连衣裙变漂亮的吗？(观看视频)

提问：妈妈是怎么做的？

小结：这些皱皱的不光滑的纸就是皱纸，妈妈把皱纸贴在了连衣裙上，裙子就变漂亮了。

3. 小兔心里可高兴了，她想让更多的朋友看到她的连衣裙，她出门去找朋友了，可是天上突然下起了大雨。

(幼儿示范使用喷壶，教师语言引导：雨水落在了小兔的肩膀，雨水落在了小兔的身上)

4. 小兔的裙子被淋湿了，小兔伤心地哭了，你想对小兔说些什么呢？

5. 小兔拍了拍身上的连衣裙，裙子上的皱纸都掉下来了，这时，裙子发生了什么变化呢？

小结：虽然小兔的连衣裙被淋湿了，很不开心，可是皱纸上的颜色都留在了裙子上，裙子也很漂亮，这真是一件有趣的事情。

三、小兔朋友们的连衣裙

1. 小兔觉得，这条裙子真是太棒了！她想做更多的连衣裙送给她的朋友们，你们愿意帮助她吗？

2. 幼儿操作：(1) 给白裙子贴上自己喜欢颜色的皱纸。

(2) 用喷壶或毛笔均匀地弄湿皱纸。

(3) 吹吹干撕下皱纸。

3. 交流分享：你喜欢小兔的连衣裙吗？你喜欢哪一条？

（浦东新区听潮艺术幼儿园　杨楚楚）

第三节　艺术、健康、社会整合课程

艺术、健康、社会领域间整合活动可分为身体美活动和运动美活动。艺术、健康、社会领域间整合有利于培养幼儿对运动的喜爱，促进幼儿懂得保护自己的身体等。艺术、健康、社会领域间整合活动中，考虑艺术、健康教育整合目标以及幼儿发展的特点，幼儿健康教育与艺术教育整合的素材点不是对运动的生硬灌输，而是对身体素质以及运动技能的关注和感受。身体美活动是让幼儿通过艺术元素的辅助、艺术氛围渲染提升幼儿身体素质，以及通过对身体素质的关注和感受提升幼儿的综合审美能力。运动美活动是让幼儿通过艺术元素的辅助、艺术氛围渲染提升幼儿运动技能，以及通过运动技能关注和感受提升幼儿的综合审美能力。

一、内容的选择

在课程内容的选择方面，主要考虑以下几个因素：

- 关注幼儿视角，选择适合幼儿艺健社整合活动内容。内容的选择应从儿童兴趣、幼儿对自己身体的关注，还可以适当地结合社会现象、安全问题、自我保护、同伴交往等。
- 以幼儿年龄特点选择适合幼儿艺健社整合活动内容。内容选择应从幼儿阶段特征和现实需要出发。内容可以根据不同的年龄特点逐步选择从卫生习惯、生活习惯、自身安全、情绪情感培养、社会适应能力等。

（一）小班阶段

1. 挖掘小班幼儿的卫生习惯经验，选择适合幼儿生活卫生教育的内容

考虑小班阶段的幼儿对卫生习惯经验不足和发展需求，需要选择适合小班年龄特点的卫生教育内容。通过艺术与健康的整合，帮助幼儿改善生活规律，培养良好的卫生习惯。

小班幼儿特别会出现挑食、偏食，不喜欢吃水果、蔬菜的现象。教师邀请每位家长在家制作水果色拉给孩子们吃吃看，水果色拉色泽鲜艳、鲜嫩爽口、解腻开胃，有丰富的营养，孩子们把平时不喜欢吃的水果都吃完了。于是，教师从生活延伸到教育教学活动，设计了美术活动《美味的水果色拉》。教师通过回忆在家里吃过的水果色拉为话题引发孩子的兴趣，再以"小厨师"的情境中认识"菜谱"。从健康的角度，引导幼儿知道水果的营养丰富，要样样东西都爱吃，培养良好的饮食习惯。制作"美味的水果色拉"，通过撕纸有"撕条"和"撕块"，揉捏有揉"小圆"和"大圆"，操作制作"美味的水果色拉"，从而真正体现"撕纸""揉捏"技能的价值：锻炼儿童手部肌肉的协调性和灵活性，培养儿童耐心、细致的学习态度及创造能力。

2. 源于小班幼儿身心发展和生活经验，从幼儿的兴趣出发

在选择艺健社整合活动内容时，要从幼儿的兴趣出发，抓住幼儿在一日活动中的闪光点，教师选择内容时，思考幼儿在日常生活中需求，充分考虑到小班幼儿年龄阶段的身心发展规律和生活经验，同时关注幼儿各方面的生活健康，内容的选择全面。基于以上考虑，将《3～6岁儿童学习与发展指南》健康领域中含有身心状况中情绪管理方面的小班年龄段目标梳理如下图：

总 目 标	小 班 年 龄 段 目 标
情绪安定愉快	1. 能保持较稳定的情绪，哭闹频率较低，且持续时间不长 2. 情绪过激时，能在安抚下逐渐缓和

如小班运动美活动《快乐的小跳蛙》中，教师发现班级中的孩子很喜欢模仿小青蛙，时常看到孩子们在小舞台扮演小蝌蚪找妈妈的情境故事，

教师在植物角里也投放了许多的小蝌蚪，引导幼儿一起发现青蛙、讨论青蛙的特征、习性，孩子们对青蛙产生了更大的兴趣。同时鼓励在欢快的音乐中模仿小青蛙的叫声以及跳、蹲的动作，充分感受小青蛙的快乐。之后老师结合了户外运动小班跳跃能力的培养，和幼儿一起在青蛙捉害虫的情境中练习双脚原地跳跃，增强孩子这方面的能力。掌握双脚原地跳跃的动作，发展下肢力量，提高手、眼、脚的协调性。萌发坚持到底、敢于挑战的基本意识。

3. 考虑幼儿自身安全角度，选择涉及小班幼儿安全教育的内容

在选择艺健社整合活动内容时，观察幼儿的行为，发现幼儿在日常活动中的各种危险行为，思考如何引导小班阶段自我保护、保护自己保护他人、碰撞危险大、过马路要走人行道等。

在小班身体美《各种各样的脸》活动中，教师发现幼儿有时候会有揉眼睛、挖鼻子等行为，同时他们对自己的脸部又有很强烈的兴趣。在活动中，教师通过谈话，和幼儿一起讨论：我们的脸上有什么？分别有什么作用？借助有趣的儿歌，帮助幼儿了解自己脸上的五官，以及如何保护自己。同时，还开展了组织生活活动“洗洗脸真干净”，帮助幼儿了解洗脸的正确方法，利用有趣的游戏，引导幼儿在情境中，引导幼儿做一做、洗一洗，尝试学做洗脸的方式，和好朋友一起模仿。

（二）中班阶段

1. 贴近幼儿的生活，选择利于幼儿情绪表达和管理的素材

中班年龄阶段的幼儿相较于小班幼儿，更有自己的想法，因此老师在选择艺健社整合内容的时候可以考虑幼儿在一日生活中个性上的发展，观察幼儿在日常活动中，与同伴、与老师、与他人的相互交往，情绪的表达和管理。基于以上考虑，将《3～6岁儿童学习与发展指南》健康领域中含有身心状况中情绪管理方面的小班年龄段目标梳理如下图：

总　目　标	中　班　年　龄　段　目　标
情绪安定愉快	1. 经常保持愉快、稳定的情绪，能在较短时间内缓解消极情绪 2. 情绪过激时，能在提醒下逐渐缓和

在中班身体美活动《情绪小怪兽》中，教师因为孩子的一个梦，利用《我的情绪小怪兽》绘本对孩子进行情绪健康的引导。围绕一只由红色、黄色、蓝

色、绿色和黑色情绪混合在一起的小怪兽，把抽象的情绪概念，变幻成呆萌可爱的情绪小怪兽，告诉孩子什么是快乐、忧伤、愤怒……教会孩子做最真实的自己。引导幼儿知道每个人都有情绪，感知情绪与颜色、音乐的关系，体验表达情绪的多种方式，同时帮助幼儿逐步掌握一些调节、控制自己情绪的方法。

2. 源于幼儿现实需要、感兴趣的健康事件和问题

兴趣是开展教育活动最大的关键，因此在选择艺健社整合活动内容的时候，需要充分考虑幼儿需求，结合幼儿当下的兴趣点，幼儿日常与同伴交流过程中的热点话题、生活中突发的有教育意义生成的活动主题。

在中班身体美活动《我的早餐》中，教师发现幼儿在早上的来园活动中，对自己的早餐讨论了起来："早上我妈妈给我做了三明治""我吃了炒鸡蛋""我爸爸在睡懒觉，没有给我烧早饭"等等。教师抓住了孩子们的热点话题，开展了一系列的活动：我家的早餐，逛逛早餐店，我喜欢的早餐，早餐喜欢吃什么，早餐店，卖早点，设计早餐菜单，早点展览会。鼓励幼儿参加各种制作活动，通过观察、品尝，分辨早餐食品的色香味，知道各种食物都有营养；同时引导幼儿了解早餐对身体健康的重要性，并乐于保持有规律的饮食习惯，逐渐做到不偏食不挑食，少吃或不吃不利于健康的食品。幼儿对于早餐的探索、发现、尝试与创造，孩子们都乐在其中，意犹未尽。

3. 基于幼儿阶段特点，选择适合幼儿动作发展的活动内容

在选择开展艺健社整合活动内容时，要充分考虑各个幼儿年龄阶段的特点和行为习惯，选择适合幼儿最近发展区的活动内容，帮助幼儿全面发展。将《3～6岁儿童学习与发展指南》健康领域中含有自然、生命元素的中班年龄段目标梳理。

根据中班幼儿的年龄特点，在中班运动美活动《开合开，竹竿舞》中，教师结合种植园旁边，有一排郁郁葱葱的竹子，幼儿每次看到总会驻足相望、欢喜讨论。借此，教师结合中班幼儿动作发展的特点开展了有趣的竹竿舞活动，教师引导幼儿观察、比较与分析，发现开合开竹竿舞的节奏和变化，并用图形、符号、图画等进行记录，在探索竹竿跳的过程中感到愉悦和满足。通过竹竿舞发展幼儿腿部力量，提高下肢的协调性和反应力。帮助幼儿增强节奏感和协同合作的能力，有共同完成任务的团队精神。

（三）大班阶段

1. 基于大班幼儿的认知水平选择适合大班幼儿的心理健康教育内容

大班阶段幼儿相较于小班和中班幼儿又有不同，更加成熟。教师一日活

动中不可忽略幼儿心理健康教育，在选择艺健社整合活动内容时可以选择适合大班幼儿年龄阶段的心理健康内容。基于以上考虑，将《3～6岁儿童学习与发展指南》健康领域中含有身心状况中情绪管理方面的大班年龄段目标梳理如下图：

总　目　标	大　班　年　龄　段　目　标
情绪安定愉快	1. 经常保持愉快、稳定的情绪，能自我缓解消极的情绪 2. 能用适当的方式表达情绪，不随意发脾气

如大班身体美活动《微笑的花朵》中，教师结合健康和社会领域内容，一方面激发幼儿感受向日葵背后传递的温暖与微笑的情感，另一方面帮助孩子们认识向日葵的色彩、外形、特征及作用和象征意义，增强孩子对作品中花朵的方向、颜色及姿态的认识和理解。教师引导幼儿在欣赏《向日葵》的色彩、朝向和开放姿态的同时，不断地挖掘向日葵背后的寓意。黄色的向日葵让人感觉明亮、阳光、温暖，四面八方的朝向让人感受到朝气蓬勃，向日葵的不同姿态给幼儿一种积极向上的精神。向日葵传递温暖与微笑的情感激发，更有助于幼儿后续的创作。

2. 基于大班幼儿对艺术作品的敏感度，选择培养幼儿自我保护的内容

大班的孩子相对于中小班的幼儿来说，规则意识更加加强，动作的灵敏性和协调性相对中小班时提高了许多，但大班年龄阶段也会出现新的问题，例如心理健康、掉牙齿等等。结合各种艺术作品，感染和激发幼儿，帮助幼儿培养幼儿自我保护的意识。

在大班身体美活动《大门牙不见了》中，教师根据大班幼儿掉牙的情况，通过律动《刷牙歌》让幼儿在歌声中体验音乐美，了解歌曲旋律和记忆歌词内容，从而感受换牙过程和坦然面对换牙过程中的点点滴滴。与绘本《换牙》一书相结合，从绘本出发，通过对绘本故事的了解，在结合歌曲的内容，在看看唱唱中使幼儿正确看待换牙过程。在活动中让孩子们了解到掉牙、换牙是一种生长的自然现象，并不可怕，也不用担心和害怕，要用正确的观点来坦然接受。换牙过程运用了图画的展示方法，能使孩子们更直观地感受歌曲有趣欢快的情境，同时感受到歌曲中所表达的掉牙前后所体现出的不同情感表现。

3. 结合幼儿对小学生活的向往，选择可渗透幼小衔接培养任务的活动内容

大班年龄阶段的幼儿很快就要面临上小学了，因此在选择艺健社活

动内容的时候，可以结合幼小衔接的内容，幼儿在这个阶段，对于小学有强烈的好奇心和旺盛的求知欲。对小学的很多东西都是非常有兴趣的。通过幼小衔接，帮助幼儿产生对小学的向往，以及适应之后的小学生活，可以开展如《我要上小学》主题中“整理小书包”等提升幼儿自我服务能力的活动。

二、目标的制定

（一）目标凸显艺健社整合活动领域特征

艺健社整合活动是艺术、健康、社会领域整合的活动，因此艺健社整合活动的目标应该能够凸显艺术、健康、社会三个领域的特征。

比如，中班身体美活动《不上你的当》的目标制定为：

1. 理解歌曲内容，学唱歌曲，并尝试用两种不同情绪演唱。
2. 在表演歌曲的过程中，形成初步的自我保护意识。
3. 在角色扮演的过程中，感受合作的乐趣。

在这三条目标中包含了三个领域的特征。艺术领域：通过生活中随处可见的逛街经验以及有趣的逛街情景，激发幼儿对歌唱活动的兴趣，歌唱既能给儿童的生活带来无穷的乐趣，同时，它还具有重要的教育价值，它能在潜移默化的审美熏陶中陶冶儿童的情操、启迪儿童的心智、完善儿童的品格。健康领域：关注到了当今社会的一些热点话题，让幼儿在演唱歌曲的过程中逐步具备基本的安全知识，学会拒绝陌生人，形成初步的自我保护意识。社会领域：在最后角色体验及扮演的过程中体现了讨论与合作（社会性）。

又如：大班身体美活动《微笑的花朵》目标制定为：

1. 欣赏作品《向日葵》，大胆表现花朵的不同姿态。
2. 感受向日葵的朝气蓬勃，体会微笑给人带来的温暖。
3. 在欣赏交流的环节，大胆介绍自己喜爱的作品并说出理由。

在这三条目标中包含了三个领域的特征。艺术领域：活动通过欣赏凡·高作品《向日葵》，仔细观察互动讨论、大胆表现，感受创作的快乐。成片的向日葵花海，大幅的向日葵海报作品，给予幼儿一种视觉冲击，激发幼儿的艺术感悟。健康领域：通过《向日葵》的色彩、朝向和开放姿态的同时，不断地挖掘向日葵背后的寓意。黄色的向日葵让人感觉明亮、阳光、温暖，四面八方的朝向让人感受到朝气蓬勃，向日葵的不同姿态给我们一种积极向上的精神。向日葵传递温暖与微笑的情感激发，更有助于幼儿后续的创作。社会领域：在欣赏交流的环节，幼儿能大胆介绍自己喜爱的作品并说出理由，如：我喜欢这幅作品，因为他画的花朵是最多的，而且颜色也很漂亮，整幅画让人感觉很饱满。

（二）目标符合幼儿年龄特点

与活动内容的选择相同，身体美活动目标的制定必须能够体现幼儿的年龄特点。让我们来比较一下同样情感体验的内容，在小班、中班、大班阶段是如何体现不同的年龄特点的呢？

如：小班身体美活动《各种各样的脸》目标制定为：

1. 乐于发现各种各样有趣的表情，在看看、比比中感知面部特征的变化。
2. 通过多种多样的形式体验不同表情变化的乐趣。

中班身体美活动《我的情绪小怪兽》目标制定为：

1. 尝试探索各种工具表现情绪小怪兽。
2. 愿意整理自己的情绪，表达自己的各种情绪状态。

大班身体美活动《微笑的花朵》目标制定为：

1. 欣赏作品《向日葵》，大胆表现花朵的不同姿态。
2. 感受向日葵的朝气蓬勃，体会微笑给人带来的温暖。

小班年龄段的目标更多是引导幼儿观察脸部的变化，在看看、比比中感知面部特征的变化，体验不同表情变化的乐趣。中班年龄段的目标更多是适当的表达自己的情绪，正确管理。大班年龄段的目标更多通过艺术作品体验背后的情感。

三、实施策略的运用

（一）符号解析法

符号作为一种信息传递的介质，以直观、简明的形式呈现作品本身的特点，对幼儿来说更是富有含义的表征符号，更有利于幼儿解读与理解作品。多种符号的出现不仅激发了幼儿探索的兴趣，随着年龄的增长，幼儿逐渐学会通过观察和运用各种不同的符号来表达周围的事物和变化。幼儿对符号的解析不仅体现自我探索的过程，更是促进幼儿抽象思维的发展。

活动举例：在中班艺健社整合活动《荷包蛋面》中，教师利用自制课件向幼儿传递制作荷包蛋面的步骤和信息，用一些特定的符号解析制作步骤。如课件中展示了数字符号“1、2、3”让幼儿初步感受到看图示的顺序；用→表示制作的荷包蛋面的先后，用不同的照片表现荷包蛋面中不同材料的制作方法。

通过孩子们对图示符号的自主解读，他们掌握了这些符号传递的信息。通过这样的一个过程激发了孩子们制作荷包蛋面的兴趣，也用这些符号传递给孩子食物的美。

（二）身临其境法

3～6岁儿童的年龄特点决定了他们独有的学习特点，有趣的情境往往能够激发幼儿的学习兴趣，让幼儿能够更积极主动参与活动。因此，教师通常会营造具有一定情绪色彩的、以形象为主体的生动具体的场景，以引起幼儿积极主动的态度体验，从而引导幼儿身临其境地投入活动。

活动举例：在中班艺健社整合活动《羊村运动会》中，教师创设了“羊村运动会”的情境，提供了“吊环、跨栏、体操”这些运动项目的图片、动态视频以及小型运动器械，让幼儿为小羊选择一种参加运动会的运动项目。孩子们通过亲身参与和实践，身临其境地去感受不同运动项目的身体动态，为后续运用美术的手法来大胆表现小羊参与运动项目打下基础。

（三）音乐指令法

“音乐指令法”是指教师利用形象、生动、富有童趣的歌曲、音乐指导孩子的活动。固化了各音乐所指定的规范行为，这既培养了幼儿的音乐感受力，提高了乐感、节奏感，又融洽、平等了师生的关系。教师不再提着嗓子用简单、直接的指令性语言，在活动中给予幼儿指令。将音乐艺术渗透在教育活动的环节中，能让幼儿在轻松愉悦的氛围中进行快乐地学习。

活动举例：在中班艺健社整合活动《躲起来》中，教师邀请孩子们坐在瑜伽垫上倾听两段音乐（快节奏与慢节奏），引导幼儿充分辨别音乐不同之后，鼓励幼儿按照音乐所表示的信号在瑜伽垫上游戏。在幼儿熟悉了音乐和玩法之后，以快慢结合的方式引导幼儿根据音乐节奏的快慢向不同方向移动。这样的音乐指令让整个游戏变得有趣好玩，幼儿的听辨能力、反应能力也得到了提高。

附：身体美活动方案呈现

身体美：《换牙记》（大班）

一、活动背景

最近一段时间，班中孩子换牙齿的情况比较多。孩子们会互相谈论，“你的牙齿怎么不见了，你这样太丑了”，还会跑来跟老师说“我的牙齿昨天掉了，奶奶用一根线把它拔掉了”，还会说“老师，我的牙齿动了”，有的孩子则会一边摇着自己的牙齿，一边跟同伴说“你看我的牙齿，它在动”……孩子们对于换牙的现象、感受及样子都充满着好奇和惊喜，也有的孩子面对换牙会有一些错误的认识，还有的孩子对于换牙会觉得恐惧，会担心、害怕。

换牙是每个孩子都必须经历的过程，到了大班许多幼儿都已经开始换牙，为了帮助幼儿顺利度过换牙期，消除换牙时的恐惧和紧张，我们就要多了解一些牙齿的保健知识。因为孩子对牙齿的相关知识并不了解，刚好在换牙期，所以从孩子的兴趣点出发，我们以孩子们感兴趣的牙齿为切入点展开活动。

二、核心经验

1. 知道掉牙、换牙是个成长的过程，学会保护新长出来的牙齿。

2. 关注自己身体的变化，体会换牙给自己带来的特殊感受。

三、活动路径

活动阶段	活动内容	实　施　要　点
第一阶段 【童眼寻美】	牙齿你好 牙齿的秘密 关于牙齿那些事	教师和孩子们一起讨论关于牙齿的话题：牙齿有几颗，牙齿构造是什么样的，有什么作用…… 和爸爸妈妈一起查阅相关牙齿资料：了解为什么我们会有牙齿，牙齿是什么时候长出来的，牙齿会掉吗…… 通过“牙齿大调查表”来了解自己换了几颗牙，有没有蛀牙、补牙等情况。 建议生成的活动形式：谈话活动、亲子交流、牙齿调查表等方式认识自己的牙齿。环境布置问题墙：我们的牙齿。
第二阶段 【童心赏美】	换牙的感受 我的换牙故事 换牙日记	鼓励孩子乐于和同伴、老师等大方地讲讲自己换牙后感受是什么样的，有什么觉得好和不好的地方，说说自己对换牙的看法。 引导孩子把自己的换牙经历画成一幅画，或是讲述成一个故事，分享给大家，说说自己换牙过程中担心、害怕、奇怪等不同的心情。 通过绘本阅读等不同形式，正确看待自己的换牙，知道换牙是一种成长过程。 建议生成的活动形式：绘画、交流等活动正确看待自己的换牙经历。环境布置问题墙：我换牙了。

（续表）

活动阶段	活动内容	实　施　要　点
第三阶段 【童慧识美】	护牙大作战 我换牙了 大门牙不见了	通过讨论说说：为什么我们会换牙，引导孩子面对掉牙问题，带着问题去思考、学习，了解一些换牙小知识。从换牙、蛀牙等经历中了解我们要保护自己的牙齿。通过家园合作督促幼儿保护牙齿。 集体分享换牙期所带来的成长喜悦和烦恼，知道换牙时要注意的问题。 设计并组织集体教学活动《大门牙不见了》，让幼儿在唱唱、说说等环节中了解换牙是个成长的过程，正确体会换牙给自己带来的特殊感受，能坦然接受换牙。 建议生成的活动形式：谈话活动、亲身实践、家园合作、集体学习活动。
第四阶段 【童趣创美】	换牙后的你我他 大门牙不见了	通过绘画的艺术形式展现换牙后的自己，并与同伴互相交流分享。 在音乐区中唱一唱、跳一跳、奏一奏的表现方式学唱歌曲，感受歌曲的快乐和幽默。 建议生成的活动形式：个别化活动："换牙后的我""大门牙不见了"等。

✧ 第一阶段：【童眼寻美】

活动名称：牙齿你好

活动指向：

和孩子们一起认识牙齿：了解牙齿有几颗，牙齿是构造是什么样的，有什么作用……

活动建议：

1. 指导幼儿互相观察对方的牙齿，了解我们有几颗牙齿，牙齿的形状是什么样的。

2. 通过谈话让孩子了解牙齿的构造：分为牙冠、牙颈和牙根三部分。又分为牙釉质（珐琅质）、牙本质（象牙质）、牙髓（神经腺）等。

3. 引导幼儿说说牙齿对我们有什么用。

活动名称：牙齿的秘密

活动指向：

和爸爸妈妈一起查阅相关资料：了解为什么我们会有牙齿，牙齿是什么时候长出来的，牙齿会掉吗？……

活动建议：

1. 在父母的陪伴下一起了解我们的牙齿是怎么来的？牙齿的生长分几个过程，第一次长出来的牙是乳牙，乳牙会换新牙，那就是恒牙。

2. 通过自己换牙的经历或是他人的换牙经历，了解在某个特定时期我们会换牙，牙齿会掉落一次，并且会生长出新牙。

活动名称：关于牙齿那些事

活动指向：

通过“牙齿大调查”表来了解自己换了几颗牙，有没有蛀牙、补牙等情况。

活动建议：

家园合作，通过调查表的形式让孩子了解到，牙齿会发生换牙、蛀牙、补牙、拔牙等不同的情况。

环境支持/家园合作：

与家长进行沟通，和孩子一起记录下牙齿状况。

✧ 第二阶段：【童心赏美】

活动名称：换牙的感受

活动指向：

鼓励孩子把自己的换牙经历画成一幅画，大方地和同伴、教师等讲讲自己换牙后感受是什么样的，有什么觉得好和不好的地方，说说自己对换牙的看法。

活动建议：

1. 请幼儿将自己的换牙经历和感受绘画出来，和同伴一起看一看、说一说。

2. 引导没换牙的孩子正确看待自己的换牙，并能大方接受自己的换牙过程。

3. 引导幼儿善于发现换牙也有换牙的美和好处。

4. 请幼儿互相评价下对方在换牙的过程中的表现如何。

环境支持/家园合作：

把幼儿画的换牙故事放于语言区中成列，供其他孩子欣赏、阅读。

活动名称：换牙日记

活动指向：

通过书本知识以及大人和同伴的影响，正确看待自己的换牙，知道换牙是一种成长过程。

活动建议：

1. 通过欣赏绘本《我换牙了》《换牙日记》等来了解换牙这一过程，正确看待换牙。

2. 了解换牙后我们应该怎么做。

✧ 第三阶段：【童慧识美】

活动名称：护牙大作战

活动指向：

了解为什么我们会换牙，从换牙、蛀牙等经历中了解我们要保护自己的牙齿，督促幼儿保护新长出来的牙齿。

活动建议：

1. 引导幼儿知道换牙是一种必然现象，是成长的标志，正确面对换牙过程。

2. 引导幼儿注意口腔卫生，养成早晚刷牙、平常吃完东西多漱口的好习惯。

3. 提醒家长给幼儿选择适宜的牙膏和牙刷，教会孩子正确的刷牙方式。

4. 与孩子一起制订“21天刷牙”计划，让幼儿养成自觉爱护牙齿的习惯和懂得牙齿对我们的重要性。

活动名称：大门牙不见了

活动目标：

1. 感受歌曲欢快有趣的情境，初步学唱歌曲《大门牙不见了》。

2. 知道换牙是个成长的过程，体会换牙给自己带来的特殊感受，能坦然接受换牙。

活动准备：

PPT课件、大刷子13把、与歌曲歌词相关的图片三套。

活动过程：

一、律动导入，激发兴趣（意图：律动入场激发幼儿参与活动兴趣）

导入：孩子们，跟着老师一起来刷牙吧！

二、欣赏感受，初步学唱（意图：感受歌曲旋律理解歌词初步学唱）

1. 回忆前半段歌词

提问：这是谁呀？他怎么了？

小结：原来冬冬的大门牙掉了，它不见了！

提问：你们还记得冬冬的大门牙去哪了吗？

小结：原来他的大门牙在房顶发呆，在床头打架，还在环游世界。

2. 学唱歌曲前半段

过渡：今天我们要把这个故事改编成一首歌。听仔细哦，它是怎么唱的？

第一遍听，第二遍将歌词与旋律结合唱，第三遍唱歌方面要求提醒唱……

3. 分享掉牙的感觉

出示冬冬捂住嘴巴的PPT图片：

提问：孩子们，你们觉得冬冬大门牙不见了之后感觉怎么样呀？

小结：原来冬冬担心自己的牙齿掉了会变难看，他不爱笑，也不爱拍照了。

提问：你们有没有掉牙齿的？你掉了牙齿感觉怎么样？这种担心有必要吗？为什么？

小结：掉牙齿是说明我们长大了，不用担心和害怕。

4. 学唱歌曲后半段

过渡：看，老师今天请来了一位牙医姐姐，她也觉得没必要担心，她还要来夸夸冬冬呢。

第一遍听：牙医姐姐夸了冬冬什么？她是怎么夸的？（若听不出再听一遍）

第一遍唱：根据幼儿唱的提出、改善问题。

第二遍唱：从解决难点、歌唱技能方面引导唱……

5. 完整学唱歌曲

过渡：这真是一首欢快有趣的歌曲，我们一起来完整地欣赏一下吧。

集体唱2遍。

三、大胆表现，情感深化（意图：通过分组学习表现，进一步巩固学习歌曲）

1. 过渡：原来换牙并不是一件坏事，而是一件好事，也可以是一件快乐的事情！它告诉我们在慢慢长大，冬冬再也不担心他的大门牙不见了，我们大班孩子现在也在换牙了，你们也不要担心哦！

2. 幼儿分2组进行排练、表演。

3. 哇，你们真棒，我们回教室一起去表演给其他伙伴看吧！

活动名称：我换牙了

活动目标：

1. 了解换牙的过程，知道换牙时要注意的问题。

2. 体会换牙给自己带来的特殊感受，并与大家分享换牙期所带来的成长喜悦和烦恼。

活动准备：镜子，各种饼干，纸，笔，牙刷，牙膏，杯子

活动过程：

一、了解牙齿的形状

1. 猜谜语引入主题："健康卫士穿白衣，上下两排真整齐。中午饭菜它磨碎，早晚用刷把澡洗。"

2. 用小镜子照口腔，观察自己牙齿的形状，把它画下来。

3. 展示牙齿形状，结合交流，认识门牙、尖牙、磨牙。

4. 请幼儿品尝饼干，提问：你们是用什么牙咬的？用什么牙磨碎的？（感知不同形状和不同位置的牙齿，有不同的作用）

5. 牙齿除了吃东西，还有什么作用？

小结：牙齿的形状是大大小小，有粗的、有细的，排列得很整齐，不同形状的牙齿有不同的作用，牙齿除了能帮助我们咀嚼食物，还能帮助我们正确地发音，说话清楚。

二、交流换牙的感受

1. 对比观察：

（1）请换牙的和没换牙的幼儿张嘴，看看他们的牙齿有什么不一样，引出"换牙"的概念。

（2）请换牙或牙齿松动的幼儿说一说换牙的感受。

2. 讨论：为什么要换牙？换牙时该怎么办？

小结：小朋友最初换牙时总感到害怕担心。其实，换牙是我们每个人都要经历的过程。换牙的特殊经历，让你们真的长大了！

三、认识恒牙和乳牙

幼儿听故事《乳牙和恒牙的话》，通过故事了解乳牙和恒牙，了解换牙时的正确行为。

四、探究：刷牙

1. 小实验：教师先请幼儿品尝饼干，然后请幼儿拿出镜子照照：你发现了什么？

2. 我们只吃了一小块饼干，牙齿上就留下了这么多残渣。如果不及时清理，这些残渣对牙齿有什么影响呢？

3. 请幼儿探讨正确的刷牙方法。教师请一名幼儿示范讲述正确的刷牙

过程：用水杯接一杯水，先在牙刷上挤点牙膏，再喝一口清水漱口，然后开始刷牙，将牙膏泡沫吐出来，最后用水将嘴漱干净。

4. 带领幼儿到盥洗室亲历一次刷牙，教师注意指导方法不正确的幼儿。

小结：换牙时期是非常重要的，希望小朋友记住正确的刷牙方法，还希望你们每次刷牙后都用小镜子检查检查，让镜子成为你护牙的小帮手。

五、活动延伸

争做护牙小明星：请幼儿或爸爸妈妈按表记录幼儿每天刷牙的情况，每做到一次就得一颗星。看看谁得的星最多，谁就会拥有一口健康、漂亮的牙齿，成为健牙小明星。

◇ 第四阶段：【童趣创美】

活动名称：换牙后的你我他

活动指向：

通过绘画、唱歌等不同的表达方式展现换牙后的自己。

活动建议：

1. 引导孩子将自己换牙后的样子绘画出来，正确看待自己换牙后的样子。

2. 鼓励孩子换牙后能大胆、主动、乐意、大方地在各种活动中表现自己，勇于展示自己换牙后的一面。

环境支持/家园合作：

把幼儿画的换牙后的自己展示在教室内，让幼儿自由欣赏换牙后依旧美丽的自己。

活动名称：大门牙不见了

活动指向：

通过唱一唱、跳一跳、奏一奏的方式自主表现歌曲的快乐和幽默，进一步感受换牙过程的乐趣。

活动建议：

1. 在音乐区中，提供音响、乐谱、小乐器等材料，鼓励幼儿在集体面前大胆自主表演、演唱、演奏。

2. 鼓励幼儿和家长合作表演或在家长面前大胆地表达表现，进一步感受表现的快乐和换牙过程的乐趣。

（浦东新区听潮艺术幼儿园　张韶音）

附：运动美活动方案呈现

运动美：《快乐的不倒翁》（中班）

一、活动背景

不倒翁是孩子们非常喜欢的一种小玩具。自由活动的时候，有几个孩子拿出了自己带来的不倒翁，大家都感到很好奇，孩子们在玩的时候，发现为什么这个娃娃形状像人，一经触动就会摇摆，然后恢复直立的状态，怎么推它都不会倒下呢？孩子们兴趣盎然，个别幼儿甚至用自己身体模仿不倒翁摇来摇去，觉得非常有趣，但发现很难控制住自己身体不倒。对于中班的孩子们来说，他们乐于探索与发现，乐于交流和表达，孩子们通过动手操作、体验、发现，探索不倒翁的秘密，我们一起来看看孩子们的智慧发现吧……

二、核心经验

1. 通过观察、比较与分析，感知不倒翁内、外部特征，发现不倒翁上轻下重的秘密，在探索不倒翁的运动游戏过程中发现体验乐趣。

2. 乐于收集各种不倒翁，能充分发挥想象力，用各种材料装扮不倒翁。

3. 充分调动多种感官，初步了解不倒翁的原理，并掌握制作不倒翁的方法，感受不倒翁不倒的神奇。

三、活动路径

活动阶段	活动内容	实施要点
第一阶段 【童眼寻美】	我知道的不倒翁 不倒翁真好玩	孩子之间分享交流各自带来的不倒翁，了解孩子们认识的不倒翁。 教师和孩子们一起谈话讨论：你们知道不倒翁的玩法吗？引导幼儿通过观察、操作，感知不倒翁不倒特性。 建议生成的活动形式：谈话活动、寻找不倒翁不倒的秘密等。
第二阶段 【童心赏美】	不倒翁真美丽 不倒翁秀一秀	幼儿和爸爸妈妈一起找一找，收集各种不倒翁；看一看，发现美丽的不倒翁，观察不倒翁的美。 带着不倒翁走秀，展示不倒翁的美。 建议生成的活动形式：家园互动：亲子运动会。话题讨论墙：不倒翁不倒的秘密。

（续表）

活动阶段	活动内容	实施要点
第三阶段 【童慧识美】	不倒翁 快乐的不倒翁 有趣的不倒翁	设计并组织集体教学活动《不倒翁》《快乐的不倒翁》等让幼儿探索不倒翁不倒的秘密，培养运动能力。 建议生成的活动形式：集体活动：科学活动《有趣的不倒翁》。个别化活动：不倒翁写生、探秘不倒翁、可爱的不倒翁等。
第四阶段 【童趣创美】	不倒翁大不同 企鹅不倒翁 我来变不倒翁 不倒产品知多少	带领幼儿到不倒翁秀场进行各种不倒翁绘画，各种形式表现不倒翁的不同（蜡笔画、水粉画、水墨画、泥工画等），并在个别化音乐区中开展不倒翁秀场游戏。 在个别化科探区中开展鸡蛋不倒翁的制作。 建议生成的活动形式：集体活动："画一画——我眼中的不倒翁。"个别化活动："唱一唱、跳一跳——不倒翁歌曲。"探索活动：不倒翁变变变。亲子活动：不倒翁，幼儿和爸爸妈妈一起学学不倒翁，感受不倒翁不倒的乐趣、寻找生活中运用不倒原理制作的各类产品，感受由此带来的生活便利，亲子制作：企鹅不倒翁。

✧ 第一阶段：【童眼寻美】

活动名称：我知道的不倒翁

活动指向：

和同伴一起说说知道的不倒翁。

活动建议：

1. 自由活动时交流分享各自带来的不倒翁玩具。

2. 在校园中教师带领幼儿进行谈话活动，引导幼儿知道不倒翁的特征和美。

活动名称：不倒翁真好玩

活动指向：幼儿和家人一起查查百科全书，寻找不倒翁是什么？它为什么不会倒？找找问题的答案。

活动建议：

1. 制定不倒翁种类调查表，如：不倒翁为什么不倒？不倒翁的不同玩法等。

2. 教师和家长进行家园沟通，带领幼儿一起去寻找不倒翁。

3. 通过收集各种各样的不倒翁，了解不倒翁的玩法有很多。

环境支持/家园合作：

与家长进行沟通，记录下幼儿发现不倒翁不倒的秘密。

✧ 第二阶段：【童心赏美】

活动名称：不倒翁真美丽

活动指向：

幼儿和爸爸妈妈一起找一找、看一看，发现不倒翁的美丽，收集各种不倒翁。

活动建议：

1. 幼儿自由地在幼儿园里欣赏不倒翁，和同伴看一看、说一说。
2. 指导幼儿尝试用流畅的语言，讲述自己的发现，描述不倒翁的特征。
3. 请幼儿讨论各种不倒翁的外形、色彩以及自己最喜欢的不倒翁。

环境支持/家园合作：

与家长进行沟通，收集各种不同的不倒翁和照片。

活动名称：不倒翁秀一秀

活动指向：

提供不倒翁秀场，将收集的各种类型的不倒翁和照片进行展示，让幼儿欣赏各种不倒翁，感受不倒翁的造型美。

活动建议：

1. 设置不倒翁秀场，感受欣赏不倒翁的美。
2. 幼儿听着音乐，带着不倒翁走秀，展示不倒翁的美。

环境支持/家园合作：

幼儿跟随不倒翁的音乐，和自己喜欢的不倒翁走秀。

✧ 第三阶段：【童慧识美】

活动名称：不倒翁

活动目标：

1. 幼儿在玩玩、试试的过程中初步探索不倒翁不倒和不倒翁底部形状、重心的关系。

2. 在音乐中感受不倒翁现象的有趣，体验自制不倒翁的快乐。

活动准备：

1. 课件、不倒翁若干

2. 球形蛋糕杯、积木、石头、太空泥、毛绒球

活动过程：

一、音乐导入，激发兴趣（设计意图：音乐游戏充分调动幼儿的活动兴趣）

提问：谁来了？（音乐不倒翁）

提问：不倒翁来了，你们怎么知道的？（推你倒下你又站起来）

提问：不倒翁不倒，可能跟什么有关系？

小结：不倒翁站得很稳，很勇敢。

二、不倒翁不倒（设计意图：通过猜测、实验、记录等一系列科学形式完成科学探究活动）

1. 过渡：想不想也来试一试，做一个属于自己的不倒翁。

2. 猜测一：底部形状（四种形状积木实验）

提问：这里有四种不同形状的积木，都适合做不倒翁？

过渡：有不一样的想法，我们都去试一试。

提问：哪种形状适合做不倒翁？

小结：圆圆的形状适合做不倒翁，底部就需要圆圆的、光滑的。

3. 猜测二：重心（圆形蛋糕实验）

提问：可这个不倒翁还是会倒，怎么才能让不倒翁不倒呢？有什么好办法吗？（操作）

提问：你们在里面装了什么？都成功了吗？为什么在里面装了材料后，有的小朋友制作的不倒翁还是一推就倒？

提问：重物可能是什么东西？重物可能放在外面还是里面？上面还是底部？重物有什么作用？

小结：重物放在不倒翁的中间可以保持稳定。

4. 猜测三：重物（固定重物）

提问：为什么同样都有重物，有的成功了？有的不成功？

小结：重物移动会失败，要想让不倒翁“不倒”，把重物固定在底部中间，重心就稳了，不倒翁也就做成了。

小结：不倒翁上轻下重，底部是圆圆的有固定的重物，推它的时候，它虽然摇摇晃晃，但还是会稳稳地站在那里，一动不动。

三、音乐游戏（设计意图：跟随音乐玩不倒翁的游戏，感受实验成功的喜悦）

过渡：这么可爱、勇敢的不倒翁，推你倒下你又站起来，我们遇到困难和

挫折的时候可以怎么做啊?

小结:遇到困难和挫折和不倒翁一样,不要怕,跌倒了马上爬起来,笑眯眯地面对困难。

过渡:勇敢、自信的小朋友们,不倒翁邀请你们一起唱起歌跳起舞来。

四、活动延伸(设计意图:感受新科技产品给生活带来的影响)

提问:生活中还有哪些利用不倒翁原理发明创造的产品?我们可以回家再找一找。

活动名称: 快乐的不倒翁

活动目标:

1. 掌握团身滚动动作,发展腰、腹及颈部力量,身体控制和团身背部滚动。

2. 培养在活动中的自我保护意识及敢于尝试挑战性活动的勇气和本领。

活动准备: 体操垫20张、音箱1个

活动过程:

一、活动导入(热身运动)

伴随着欢快的音乐,在教师的带领下进行直体侧滚翻,看看谁滚得最标准。2人组,手拉手进行侧滚翻练习,看看哪一组做得最标准。

提问:小朋友们能像不倒翁一样,倒下去又坐回来吗?让我们来试试吧。

二、动起来(初步了解"形底座"是不倒翁不会倒的基本原理之一)

1. 老师指导小朋友进行团身背部滚动活动,并讨论不倒翁为什么不会倒?

2. 在老师的引导下,小朋友坐在垫子上,双手抱膝,下巴贴近膝盖,保持团身姿态。

3. 指导小朋友团身坐地向后倒,经腰、背部触地,然后通过腿部发力坐回。

4. 熟练后,鼓励小朋友大胆向后倒,经腰、背、肩部触地,臀部尽量高高抬起,然后通过腿部发力坐回。比一比谁做得最轻松。

5. 放松活动"数字舞蹈"。小朋友手拉手,围成一圈,和老师一起唱:"跳,四、五、六,跳。小手举起、中间靠拢;小手放下、向外拉开。"

三、伴随音乐进行重复多次的放松。

健康小贴士

1. 在做身体旋转类的运动时,头部有眩晕的感觉很正常,稍做调整即可消除。但如果眩晕感非常严重,应立即停止动作进行休息。

2. 尝试进行后滚翻,看看能否成功。

活动名称：有趣的不倒翁

活动目标：

1. 积极探索不倒翁，发现不倒翁不倒的秘密。

2. 愿意参与活动，大胆尝试，敢于在集体面前表达自己探索的过程和结果。

活动准备：喜蛋壳若干，橡皮泥，图片

活动过程：

一、谜语导入不倒翁

圆圆的身体左右摇，你推它我推它，推来推去它不倒。谜语导入不倒翁。圆圆的身体左右摇，你推它我推它，推来推去它不倒。

提问：它有什么本领吗？我们来试试看，停下来它是直直的。今天我们要来做的就是不倒翁。（出示图片）它有什么本领吗？我们来试试看，停下来它是直直的。今天我们要来做的就是不倒翁。（出示图片）

提问：为什么叫它不倒翁？它为什么不会倒下呢？

二、大胆猜测

打开不倒翁底部，发现里面的秘密。（底部圆圆的，滑滑的，而且装有物体）

三、制作不倒翁

想不想来做个不倒翁。

请你来做个发明家，去做个不倒翁。

四、展示幼儿制作的不倒翁

引导幼儿发现成功不倒翁需要橡皮泥足够多，太少了，底部太轻，就会立不起来。

◈ 第四阶段：【童趣创美】

活动名称：不倒翁大不同

活动指向：幼儿到不倒翁秀场进行不倒翁绘画，各种形式表现不倒翁的不同。

活动建议：

1. 可爱的不倒翁：各种绘画形式画一画不倒翁。（蜡笔画、水墨画等）

2. 不倒翁写生：带领幼儿到不倒翁秀场写生。

3. 在个别化美工区中装饰不倒翁。

4. 在个别化音乐区中开展不倒翁游戏。

活动名称：企鹅不倒翁

活动指向：用鸡蛋、笔、蜡烛、大米、卡纸、纸筒、剪刀、热水、彩色油性笔、强力胶水开始探索不倒翁的秘密。

活动建议：

1. 在鸡蛋尖的那头，用笔戳个口子倒掉鸡蛋的蛋黄和蛋清，放在热水里洗干净，接着，将蜡烛剪成碎块，小朋友使用剪刀要注意安全。

2. 将蜡烛碎块和大米准备好，按顺序将它们倒进鸡蛋里。

3. 先舀3勺蜡烛碎块，再舀2勺大米，让蜡烛在底部，充分接触热水。

4. 把鸡蛋放到非常烫的开水里融化蜡烛碎块，最好用手托着鸡蛋。

5. 假如家里没有蜡烛，可以倒一些胶水固定住大米。

6. 等到蜡烛凝固后，可以把蛋壳装饰一番。

7. 用纸筒在卡纸上画圆，然后剪下来，做一顶小帽子。

8. 用帽子挡住窟窿，一个可爱的企鹅不倒翁完成。

活动名称：我来变不倒翁

活动指向：

和爸爸妈妈参与运动，感受不倒翁的运动美。

活动建议：

1. 帮助幼儿认识各种平衡的事物，发现平衡的运动美。

2. 请幼儿说说平衡是什么样的。

3. 幼儿用自己的方式模仿不倒翁。

4. 和家人一起做一做、比一比团身滚动的动作，看看谁做得轻松。

5. 初次学习团身向后滚时，要及时保护好小朋友的头颈部。

6. 随时提醒小朋友，团身向后滚时，注意控制身体的相关部位，头部一定要缓冲落地或不触地，双腿主动用力蹬。

环境支持/家园合作：

与家长进行沟通，学学不倒翁，感受亲子运动的乐趣。

活动名称：不倒产品知多少

活动指向：幼儿和家人一起寻找生活中运用不倒翁不倒的原理制作的产品。

活动建议：

1. 教师和家长进行家园沟通，带领幼儿一起寻找生活中不倒的物品有哪些，并将寻找到的结果通过图片、实物带到幼儿园和同伴一起分享。

2. 通过收集各类依据不倒翁原理制作的生活物品，了解对人们生活的便利。

环境支持/家园合作：与家长进行沟通，记录下幼儿发现的运用不倒翁不倒原理制作的人们生活中的各类产品，如不倒牙刷、不倒椅子等。

（浦东新区听潮艺术幼儿园　顾敏智）

第四节　全领域整合活动

从政策层面上看，国家颁布的规程、纲要、指南等（如《深化新时代教育评价改革总体方案》《国务院关于当前发展学前教育的若干意见》）均指出："以游戏为基本活动"，"游戏是对幼儿进行全面发展教育的重要形式"。在中国学前教育研究会首届圆桌会议中，福建师范大学丁海东教授也指出："贯彻科学保教的立场，追求学前教育的课程化之路，游戏怎样融入课程，课程又怎样接纳游戏，这就是二者的融合。"可见游戏、游戏课程化的重要性，而现阶段是我们探索和实践高阶全领域整合活动的尝试阶段，因此在本章中仅仅呈现了我们在探索初期的两个案例。在下一阶段我们将继续探索，我们将充分实践以游戏为基本活动的课程实施，真正践行以游戏为基本活动的课程实践，让游戏更"课程"，让课程更靠近游戏。将游戏课程化正是我园课程所追求的方向。

一、角色游戏案例：中班角色游戏《红红火火的火锅店》

（一）游戏背景

幼儿的大部分时间都在游戏，即使在学习、生活等其他板块也都是以游戏的形式来进行的。所以，游戏的开展是促进幼儿身心发展的一个重要途径。经过一个多学期的角色游戏活动，我们班幼儿的角色游戏有了不错的发展。刚刚进入中班的幼儿，在游戏中选择主题，找到该主题可玩的、可使用的材料，以及延伸出一系列的情节，是一个比较长时间的过程。

天气慢慢转凉，孩子们跟着爸爸妈妈外出吃火锅。到学校内，孩子们纷纷讨论起自己吃火锅时的场景，和同伴们激动地讨论着自己最爱吃的菜：有的爱吃软软可口的午餐肉，有的爱吃脆脆魔芋丝，等等。正说得起劲，孩子们一拍即合决定在我们的角色游戏中也开一家火锅店。基于我们班幼儿的生活经验以及兴趣点，随着他们兴趣点的升温。我们的火锅店也热热闹闹地开起来了。

（二）游戏实录

镜头一：火锅店开张了

角色游戏时间到了，灏灏和朱亭承在自由活动时就已经在商量准备开一家火锅店，这不，他们按捺不住自己激动的心冲到娃娃家中，说："我们今天就开一家火锅店吧！"啦啦听到了，对茉莉说："我们去吃火锅吧！"来到火锅店，看到店里什么也没有，灏灏对他们说："我们的火锅店还没有开张，今天你们还不能进来吃哦。""是的，我们的店还没开张，你们改天再来。"朱亭承附和道。

啦啦和茉莉有些失望地离开了。

啦啦他们离开后，朱亭承说："我们去材料超市找点材料开火锅店。"于是他们来到材料超市寻找自己所要的材料，我发现孩子们在材料超市找了很久，我走到他们身边说："你们在找什么呀？"灏灏说："我们在找火锅店的材料。我们不知道用什么做火锅炉。""我觉得你们可以用这个盘子来试试做火锅炉。""对哦！盘子也是圆圆的，和火锅炉一样的形状。""你们还可以用杯子做火锅炉的底部。"于是孩子们兴高采烈地拿着盘子和杯子去搭火锅炉了。

"那吃火锅除了火锅炉，还需要做些什么呀？"我又继续提问道。"我和爸爸妈妈去吃火锅的时候，还有调料，需要自己去取的。""哦，我知道的，我也做过这件事。""那我们拿些杯子假装当调料盒好了吧。""好的，就这样做。"孩子们兴高采烈地为火锅店的开张做准备，而我看着孩子们忙碌的背影不禁出了神。

思考与调整：

火锅店的开张是伴随着孩子们已有经验开展。由于作为教师的我对于吃火锅有着丰富的经验，因此，我贸然介入指导游戏，从搭火锅炉到创设游戏，都控制孩子们对于游戏材料的使用。这一次失败的介入给了我很多思考，于是游戏结束后，我仔细对照完游戏书上教师介入幼儿游戏的实际判断后，不禁细细思考，如果我没有过早地介入孩子们的游戏，他们对于火锅店的开展是否会有更加好的想法呢？这样的一个想法在之后的游戏进程中，我找到了答案。

镜头二：火锅倒了

游戏时间一到，朱亭承和杨灏林迫不及待地去到材料超市，拿取他们需要的开火锅店的材料。他们按照昨天的设想，拿到了需要的材料，摆放好了火锅桌、调料桌和食材桌。制订好菜单，等待客人的到来。

看见丁卿艺来到店里，杨灏林拿着菜单走过来招呼起这些小客人来，小客人们选择好调料后，坐下来准备享受美食了。

突然，传来了一阵吵闹声。“你看，锅子都倒了，还怎么吃？”原来倒入一些食材时火锅炉子还能够稳稳地站在桌子上，可是一旦倒得多一点，火锅炉子就不断地倾倒，难以平稳。丁卿艺急坏了，不停地重复：“这个总是倒下。”着急时还用手拿着火锅炉。小袄惊叫道：“火锅是很烫的，你的手不要碰呀！”“可是这个不稳怎么办呀？”

火锅炉还是不停地往下倒，丁卿艺着急了，急急忙忙叫服务员：“服务员，这个盘子一点都不牢。”这时候杨灏林来了，看到火锅炉掉了，服务员杨灏林也是用同样的方式来重新将火锅炉拼搭起来，但是因为炉子内的东西太重了，重复了几次一直都是如此，但是他并没有放弃。“奇怪，怎么会一直不牢固呢？”他自言自语道。观察到他的问题一直都解决不了。我装扮成服务员的样子来到火锅店说：“老板，我来上班了。”这时候我走到灏灏身边说：“哎呀，这个火锅炉怎么倒了？”说着我便帮助他们摆起了火锅炉，我按照他们的方式摆了几次，也都失败。于是我自言自语道：“总是失败，炉子里的东西太重了，是不是要拿东西把重的那边也撑住呀。”灏灏听到，再次尝试起来，就在火锅炉快摔下时，他将手扶住盘子，盘子稳稳地站住了，这时候他对朱亭承说：“再拿个杯子来。”于是他将杯子固定在了另外一边，这时，我们的火锅炉稳稳地站好了。于是，我退出了游戏。孩子们这次愉快地吃起了火锅。

思考与调整：

在第一次失败的介入后，我认认真真思考站稳10分钟这一点。幼儿在开展游戏的过程中，我观察到孩子们对于各自的角色有了一定的认识，明确各自角色的任务。在面对火锅炉的倒下修复不好时，情节难以深入时，教师有必要介入，因此，我通过服务员的身份介入游戏中，用语言暗示，虽然只是教师的自言自语，但是帮助幼儿成功解决了他们的问题，得以推动游戏情节的开展。

镜头三：食材用光了

游戏时间到。因为火锅店得到了孩子们的认可和好评，有些小客人再次光顾了火锅店。源源拉着骁骁边走边说：“走，我们一起去火锅店吧。我很喜欢吃他们家不辣的那个火锅。”“我也是。”走进火锅店，只见丁卿艺忙着招呼着其他桌的客人，还没来得及看到他们。源源他们随便找了张桌子坐下来。

等了一会儿还是没有人来招呼他们，骁骁说："我们要点菜，服务员！""来了，来了。你们要吃什么？"等到点好菜后，源源和骁骁各自去取了自己爱喝的果汁，拿了自己爱吃的火锅调料，回到位置上等着上菜。卿卿将客人点的菜夹了起来，并告诉大厨客人要吃什么。

可是，过了好一会儿大厨都没有上菜，灏灏跟卿卿说："食材没有了，都被第一桌的客人点完了。""那怎么办？我去买一点？""买不到了吧，超市里面的食材都没有了。"看着孩子们的游戏推进不下去。我走过去说："那你可以尝试自己做一些菜呀。""可是，我们没有材料。""教室里面的材料都可以使用，像美工区有很多的材料，比如纸、彩泥等等，都可以作为你食材的道具。"卿卿说："我们用彩泥吧！"于是我将彩泥投放到火锅店，可是大厨看着这些彩泥发愁了："我该怎么做呢？好难哦！""你的客人都点了什么菜呀？""他们要吃玉米和牛肉。""玉米和牛肉都是什么颜色和形状的呀？""哦！那我可以选择黄色的彩泥做玉米，红色的做牛肉。""是的，开动你的小脑筋，你是一个聪明的大厨。"大厨在厨房认认真真地做好了菜，告诉卿卿："可以上菜啦！"

思考和调整：

今天孩子们的问题在于食材的缺失以及如何运用材料来制作客人所要吃的食物。在发现孩子们的游戏难以推进下去后，我介入孩子的游戏，建议幼儿通过制作的方式来为客人提供食物，并且扩大材料的空间，从材料超市到美工区，幼儿通过选择合适的材料——彩泥，有效推动火锅店情节的发展，丰富大厨这个角色游戏的情节。

镜头四：火锅店的新菜单

游戏还在继续，自主游戏时间到了。火锅店的员工们各就各位来到自己的岗位上。尾随而来的是好多的客人，今天的火锅店忙坏了。

只听见火锅店中此起彼伏的声音："我们要点单。""我们也要点单。"卿卿招呼道："等等，我等会儿过来，你们先扫码看一下菜单。"卿卿急急忙忙点好一桌，告诉大厨这一桌要吃的菜，随后马上到第二桌再去点他们的菜。可是过了很久大厨都没有上菜。妮可生气了："你们这里怎么这么慢，我点的菜到现在都没有上来！"卿卿走过去问："怎么了，客人？""我再也不想来你这家店了，我点了这么久的菜，到现在都没有上！"源源生气地说："我要投诉！"我将孩子们的这个片段用手机记录下来。

在分享交流时，我将这段视频分享给孩子们，我问孩子们："火锅店今天发生了什么事情？"孩子们七嘴八舌地讨论起来。于是，我请火锅店的孩子们来分享交流他们在游戏中遇到的困难。杨灏林向大家说出自己的困难："我们今天的火锅店有很多的客人，可是丁卿艺她一下子把菜都报给我，我都记不住。""那你们有什么好建议送给他们吗？"

"我去过的火锅店是可以扫码点餐，桌子上有编号的。这样服务员就不会上错菜。""点餐时服务员应该拿纸记下来，不然大厨怎么知道你点了什么菜？""可是，菜单放在桌上很乱的。"丁卿艺说。"你可以把纸贴起来绑在绳子上。"

孩子们热烈地讨论后，我按照孩子们说的那样，找来麻绳和一些夹子，孩子们用透明胶将绳子粘在柜子上，固定住两边，并且服务员丁卿艺用笔写下了1、2、3、4来作为桌子的桌号。我们的火锅店还在继续……

思考与调整：

今天的火锅店忙得不可开交，我将火锅店发生的事情用视频的方式记录下来，并且抓住契机在讲评环节着重分享这一块的内容。通过再现局部游戏的情景，让每个孩子都参与到分享和交流的过程，来帮助火锅店解决问题，也让夹取菜单的方式以及记录桌牌的方式在孩子们之间得到推广，丰富孩子们各个游戏的情节。

（三）游戏价值

1. 社会领域

每个幼儿都是独立的个体，都有自己的特点，每个人的生活经验和能力都是不同的。因此，在幼儿开展火锅店的过程中，增加了孩子们对于火锅店中角色的认知，了解了各个角色的工作和社会职责，比如：了解火锅店中的大厨主要负责菜品的制作；服务员需要给客人点单、服务客人，客人下单之后要给大厨报菜名等等。因此，在角色游戏中，通过模仿、学习可以扩充幼儿的知识以及生活经验，从而提高自己的认知水平。

其次，角色游戏有利于促进幼儿的社会交往能力。幼儿的角色之间会涉及人与人之间的交往，在交往的过程中幼儿会掌握一些基本的交往技能和技巧，同时也会提升幼儿解决问题的能力。比如：在火锅店刚刚开出来时，孩子们面对火锅炉倒下的问题，通过互相交流以及帮助，孩子们最后成功解决了火锅炉的问题，想出了其他可替代的方式。因此，幼儿在角色游戏的情境中，通过游戏的开展不断巩固自己已有的社会交往能力以及社会经验。

最后，角色游戏还可以使得幼儿了解社会规则，遵守社会规则。幼儿在开展火锅店的过程中，遇到火锅店的生意很好时，火锅店的服务员在店门外置放一些椅子来作为等位区。客人们知道里面客人很多时，需要在外面等位，要遵守规则。

2. **语言领域**

幼儿在进行角色游戏时，在开展火锅店游戏时，首先需要协商游戏的主题、游戏的规则、游戏角色的分配等等，这些都是需要幼儿和幼儿之间进行语言的交流和表达的。在整个过程中，我看到我们班幼儿语言的发展。比如：在“火锅店”发展时，火锅店中出现了包房和大厅的区别。服务员在指引客人进入包房时，卿卿说：“包房很暖哦，你们看正好有太阳照下来，暖极了。”这是孩子们配合当时的游戏环境自然而然进行交流。在火锅炉倒下，卿卿去扶火锅炉时，小袄在旁边惊叫道：“火锅炉很烫的！不要用手去抓。”还有服务员涵涵在看到客人进来时，拿着一个喷壶对每一个进来的小客人说：“现在是疫情防控期间，进来吃火锅先消消毒。”就在火锅店游戏开展的过程中，孩子们通过相互的交流，语言表达能力得到了提升，同时也增加了一些语言沟通的技巧。

3. **艺术领域**

在角色游戏中，总能发现孩子们令人惊叹的行为。在火锅店游戏开展的过程中，灏灏一个又一个的具有想象力和创造力的表现让我们惊叹。在角色游戏中遇到客人喝果汁想要吸管但是火锅店中缺少吸管时，他灵机一动将蔬菜做成吸管，并且告知客人这是“蔬菜吸管”。当客人想要调料酱时，他将纸撕碎放在纸杯中当成调料酱，并且告诉客人们：“免费的调料酱自取哦。”在灏灏一个又一个具有想象力和创造力的想法下，火锅店游戏开展得越来越好了！在角色游戏中，虽然孩子们总是会遇到缺乏真实材料的问题，但是孩子们熟练运用以物代物的能力，充分发挥自己的想象力和创造力。

4. **社会领域**

在角色游戏中，幼儿可以充分地表达自己的情绪和情感。在游戏过程中，幼儿会体会到开心、生气、焦急等多种情感。比如：火锅炉倒下时孩子们表露出来的焦急、紧张；在面对火锅店中一个接一个到店的客人时服务员以及大厨的欣喜；但是面对空空如也的火锅店，没有一个客人到店光顾时孩子们的伤心和难过，也是体现得淋漓尽致；火锅店的小客人在吃到美味的食物时所表露出的内心的满足等等。在角色游戏中，游戏可以丰富幼儿的情绪和情感，还可以提高幼儿控制情绪和情感的能力，增加情绪和情感的稳定性。

（浦东新区听潮艺术幼儿园　周佳怡）

二、远足活动案例：中班远足活动《与秋叶的邂逅》

（一）活动背景

对于初入小班的孩子来说，幼儿园的一切都是非常新奇和陌生。在幼儿园的所有事物都充满着新的情感，再加上孩子的年龄特点，对于花、草等一切事物都赋予了生命，会主动和它们打招呼："小花你好。""小花你好漂亮啊！""小花热吗？"孩子们对于美好的事物充满着兴趣和热爱。随着天气的变化，树叶一片一片从树上飘下来的时候，大树的叶子变黄了，掉到地上了，孩子们对于这个自然景象发生了浓厚的兴趣。有的说树叶在跳舞，有的说树叶在飞着唱歌，有的孩子很喜欢踩在树叶上，听沙沙的声音，有的孩子索性捡起了树叶……他们玩得不亦乐乎。于是我和孩子们开始了一段和秋天落叶的快乐旅行。

（二）活动实录

镜头一：树叶变变变

下午带孩子们到校园里散步，走在林荫小路上，突然听到后面传来一些嘻嘻的笑声，我转过身体发现几个男孩子在踩地上的树叶，树叶伴随孩子们的踩踏发出沙沙的声音，金子豪看到了连忙跑过去也加入这个队伍中，一边玩一边说："老师，好好玩呀。"陈官渝也和大家分享："树叶都被我们踩碎了。"看到孩子们对树叶这么感兴趣，我就问孩子们："树叶哪里来的啊？"彭森连忙接道："大树上的。""对啊，那长在树上的叶子怎么掉下来了呀？"我假装好奇地问孩子们。孩子们都摇摇小脑袋，不知道怎么回事。"让我们来问问大树吧？大树大树，你的树叶为什么掉了呀？"孩子们在教师的带领下，一起凑近脑袋来问大树。"孩子们，秋天到了，我身上的树叶就会掉下来啊！"孩子们还是很好奇，"哇，是秋天到了"，我决定正好趁这个机会，让孩子们一起参与其中，让孩子们近距离去观察、去探究、去学习。

"秋风轻轻吹，叶儿飞呀飞，秋风轻轻吹，叶儿飘呀飘，秋天多么美……"伴随着动听的诗歌，孩子们发现落叶以后，把树叶、大树变成了自己的玩伴，更加对秋天的落叶为之兴趣浓郁，想寻找更多的落叶宝宝。让孩子们寻找秋天落叶的同时，也能发现树叶之间的不同、树叶的变化。充分利用社区与家园互动进一步开展与树叶邂逅的旅程。

镜头二：美丽的树叶

"老师，快来看呀，这里有好多树叶！"孩子们都像欢快的小鸟一样，叽叽喳喳寻找着各种树叶。有的还拉着妈妈、奶奶的手，让家长们分享自己的喜悦。“老师，你看，我的这片树叶像圆形的。”张一诺拉着小手和我说。“一诺真棒，被你发现这个秘密了。”孙杰瑞也赶紧跑过来：“老师，你看我的树叶。”“杰瑞好厉害，找到这么多树叶，你看看他们有什么不一样的地方吗？”我想让孩子学会去观察不同的地方，“有的大有的小。”杰瑞在教师的提醒下，发现了一个不同。随着我们的讨论，更多的孩子围了过来，我就继续问道：“树叶还有其他不同的地方吗？”孩子们围着我想了一会儿，康徐熠羽就说“有黄色和绿色”，小花抢着说道“还有红色”。“孩子们眼睛真尖，树叶的颜色不一样。”我一边说一边给孩子们鼓掌。

阳光明媚的日子，带上孩子们去古钟园再次寻找秋天的落叶。这次还邀请了几位家长志愿者和我们老师一起来参与到这个活动中，引导孩子们发现秋天落叶的特征和不同点。为每个孩子准备了一个小口袋，把你最喜欢、觉得最美的落叶带回幼儿园，用树叶进行超级变变变。

镜头三：树叶变变变

孩子们捧着这么多捡回来的形态各异、颜色多彩的树叶别提有多兴奋啦。“孩子们，我们让树叶进行超级变变变，你们有好方法吗？”“这片树叶有点像小鱼的尾巴，我要变条小金鱼。”“小树叶做条小船去旅行。”“我的蓬蓬裙很漂亮，我觉得树叶也像我的蓬蓬裙。”“太棒啦！你们的想法太奇妙啦，我们和爸爸妈妈一起来做个树叶变变变，变成你们喜欢的样子好吗？”“好的。”“我肯定能做得很漂亮的。”孩子们自信之情映在脸上。

以孩子感兴趣的方式引发他们对于树叶变变变的积极性与热情，在边玩边学的过程中，收集制作的材料让家长和孩子一起在家制作亲子树叶画，把秋天的树叶、秋天的美保存在教室里。

反思与调整：

教师及时抓住这个教育契机，满足孩子们需求，用孩子的眼光，伴随他们的步伐共同投入找落叶、踩落叶游戏中。教师的支持与引导满足孩子的兴趣与想法。

在观察中，孩子们显然对树叶有了更进一步的认识，他们从形状、颜色中进行比较与观察。在活动中进一步把握家园互动与利用社区资源，让孩子更加投入、清晰，鼓励孩子们自己去尝试探索。本次活动的亮点是充分利用了家长资源与社区资源的特色，将潜在的各种人力、物力，自然与人文资源有效组合起来，促进教育的多样化与社会化，惠及更多的家庭与儿童。

大自然是一个丰富多彩的物质世界，它为幼儿的艺术创作提供了天然的素材，生活化的材料也可以作为美术教育的重要工具。亲子制作活动不仅让幼儿体验到了运用生活材料进行美术创意的乐趣，还能增进亲子互动情感，体验共同制作的乐趣，同时更好地促进了家园合作。

为了增强家园共育，在后续的活动中，让家长带着孩子去公园等地方进行更多的探索和创想。同时，对于亲自制作的东西，我们可以进行分类布置，也可以有一些延续性的内容，让孩子感兴趣的点辐射更广、更全面。

（三）活动价值

1. 科学领域

本次活动是利用身边的现象——树叶落下作为科学探究的对象，画面清晰地呈现了树叶飘落在不同物体的上、下方位，为幼儿认识空间方位提供了获得直接经验和前提，能够激发幼儿的认识兴趣和探究欲望。

2. 艺术领域

在成人的指导下，学习观察周围环境，对常见的、形象突出且色彩鲜明的事物感兴趣。喜欢周围生活用品及环境中美的东西，尝试用语言、表情、动作表示对美好事物的喜爱、亲近之情；并且愿意参加美术欣赏活动，初步体验美术欣赏活动的快乐。通过对落叶的观察、欣赏，孩子发现树叶的美，通过一定的创作变化，能够得到心得体会。

3. 社会领域

能与同伴友好相处，愿意和同伴一起游戏；在许多客人面前仍能愉快地游戏、玩耍、交谈。了解幼儿园、家庭、社会周围环境，喜欢自己居住和生活的地方。

4. 语言领域

有与人交谈的愿望或动机，乐于在集体面前表达自己的想法，体验用语言表达自己的想法或情感的快乐。孩子用自己看到的不同形态的落叶，愿意和其他人进行分享。

（浦东新区听潮艺术幼儿园　沈燕）

第四章　各美其美：凸显课程研究价值

第一节 幼儿发展

通过艺术整合特色课程的开展，支持幼儿主动探索，激发幼儿兴趣和潜能，使幼儿在艺术素养、多元智能和健全人格等多方面得到了发展。

一、艺术整合课程提升幼儿艺术素养

艺术活动是提升幼儿发现美、感受美、创造美和表现美的有效手段，多领域整合之后，我们提炼了“寻美—赏美—识美—创美”的“4M”实施路径，归纳且梳理出了视听感受法、以境激趣法、有效观察法等一些对支持“4M”实施路径的行之有效的策略，引导幼儿用多种艺术语言、多种感觉通道去感受、体验和表现，给其艺术发展助力，大大提升幼儿的艺术启蒙素养。

比如大班案例《动物狂欢节》，在寻美过程中，教师与幼儿通过谈话等不同方式，寻找、发现生活中哪里可以看到动物、动物长什么样等。在赏美过程中，引导幼儿主动且充分运用多种感觉去发现和感受动物的不同特点（可爱的小兔子、神奇的大狮子等等），并大胆运用多种艺术方式表现。在识美过程中，师生共同欣赏了音乐绘本《动物狂欢节》，幼儿在图画中“听”到旋律，在音乐中“看”到色彩。经过前期三个阶段的实施，在创美过程中，幼儿在游戏时，戴上头饰，穿上美丽的衣服，表演着不同的动物形象；在艺术创作过程中，听着音乐，用画笔表现着可爱的小动物们。幼儿想出了许多的表现方式，并且也都把这些方法记录了下来张贴在教室中。幼儿以自己的方式去欣赏理解美好的事物，并以自身独有的方式表达表现，充分展示其审美创造潜力，其艺术启蒙素养获得了较大的提升。

又如中班案例《下雨天》，在寻美过程中，教师鼓励孩子用眼睛去发现下雨天美好事物，孩子们陆续带来了他们关于雨天的各种发现。在赏美过程中，教师观察到孩子感兴趣的雨伞，在环境创设中投放了各种不同颜色花纹图案造型的雨伞，引发孩子们去发现雨伞的颜色、造型、图案的变化和美。在识美的过程中，教师针对幼儿感兴趣的雨伞，投放了手工纸、水彩笔，让他们先用最基础的材料进行自主探索和同伴学习，在幼儿的不断探索和创作中，不断加入新的材料，支持幼儿大胆创作，发现伞的结构，伞的特征，并利用绘本故事《神奇雨伞店》开展绘本美术活动。在创美活动中，幼儿充分了解雨伞的特征，下雨天的自然气候等，教师再次投入各种绘画工具和材料，鼓励幼儿大胆创作。在艺术创作的过程中，感知大自然的不同气象，让幼儿敢于表达，勇于尝试，能够在不断体验、质疑和探索的过程中主动获取经验，在寻美、赏美、识美、创美层层递进的学习活动中，幼儿的艺术素养得到了升华。

所以，在艺术整合课程实施中，多领域的整合，激发了幼儿对艺术的热情、丰富了幼儿的艺术表现、刺激了幼儿的艺术创造力等等，对于幼儿艺术素养方面的提升具有积极的影响。

○ 案例：

《我的歌舞我做主》（大班）

幼儿歌舞是幼儿通过身体动作和唱歌来进行表演，用自己的肢体动作和音乐结合起来的一种表演形式。它反映了幼儿对于生活与艺术情趣的一种表演艺术，是对幼儿进行艺术美教育的有效方式之一。

本案例通过幼儿自己展示舞蹈，以更好地促进幼儿审美能力的发展和美育综合能力的提高。

（一）背景

果果是个能歌善舞的小女孩儿，受到家庭因素的熏陶，她从小就接触古筝、舞蹈、国画等等，是个艺术天赋极高的孩子。在自主游戏中经常会创设“大剧院”，在剧院中进行歌舞表演。她会找来许多材料供表演时使用，这些材料中有些是废旧材料，如报纸、纸板箱、布料等；有些是生活用品，如毛笔、镜子等。在每一次的自主游戏中她都会想出新的点子，创设出丰富的内容。

（二）实录

1. 在“剧院”中，果果用报纸制作了“话筒”，用方形的纸箱两两叠高变成了音响，随后邀请了波波仔小朋友弹奏钢琴曲《小兔子乖乖》《粉刷匠》等，两人配合着一个弹一个唱。

2. 在歌舞表演之前，果果先去自己创建的“化妆间”用毛笔给自己化妆，穿戴好漂亮的服装，用报纸制作帽子等。打扮一番后站上舞台给观众呈现节目，从电脑中选择自己喜欢的音乐，拍拍手、扭扭腰、双手挥动着转圈等等……

3. 当《祖国的花朵》这首熟悉的歌曲音乐响起时，班中另外几个孩子，可可、诗语等都过来跟果果一起表演，她们能够边唱歌边做好看的舞蹈动作，一会儿双手托着下巴做小花，一会儿跟着旋律摇摆起来……

（三）分析

1. 幼儿能够在歌唱的同时融入肢体动作进行表演。如《指南》中所说：大班的孩子能够积极参与艺术活动，有自己比较喜欢的活动形式。

2. 从一系列的活动中可以看出，幼儿对歌舞表演方面的积极性较高，听辨音乐节奏能力强；也能够与同伴一起相互配合，一个弹奏钢琴，一个进行演唱舞蹈。这也体现了孩子之间的默契和合作精神，同时也是一个考验。

3. 听到自己耳熟能详的音乐，幼儿能非常迅速地用肢体动作表达表现歌曲，进行律动创编。同时也能够与同伴一起大胆主动，有创意、有想法地进行演出。

（四）生成与实施

从幼儿对于歌舞表演的各方面能力分析，孩子的下一个发展水平是将动作与音乐的特征建立联系，尝试获取更多表现音乐的动作及道具辅助。教师可以在支持幼儿现有水平的基础上，尝试投放舞蹈谱子、各类道具等，进一步了解幼儿喜欢的音乐风格和主题，提供不同民族风格或是不同音乐类型的材料，更有效地让幼儿感受音乐与动作，以及辅助工具之间的关联。

具体内容如下：

1. 教师可以将幼儿的兴趣作为切入点，生成一个相关的集体活动，通过引入果果的歌曲及舞蹈动作，尝试让其他幼儿共同参与到创编舞蹈的活动中。可以鼓励幼儿用多种方式去感受和表达音乐，先尝试理解音乐旋律，再大胆地想象去创编舞蹈动作，与同伴一起分组表演等。对于大班的幼儿而言，教师要多加鼓励，引导他们自己尝试用律动或简单的舞蹈动作表现自己的情绪和感受。

2.《指南》中指出：大班幼儿能够自编自演，并为表演选择和搭配简单的服饰、道具或布景。所以，在孩子们进行自主游戏时，可以邀请其他幼儿与果果一起根据音乐来创编舞蹈动作，一起商量设计舞蹈谱子，选择舞蹈道具，共同合作创编舞蹈。教师在一日生活中也可以找寻合适的机会给幼儿欣赏更多的舞蹈表演，如民族舞、椅子舞、拉丁舞、孔雀舞等等，让孩子去发现不同舞种之间的差别和特色，从而思考自己的表演有何优缺点，去逐步地完善。

3. 与果果讨论什么样的表演类型可以吸引更多的观众来欣赏。根据幼儿的生活经验，与幼儿共同确定艺术表达表现的主题，引导幼儿围绕主题展开想象，进行艺术表现。

4. 创设"舞蹈谱"，给孩子提供纸和笔，让他们在欣赏音乐、编排舞蹈的时候自由想象。在合作表演的时候能够尝试参照舞谱上设计的动作编排得整齐有序，使得舞蹈更有美感。

（浦东新区听潮艺术幼儿园　刘思佳）

二、艺术整合课程发展幼儿多元智能

艺术整合课程促进幼儿多元智能的发展。0～6岁是幼儿各种智能发育的关键期，这一阶段幼儿的优势智能是否被发掘和引导，多元智能能否全面平衡地发展，直接关系到孩子一生的成长与幸福。以整合为特点的教育活动赋予了幼儿新的生命力，带给了幼儿发展的自主性和能动性，为每一个要整合的获取知识提供了条件，为每一个幼儿的多元智能的发展创造了机会，在艺术整合活动中，幼儿的学习变得更自主与快乐。在为幼儿创造的整合环境中，幼儿的语言、音乐节奏、逻辑数学、视觉空间等八大智能都能有所发展，都朝着全面发展的目标前进。

比如大班案例《要使陀螺转起来》，教师引导幼儿充分了解陀螺旋转和陀螺轴的位置、转动平面关系的同时，通过统计、正计时等科学实践激发幼儿对陀螺转动的探索兴致盎然，使其能充分投入后续的艺术创造表现活动中，支持幼儿在轻松愉悦的环境中，开展绘画游戏，鼓励幼儿自主选择各种颜色的水彩笔作为陀螺轴进行线条的表现，感受不同线条组合的美。再以绘本《要是陀螺转起来》为载体，体验绘本中的语言美，对培养幼儿勇敢面对挑战、乐于助人有着积极的作用，创造性的表达表现能促进幼儿专注力、想象力、创造力、表现力的发展。面对奇妙有趣、具有美感的科学现象，幼儿通过合作交流、自主探索、比较操作而获取各类综合经验，其过程正是个体不断发展的体现。艺术整合活动所具有的智能价值优于传统单科教学，活动中幼儿的语言、音乐节奏、逻辑数学、视觉空间等八大智能都能得到发展。

又如小班案例《花儿朵朵开》，引导幼儿了解和体会植物与人类生活之间的关系，知道植物需要水的滋润。在活动中创设游戏情境"牛大叔的花店"，将生活经验形象化，运用水彩晕染的方式，选择不同材料自由创造小花，并在浇水的过程中产生朦胧浪漫的感觉以及色彩碰撞的美感，将科学与艺术完美结合，直观有效地促进幼儿的认知、情感、社会、审美等各方面的发展。

幼儿艺术整合课程的实施，有效促进了幼儿多元智能的发展。如帮助幼儿扩大词汇量，促进语言表达能力的发展，这是语言智能的发展；加强与同伴的共享与合作，促进幼儿社会性发展，这是人际智能获得发展；促进幼儿感官和精细动作等的发展；深入探索视觉艺术资料，发展了探索性思维等等，以材料为载体的深度探索可以整合语言、数学、逻辑、空间关系、记忆、社会技术等领域的综合发展，有效地发展了幼儿的多元智能。

○ 案例：

《我们的乐器故事》（中班）

乐器是陶冶情操的最佳器具，现在我们的生活越来越离不开音乐了，各式各样的乐器也层出不穷，幼儿能够辨识乐器，使用乐器，有利于其审美和艺术功底的培育。

（一）背景

该案例发生在中班上学期的个别化学习活动中。班级中的孩子们积累了一点在“节奏乐”活动方面的经验，对于一些常见的打击乐器，他们能够叫得出名称并熟悉它们的使用方法。在一段时间的个别化学习活动中，孩子们能按自己的意愿运用音乐区中的小乐器为熟悉的歌曲伴奏，能够快乐地参与到节奏乐活动中。小昱、巧巧和乐乐是音乐区中的“常客”，她们喜欢用小乐器为熟悉的歌曲和故事伴奏，边唱边作乐，玩得不亦乐乎。

（二）记录

1. 个别化学习活动时间到了，小昱、巧巧和乐乐迅速来到了音乐区，她们各自选择了一件小乐器，然后打开了蓝牙音箱，“胖爷爷和小老鼠”的故事录音开始在音乐区里循环播放了起来，几个小伙伴各自敲打着自己手里的小乐器。“好难听，太吵了！”巧巧捂住耳朵叫了起来。小昱和乐乐听到了，也停下了手里的小乐器。“你们需要商量一下吗？”我询问孩子们。

2. 过了一会儿，只见她们几个坐在音乐区里认真地讨论着什么。仔细倾听，原来她们在为“胖爷爷和小老鼠”的故事设计一个配器方案呢！乐乐说：“我想用沙球来给胖爷爷刷锅子配音。”“可以。”其他几个小伙伴表示认同。“我觉得非洲鼓的声音可以配胖爷爷走路，因为胖爷爷很胖，走起路来肯定是咚咚咚的。”巧巧说。“我觉得你可以鼓面和鼓边都敲，这样更好听。”小昱提议。“我来试试看。”巧巧拿起非洲鼓尝试着敲了几下，然后微笑着说，“我觉得这个声音听起来有点像胖爷爷一脚重一脚轻地在走路。”就这样几个小伙伴你一言我一语地商量着。商量完之后，她们分别还用笔和纸记录下了他们的“乐器故事”方案，各自负责画自己所配的角色和使用到的乐器，然后组合成了一份“乐器故事方案”。

3. 小昱、乐乐和巧巧按照刚才商量的结果各自选择了一件乐器，开始配合着“胖爷爷和小老鼠”的故事录音尝试着进行故事配乐，她们仔细地倾听着故事认真地用小乐器进行配乐。巧巧负责用手摇铃来为小老鼠配器，但是当轮到她出场时，她有点茫然，这时一旁的小昱用胳膊蹭了蹭巧巧，巧巧马上摇动手摇铃来表现灵活调皮的小老鼠到处乱窜的情景。

（三）分析

1. 在轶事记录中，小昱、巧巧和乐乐对“乐器故事”表现出了兴趣，她们能够辨析几种常见打击乐器的音色来为故事中的几个角色进行配器。

2. 在合作为“乐器故事”配器的过程中，孩子们能在与同伴的积极互动中倾听同伴的想法，同时也能与同伴分享自己的经验，对自己的想法也能够有所补充，在这个商讨、协调的过程中，孩子的思维过程也在主动且持续不断地在原有基础上有所提高。他们还能够用表征的方式记录下属于他们的“乐器故事”，让他们小组的经验通过表征的方式得到内化、整理和共享。

3. 整个合作配器的过程幼儿经历了一系列探索感受的过程，从乱到不乱，从无意识选择到有意识匹配，从摆弄乐器到寻找模拟音色，从满足个体敲击乐器到小组协调配合，从个体创造到集体合奏，其中经过了多次的师生、生生、生材互动实现“对话、交流、沟通”。

（四）生成与实施

“乐器故事”不仅促进了幼儿音乐方面的发展，更可促进幼儿的认知、倾听、想象、思维、创作、合作等能力的发展，最大程度地释放幼儿潜在能量，最终达到全面发展。具体可以从以下几个方面为幼儿搭建“鹰架”支持幼儿的创作。

1. 提供简单的节奏条和空白的纸，孩子们可以为“胖爷爷和小老鼠”的音乐故事选配适宜的节奏，也可以利用空白的纸来创编节奏进行配器。

2. 创设“乐器故事超市”，提供一些当前主题开展过程中的“故事图片”“绘本图书”“热门话题”等，孩子们可以在“乐器故事超市”中自主选择感兴趣的内容创编属于自己的乐器故事。从“熟悉的乐器故事”到“自编乐器故事”，教师可以鼓励孩子大胆创编属于他们自己的“乐器故事”，可以是绘本故事，也可以是来源于生活经验的身边的小故事，孩子的故事可能并不完美，或许情节可能并不符合逻辑，但是自由想象创造故事能够充分发展孩子的想象力和创造力。

3.创设“我们的乐器故事”展示区，孩子们可以把小组共同设计的配器方案在展示区内展示，老师还可以把孩子们的配器表演用视频的方式保存下来，并用扫二维码的方式共享给其他的孩子。让创作乐器故事的幼儿体验到成功的喜悦，也鼓励其他幼儿积极创作属于他们的乐器故事，他们积极的个性情感也能得到激发。

（浦东新区听潮艺术幼儿园　张洁）

三、艺术整合课程促进幼儿健全人格

艺术整合课程对于健全幼儿人格具有积极影响。通过艺术整合课程的实施，幼儿有更多的机会去发现美、感受美、创造美，愿意主动与同伴共同分享美好的事物，能够大胆诉说自己的感受与发展，也能自然而然地将美迁移到现实生活中，并会努力使自己的生活变得更加丰富多彩、乐观向上。艺术整合活动从某种程度上为幼儿形成良好的人生观、世界观奠定了基础，为幼儿形成健全的人格助力，成功的艺术整合教育将使幼儿终身受益。

比如中班案例《我的情绪小怪兽》，活动前，教师利用家园合作收集关于情绪方面的绘本与材料，选择了适合中班年龄特点的绘本《我的情绪小怪兽》。在活动中，引导幼儿共同收集自然材料，根据自己和同伴的经验帮助情绪小怪兽整理不同的情绪，在协商与合作过程中促进了学习品质（主动性、专注性、合作性）、语言（分享感受、评价）和社会性（讨论与合作）等方面的发展。利用绘本，将颜色抽象的情绪展现给孩子，了解人有快乐、生气、害怕、忧伤等多种情绪，知道不同的情绪有不同的感受和表现，并为幼儿提供了多元的材料（干花、亮片、树叶、玉米粒等），来支持幼儿实现他们丰富多样的创意、想法。整个过程让幼儿在自主探索中，通过不同的工具、不同的方式（吹、刮、涂抹、等方法）在纸制品上呈现的变化小怪兽给幼儿不断地制造惊喜，在自由玩色中也最大限度地释放了幼儿的情绪，帮助提升幼儿健全人格的培养。

又如大班案例《微笑的花朵》，结合艺术、健康和社会领域内容，一方面帮助孩子们认识向日葵的色彩、外形、特征及作用和象征意义，增强孩子对作品中花朵的方向、颜色及姿态的认识和理解，并能大胆创作。另一方面激发幼儿感受向日葵背后传递的温暖与微笑的情感，给予幼儿正能量和激发幼儿积极向上的精神。

幼儿的审美享受是感受生活的真、善、美，艺术整合课程的实施让幼儿发现自然、生活之美，让艺术活动进入他们的生活，谈论周围发生的美好事情，在观察、探索中感受生活的千姿百态，听到大自然、生活中的各种声音，发现其中蕴含的美好，提高幼儿的艺术感，丰富他们的艺术体验，在作品中传递温暖的情感激发，促进幼儿健全人格的培养。

○ 案例：

《变开朗的CC》(小班)

喜、怒、哀、愁之情人皆有之，但快乐作为一种积极情绪是心理健康的重要标志之一，对于幼儿的成长尤为重要。愉快的情绪既来自成人的关怀呵护，更取决于幼儿自身的主观体验。健康领域的目标之一就是让幼儿能身体健康，在集体生活中情绪安定、愉快，为此本案例就是为了让幼儿在体察、感知、理解中懂得人的基本情绪，知道情绪愉快有利于身体健康，培养幼儿开朗的性格和乐观的情绪。

（一）背景

CC是一个家庭背景非常特殊的孩子，她是家中的二胎，哥哥是一名有智力障碍的特殊儿童，爸爸妈妈对她有着非常大的期望，在她出生后就进行全面检查，智力正常，但是患有先天性髋关节发育不良，影响了孩子的行动能力，爸爸妈妈也是一直在配合矫正，渐渐恢复到正常指标。CC在家非常想和哥哥一起玩，但是由于特殊原因，哥哥很难和妹妹玩到一起，爸爸照顾家人的饮食起居，妈妈负责维持生计，以至于CC经常一个人玩，自己和自己说话。托班时期，妈妈就发现孩子经常自己玩，回家也不喜欢说学校里的事情。现在到了我们班，即使在班级里有那么多同伴陪她一起玩，她也因为性格原因，融入不了集体，经常独处，和老师、同伴几乎没有语言交流。

（二）实录

1. 开学没多久，大部分孩子都融入这个新的环境中，即使叫不出对方的名字，也能和大家玩到一起，特别是在运动时间，操场上就像一群奔驰的野马，完全放开了自己，这时的CC也和大家一样，在操场上放声大笑，和同伴追逐，即便是没有语言的交流。看到这样的情境，我忍不住拿出手机，想把孩子们的笑脸记录下来，我一个个孩子追着拍照，即使知道我在拍照，孩子们也能露出灿烂的微笑，直到CC。我拿着手机走向她，她立刻收起了笑脸，躲到了滑滑梯的下面，不让我看到她，我轻轻地叫了她的名字，她天真地看着我，我告诉她："CC，出来给你拍张照片吧，你刚刚笑得真好看。"她虽然跟我走了出来，但是照片里的她，并没有笑容。我走到一边，轻轻地跟小宝说："你去邀请CC再跟你一起玩刚刚你追我赶的游戏吧。"小宝立刻跑向CC，我故意转过头，假装没看到他们，听到一阵爽朗的笑声，我发现CC又和小宝一起开心地跑了起来。

2. 角色游戏时间到了，CC一如既往来到"图书吧"，随意地拿起一本书坐到小沙发上，一会儿坐着看，一会儿躺着看，一会儿趴在桌子上看，但她也时不时看向其他小朋友，他们有的扮演医生，有的扮演消防员，忙得不亦乐乎，CC有时还会跟着他们一起笑。我走过去问她："CC，你想去别的地方玩吗？"她摇了摇头。我又说："如果你想去，你可以去任何一个地方，小朋友都很想和你一起玩。"她仍然看着我不说话。我让她把书放回原位，跟着我一起看小朋友玩游戏，每到一个区域，我就会问她："你想加入他们吗？"她总是摇头，或者不说话，最后我们来到"蓝蓝家"，桌上有很多炊具和食材，我搬了一张椅子过来："我突然有点饿，你帮我烧点菜吧，就像你在家那样，我看到妈妈给你拍了很多照片哦。"她突然腼腆地笑了，坐在椅子上有模有样切起蔬菜，装盘以后还端给我。

3. 每到午餐时间，CC总是找不到座位，需要老师或者保育员牵着她去找个位置坐下，因此CC的位置就给她固定了，每次都提醒她，你的座位就在这里，快点过来吧，可她依然不愿意自己走过去，甚至放声大哭起来，惹得其他孩子都替她着急，一直对着她喊："这里呀，CC快过来，这里有位置。"一次午餐时间，在洗手的时候，我跟CC说："CC今天很棒呀，把小手洗得真干净，等会儿我们也要眼睛亮亮的，找到自己的座位好不好？"她高兴地点点头，洗完手走到就餐区，站着看了一会儿，其他小朋友开始对CC观望，我走过去做了一个"嘘"的动作，制止其他孩子发出声音，我说："今天开始CC长大了，可以找到自己的位置了，我们都为她高兴。"CC笑着看了我一眼，快速地走向她自己的位置，同桌的米糕非常配合地说了一句"厉害呀"，孩子们都笑了。

（三）分析

CC的妈妈是一个非常喜欢晒孩子的家长，她的微信朋友圈中，CC是一个非常活泼、无忧无虑的孩子，她没有觉得自己的孩子和其他人不一样，同时她也清楚地了解孩子的性格。CC在家非常外向，但出门以后和同龄孩子玩不到一起，虽然担心她在学校没有朋友，但又不知道该怎么去和孩子沟通。

和CC妈妈通过一学期的交流，我发现CC妈妈的工作是需要长时间在户外与不同的人进行沟通交流的，她也会经常带着孩子一起，所以她觉得她经常带孩子出去接触新鲜事物了，但CC更多的只是看着妈妈和大人在交流，而不是自己真正地和同龄孩子去接触，回到家又只有哥哥，哥哥有时也不愿意和自己玩。久而久之，CC渐渐地觉得，她的周围好像只有自己是小孩，自己和自己玩也没有什么不好。

正因如此，CC现在在班级里，不太愿意用语言表达自己的需要和想法，即便是她有需求，她也只是站在那里等你去猜。比如有次CC尿湿，她就站在原地不动，问她怎么了，她就看着我们不说话，在反复追问时摸了摸她的裤子才知道尿湿了，而且类似的事情不止一次，如果冷处理，她就用哭来表达自己的情绪。我们和家长沟通，CC妈妈认为孩子就是希望我们可以去关注她，多和她沟通交流，甚至希望我们能分一些任务给孩子，让她知道自己是老师的小帮手，但是刚入园没多久的CC，与我们沟通交流甚至正面眼神交流都是几乎没有，更别说请她做点事情。

（四）生成与实施

刚开学没多久，CC在适应幼儿园集体生活之后，我们也根据她的个性，两位教师和保育员共同商量，针对CC这样内敛的幼儿，我们应该多主动、多付出。

1. 主动建立亲密的师生关系

CC不愿意开口交流，我们就主动去亲近她，从建立良好师生关系开始。没有语言交流，我们就先引导她用动作，但不是代替开口。每天早晨来园，CC都是笑着走进教室，也不跟我们打招呼，提醒她跟我们说“早上好”，她也只是笑。有一次早上来园时间，我跟她挥挥手说：“CC早上好呀。”她也高兴地挥了挥手，第二天早上，她居然主动跟我们挥挥手。在她适应这种问好方式之后，我们告诉她，有时老师可能在看其他小朋友，她只是挥挥手，老师根本不知道我们的CC已经来了，所以要大声跟老师打招呼。虽然她并没有马上接受这种方式，但是这一学期，她从微笑、挥手、说“早”，到现在能够大方打招呼，已经是很大的进步。

2. 创造与同伴交往机会

CC最愿意开口的时候，是集体教学活动时，她愿意跟着老师、同伴一起念儿歌。因为知道她还是很害羞，所以并没有强制她在集体面前单独表演，但我们会请其他孩子去邀请她，一群人共同表演，她就不那么害羞了，甚至看得出她非常喜欢唱歌。虽然一个学期下来，她还不能在集体面前单独表现自己，但妈妈告诉我们，她回家老是自己一边玩玩具一边唱歌，问她是哪里学的，她就说是幼儿园里学的。

为了让CC能够融入集体，我们也可以多提供一些需要大家齐心协力才能完成的活动，比如请她和同伴共同帮忙搬运动器械，或者一起表演双人舞、多人舞的律动，让她知道有些事情是需要和其他小朋友一起完成的，体会合作的重要性。

3. 关注幼儿感受，保护其自尊心

CC不愿意与同伴交往，经常在角色游戏时独自待在角落处的“图书吧”中，可能是不自信的表现。在她尿湿后也不愿意告诉老师，而是站在睡房或者厕所里不肯动，这时我们需要耐心询问孩子的想法，先想一想：“如果我是孩子，我心里在想什么？”在孩子不愿意开口说的情况下，可以反问幼儿，是否需要老师的帮助。孩子做得好，在集体面前多表扬，让她为自己的好行为或活动成果感到高兴；当孩子做错了，首先单独耐心沟通，告诉她怎么做才是正确的，保护孩子的自尊心。

（浦东新区听潮艺术幼儿园　杨楚楚）

第二节　教师发展

课程建设在促进幼儿发展的同时，也促动着教师团队的自我更新和不断成长。通过艺术整合课程的开展，加强了教师的学习、交流和研究，改变了幼儿教师的艺术课程理念、思维模式、课程执行力，加快了教师自身的专业成长。

一、艺术整合课程重塑教师课程理念

艺术整合课程帮助教师重塑课程理念。在之前现状研究中，我们针对教师对于整合活动是什么，如何在一日活动中进行整合等问题展开分层调研，了解到：部分教师对这两个问题是有一定的思考和了解的，但是有些教师的

课程理念是有偏差的，他们有课程整合的意识，但是在整合活动中存在目标定位不准确、为了整合而整合、“大拼盘”重形式轻内容等诸多问题。通过艺术整合课程的研究与实践，教师对课程理念的认知得到了更新和转变，更为注重幼儿园课程的五大领域之间的整合和渗透，形成了“由上往下”的新的整体的视角。

在案例《追寻教师成长之路》中，老师感叹：“艺术整合课程是我园在艺术、美育、幼儿一日课程实施过程中研究、落实的园本课程。自实践以来，以其鲜明的艺术人文精神、创新的教学理念给我们实践中的老师们带来了剧烈的专业成长途径的突破。在此过程中老师的专业发展水平得到了提升。新课程给予老师带来的不仅是教育思想和教学方式的转变，更重要的是，促使老师们在不断的探索和追求中实现其自身的创造价值和人生价值。帮助我们教师树立‘以幼儿为本’的教育理念，改变传统的教师角色和教育模式。教师、幼儿之间建立了相互学习模式，教师和幼儿彼此之间的思考、经验、知识包括情感都是一种交流的状态。艺术整合课程的教育理念的实施，因为反复的实践过程，也说明了一个道理，就是任何人的学习都是终身的，不是简单的一节课、一个学期。一个好的优秀教师，一定要有先进的教育理念来做指导，同时要在实践中把理念变为自己的教育行为。在教育行为的实践中又强化了理念的形成和树立，这才是教师成长的有效阶梯。”

在案例《我与艺术的“三次火花”》中，老师从第一次单纯的模仿，开展了《碰一碰》的音乐活动，在带领幼儿欣赏过歌曲后，尝试能跟着音乐，边唱边做游戏。到第二次与艺术擦出“火花”时，开展了美术活动《秋天的树》，老师开始有了自己的思考，结合教师自身特点，将活动展现出自己的特色与亮点，将自己大胆的想法参与其中。第三次与艺术擦出“火花”时，老师开展了创意美术活动《美韵旗袍》，这次她抓住孩子们的兴趣点，引导他们学会观察、积累素材，具有丰富的感知经验后，支持幼儿创造出富有个性的作品。在一次次的展示活动后，老师深刻地意识到：儿童的世界是儿童自己去探索去发现的，他们自己所探索来的，才是真世界。每次活动都带给我不同的感悟，逐渐地让我知道，学习模仿是第一步，在学习中产生疑问与思考，带着自己的想法再次实施，加入自己的创新巧思，才能进一步成长。

在艺术整合课程的实践中，教师以“在孩子的心海植入美的种子”的课程理念为引领，我们更为注重幼儿的主体地位，尊重幼儿的个性发展，积极营造自主、宽松的学习环境，采取易于幼儿接受、符合幼儿心智发展需要的教学策略，不断支持与推进幼儿的全面发展，将原本“为了整合而整合”的理念转变为“为了发展而整合”，重塑了课程理念，为幼儿营造充满美感的环境，逐渐唤醒幼儿心中对艺术的美好憧憬。

○ 案例：

《我与艺术的“三次火花”》

“教师”就是神圣而又平凡的职业，因为它神圣，所以令人向往；因为它平凡，所以每个人都喜欢、都向往。“艺术幼儿园”，看到它的名字就觉得它是和艺术息息相关的，在学校“潮美而行，艺启成长”办园理念引领下，带给每个孩子的不同体验，让每名幼儿充分感受艺术、参与艺术，调动和启迪他们的心智，激发求知欲、审美情趣，提高感受美、表现美、创造美的能力，促使幼儿的生理、心理、智力等方面得到全面和谐发展。在这个理念下，促使每个教师对艺术也有了更深的理解，每一次开课，每一次展示活动，组内老师相互商讨，让艺术教学活动层次丰富了起来。

（一）初次模仿——与艺术的第一次火花

艺术活动《碰一碰》，这是一节音乐活动，在带领幼儿欣赏过歌曲后，尝试能跟着音乐，边唱边做游戏。当时整个活动下来，比先前每一次试教要流畅，而且自身的教态也保持亲切，面带笑容，拉近与孩子们的距离。每一次的活动不光是看老师，也要看幼儿，教师上课是一方面，有能力上好课这是教师应该具备的，另一方面，要在上好课的基础上同时关注各个幼儿，对自己的某个环节或者幼儿的某些行为进行改变或交流，这样会更好，这个是仍需学习的。

（二）萌芽想法——与艺术的第二次火花

开展美术活动——《秋天的树》，这个活动的由来是最近一段时间，秋天的季节特征越来越明显，在出去散步的过程中孩子们会很直观地感受到秋天自然环境与气候的变化。每天来园或者散步时都会有孩子捡一些落叶放在教室里，因此本次美术活动就源于孩子们对落叶的兴趣。在《指南》艺术领域中说过“艺术是对自然的感受，艺术是对生活中美的事物的感受”。因此在设计本次活动时，我重点通过欣赏秋天的美景、美图，在欣赏的基础上，鼓励幼儿进行大胆的艺术创造。另外一个重点是点彩画的进一步了解，从实物到图画表现，我们还是需要给孩子一些方法的，因此第三部分有一个演示点彩画的过程，我用游戏的形式让孩子看到了一个颜色点画、叠加的、混色的过程，帮助幼儿在最后环节表现的时候可以有章可循。对于最后的成品，并没有固定的模式，每个孩子对于秋天的树的感受与理解都是不一样的，教师允许并希望孩子有更多的可能性出现，因此在材料提供时，给了孩子不同样式的树，让他们选择，在颜色选择上也有之前师幼共同探索过程中没有的绿色、白色等，为幼儿创造更多的自发表现的机会。

在最后的分享过程中，孩子们能很轻松地认出自己的作品，肯定别人的创造，发现自己与别人的不同，这样的结果对于教师来说就已经非常好了。通过本次活动，可以学习到：除了学会模仿，还要结合教师自身特点，将活动展现出自己的特色与亮点，会模仿固然好，但还要将自己大胆的想法参与其中。

（三）创新巧思——与艺术的第三次火花

教师的成长离不开一次次的展示活动，因为每一次活动的背后是组内教师一次又一次的集体讨论，思想碰撞，汲他人所长，填补自己的空缺。本次是一个创意美术活动——《美韵旗袍》。大班第一学期伊始教师们就开始展开《我是中国人》的主题，孩子们对于中国的文化、美食等都产生了浓烈的兴趣，其中最让教师们难忘的一个小细节是，孩子们看到旗袍图片后，有的非常惊讶，有的笑眯眯的，还有的激动地伸出手指着图片，然后开始窃窃私语，自己开始了议论。令教师们非常惊讶，孩子们对于服饰有很强烈的敏感度，一件小小的旗袍那么充满趣味？孩子们是不是想更了解它呢？兴趣是最好的老师，他们对旗袍有着浓厚的兴趣，及时抓住孩子们的兴趣点，在兴趣主导下开展主题活动效果会事半功倍。整个活动始于孩子的兴趣，终于孩子的自主创新，从初识旗袍、了解旗袍的特征、对旗袍产生美的向往、设计独一无二的旗袍，最终完成自己的小设计，孩子们在这个过程中，不光对旗袍有了更深的认识与了解，还自主从旗袍的色彩、图案、盘花扣三个方面进行了设计绘画。

所谓活动来源于生活，抓住孩子们的兴趣点，引导他们学会观察、积累素材，这样具有丰富的感知经验后，才能创造出富有个性的作品。儿童的世界是儿童自己去探索去发现的，他们自己所探索来的，才是真世界。每次活动都带给我不同的感悟，逐渐地让我意识到：学习模仿是第一步，在学习中产生疑问与思考，带着自己的想法再次实施，加入自己的创新巧思，才能进一步成长。

艺术的老师培育艺术的幼儿，艺术是我们生活不可缺乏的一部分，而在幼儿园中，无处不在的艺术元素伴随在孩子们左右，它伴随着人的成长，同时也是培养孩子审美能力的重要途径，让孩子学会欣赏，潮美而行。在未来的日子里，不断学习与思考，创新想法，研磨每一次活动与学习的机会，更加完善教师的专业素养，塑艺术之美。

（浦东新区听潮艺术幼儿园　张晓天）

二、艺术整合课程改变教师思维模式

艺术整合课程改变教师思维模式。面对五大领域，以往教师们会带有领域思维去进行思考，结果会让幼儿的学习与发展割裂开来。基于幼儿的学习与发展是一个整体，幼儿各方面的发展并不是孤立存在的，在研究中教师充分转变思维模式，树立幼儿整体性发展的整合目标。如组织幼儿亲近自然，感受自然界神奇变化之美，同幼儿一起开展“树叶堆画”“秋日涂鸦”“草坪欢乐秀”等多姿多彩的整合活动，另外教师学会以全新、整合的思维方式去思考、去设计与实施整合活动，让幼儿获得知识技能、情感态度和经验的整合，实现幼儿全面健康地成长。

在案例《不忘初心，不断进步》，老师抓住幼儿的兴趣点，开展活动《小纸杯，大力士》的科学活动，教师引导幼儿在游戏的情境中感受纸杯的特性，探索数量和摆放方式等因素对承重的影响，在让孩子们发现和关注身边的科学现象，培养不断尝试和调整的探索精神。活动结束后，老师说道：“在活动设计时，要站在孩子的全面角度去研究和剖析的。在环节设计上，始终是为幼儿服务，氛围轻松自然，加以积极、正确的引导，在活动中要充分尊重孩子，以孩子为主体促进全面发展。”

在案例《课程领航，筑梦成长》，教师在面对室内运动时常思考，如何将运动美浸润童心，创设美观、实用的室内运动空间，促进幼儿积极参与室内运动？在一次次探索中，意识到需要提高幼儿的运动兴趣，引导幼儿发现运动美的魅力，将空间创设情景化、动作发展全面化、运动安全人性化、运动品质细节化。在探索和实践中，老师明白了：幼儿在园一日活动是美育的具体实施方式之一，通过各个领域中一个个活动的整合，长期的积累、熏陶，培养幼儿对美的认识。在各大领域教育中，幼儿园艺术教育最需要以整体和综合的形式开展教学，须调动幼儿的多种通道来感知，常用的听觉、运动觉、视觉和语言等来感知，用这些多通道的参与法将幼儿的消极旁听转化为积极参与。在这个过程中，教师也逐步实现从一开始对于如何充分利用好室内运动空间的上下求索，到后来对室内运动空间实现点石成金的魔法效应，增强了自身对于课程执行力的同时，个人的教师专业发展也有了一定的提升。

“艺术整合”的理念贯穿课程实施中，教师在思维的深度、广度和整体系统性有了不同程度的提高，有了从理性到感性、从表现到本质、从零散到系统的质的转变。

○ 案例：

《课程领航，筑梦成长》

室内运动作为户外运动的一种补充，弥补因户外天气不好或场地条件的局限造成的不利，在室内达到锻炼的目的。面对如何巧妙利用有限的室内空间为幼儿创设运动区域，教师在“在孩子的心海，植入美的种子”的课程理念引领下不断学习、思考和实践，室内运动的空间利用也发生了翻天覆地的变化，以下结合自身心路历程，浅谈教师如何逐步蜕变为室内运动的空间魔法师。

（一）上下求索理性审视问题

幼儿在园一日活动是美育的具体实施方式之一，包括生活、游戏、运动、学习四个领域，通过各个领域中一个一个活动的整合，长期的积累、熏陶，培养幼儿对美的认识。在各大领域教育中，幼儿园艺术教育最需要以整体和综合的形式开展教学，须调动幼儿的多种通道来感知，常用的听觉、运动觉、视觉和语言等来感知，用这些多通道的参与法将幼儿的消极旁听转化为积极参与。

目前室内运动作为实施美育的途径之一，存在着室内运动空间缺乏美、幼儿无法在室内运动空间中感受运动美的困难和挑战。

如何将运动美浸润童心，创设美观、实用的室内运动空间，促进幼儿积极参与室内运动，实现幼儿在合理有效的室内运动中健康快乐地成长，路漫漫其修远兮，吾将上下而求索。

（二）乘风破浪勇敢直面问题

从个别化学习中获得灵感，室内运动采用区域性划分，根据幼儿园环境以及参与游戏的幼儿的生理、心理特点及基本动作、运动能力发展的特点，因地制宜、拓展空间，把各种室内场地创设成不同的运动区域，充分利用室内空间如走道、教室、楼梯、阳台，提供幼儿更多的运动选择和活动空间，布置若干运动区域如综合区、平衡区、投掷区、跳跃区等，实现幼儿走跑、钻爬、跳跃、投掷、平衡、综合动作等运动能力的发展，多样、适宜、安全地提供玩具和材料，选择适合的材料、设计有趣的活动场地，吸引幼儿参与室内运动的兴趣，充分利用区域运动开放性、交互性、创造性的特点，展现出美的室内运动空间。

（三）点石成金灵活解决问题

幼儿在园一日活动是美育的具体实施方式之一，通过各个领域活动整合的长期积累熏陶，将艺术教育渗透于室内运动之中，调动幼儿参与运动的热情，培养幼儿对美的认识和艺术素养。

第一，空间美浸润童心。《幼儿园教育指导纲要（试行）》明确指出幼儿的学习是综合的、整体的，室内运动的空间美有效促进了幼儿园艺术课程的整合，幼儿积极主动地参与到运动系列创作中，用自己的画笔绘画出自己了解的运动内容、同伴之间共同运动的精彩瞬间，也描绘出幼儿对于运动美的感受，创作出对于运动材料一物多玩的美妙画面。

室内运动空间美的创设培养幼儿认识美、体验美、感受美、欣赏美和创造美的能力，实现幼儿审美能力的综合提升，支持和推进幼儿园艺术教育特色进程。

第二，材料美振奋童心。在区域性运动材料的设计与投放的过程中，运动材料的选择来源于幼儿的生活，废旧的纸板箱经过幼儿一系列的涂鸦成为有趣的投掷箱，麻绳和铃铛的组合运用为幼儿参与钻爬区活动提升挑战难度，悦耳的铃铛声响也为室内运动平添了几分音乐的气息，这些生活中随处可见、习以为常的材料，以幼儿为主体通过幼儿“美”的创设变废为宝，成为室内运动中炙手可热的运动材料，有效体现了我园美育课程对室内运动领域的推动作用。

同时，充分利用室内已有的游戏材料、个别化学习材料等通过自由组合运用，根据幼儿兴趣设计适合的室内运动情境，运动场景的摆放随着幼儿的兴趣和运动情况不断地进行调整与实践。

第二，运动美深入童心。运动是一种健康的美，在室内运动中，幼儿张开的双臂、灵活的双手、手眼协调的动作等，无一不在展示着运动的力量美和灵敏美，将运动美展现得淋漓尽致。

第四，生活美鼓舞童心。通过标志化生活环境美的提示，幼儿知道运动热了可以到室内设置的几处休息驿站休息一下，出汗了可以拿毛巾擦擦汗，口渴了可以去能量加油站喝点水，休息驿站和能量加油站毗邻，也在潜移默化中提示幼儿喝水、休息，为了能让走道以及在楼梯处运动的幼儿就近休息，走道及楼梯的相交处也有一个置物篮，方便幼儿就近穿脱衣物、擦汗、休息。

（四）未来可期——全面看待问题

发现并发挥室内空间的优势，利用墙面、地面、天花板、楼梯等发挥室内空间特有的优势和潜在功能，提高幼儿的运动兴趣，引导幼儿发现运动美的魅力，室内区域性运动还有更多可以提升的空间。

第一，空间创设情景化。室内运动空间情境创设中空间呈现美感，根据不同年龄段幼儿的动作发展特点，创设有趣场景和多样的运动情境，提供丰富多样的运动材料，鼓励幼儿根据个人喜好自主选择活动路线，满足自我挑战，使幼儿的运动能力得到发展。

第二，动作发展全面化。为幼儿提供上肢的练习机会，将手臂力量的锻炼纳入室内运动中，精细动作内容的多样性、材料的更加丰富性还需要进一步优化，使幼儿达到身体全面均衡的发展。

第三，运动安全人性化。幼儿对于具有挑战性的室内运动兴致盎然，如何在运动中培养幼儿保护自己也是需要在后期不断深入思考的问题。

第四，运动品质细节化。如何帮助在室内运动中培养幼儿勇敢、坚持、保护自己、帮助他人等运动品质，也是后续需要不断研究的方向。

在教育过程中，教师作为室内运动的空间魔法师，应依据幼儿已有经验和学习的兴趣与特点，充分利用教室、走廊、长廊、楼梯等各个地方，给予幼儿室内运动的最大空间，灵活、综合地组织与安排室内运动内容，让幼儿在室内也能有充足的运动场地活动起来，积极调动幼儿的运动感官，使幼儿获得相对完整的运动经验。

通过对室内运动空间运用探索与实践，在课程理念指导下在实际运用中灵活运用因地制宜，让室内运动的空间魔法带动幼儿运动能力和运动品质的多方面发展，树立幼儿整体性发展的整合目标，以全新、整合的思维方式去思考设计与实施。逐步实现从一开始对于如何充分利用好室内运动空间的上下求索，到后来对室内运动空间实现点石成金的魔法效应，增强了自身对于课程执行力的同时，个人的教师专业发展也有了一定的提升，实现和幼儿共同运动，“艺”起悦美悦成长。

（浦东新区听潮艺术幼儿园　程亮）

三、艺术整合课程提升教师课程执行力

教师作为课程的最终执行者，其课程执行力水平直接影响课程目标的有效达成。在艺术整合课程研究中，教师们借助各类专题教研、项目组实践研

究，将课改理念与传统习惯“磨合”，集体智慧与个人感悟“融合”，静下心来研究教材教法、研究幼儿、研究理论，把问题与思考相磨合，实践与理论相融合。在活动设计与实施中，教师们更会关注孩子的发展，聚焦孩子的需求，也正因为有了这种综合能力的思考，教师们以儿童的评价为抓手，将课程进一步优化，更好地促进幼儿的全面发展。

在案例《不负韶华为成长，不负青春潮美而行》中，老师感叹：作为一所以“美”为成长主题的艺术特色幼儿园，让园内孩子欣赏美、感受美、理解美、创造美，在美润童心中陪孩子乐享成长；教师在教育工作中收获经验不断积淀，在潮美而行中使自己不断进步，不负韶华为成长。在不断的学习中，为教师们拓宽视野，通过聆听讲座、共同阅读书籍、读书交流会等形式，让教师们交流知识，在思维运转中成长，在彼此交流中精进。幼儿园的支持，让教师能更好更全面的学习和成长。

如在案例《花花蝴蝶之玩“色”美》，老师结合小班年龄阶段特点和季节特点，开展玩色活动。在活动中，教师不断完善，第一次她发现：通过语言情境的创设，幼儿已经被吸引了注意力，但其实教师可以同时增加场景和道具来展现，更好地抓住幼儿的视线，发现蝴蝶的美，例如教师可以带一对蝴蝶的翅膀翩翩起舞出场。第二次她发现：可以尝试让幼儿自己做报纸笔，虽然是小班，但根据以往做小纸团汤圆的经验和能力，让幼儿自己做也不是很费劲的事。第三次她又开始思考：“蝴蝶具有对称的美，小班的幼儿可能不太明白什么是对称，只在观察蝴蝶时提醒幼儿注意蝴蝶两边翅膀的花纹一样吗？怎么让我们的白蝴蝶也能穿上左右都是一样的衣服呢？”在一次次的课程实施后，老师说：“课堂是一门遗憾的艺术，每次活动都是一次艺术的创造，好与不好只在于你是否从中领悟了什么，下次的活动应该怎么做。相信在不断的学习和反思中，对于幼儿活动会把握得更好，使课堂不再是枯燥之味的教授过程，而是探寻解决问题的发现之旅，旅程中充满未知，却总有意料之外的收获。”

教师在参与课程的开发与实施过程中，更好地认识了艺术整合课程对于幼儿美育培养的独特价值，在一次次观察与解读幼儿的言行中，在与幼儿的用心互动中不断发现儿童，重新审视师幼关系，更加合理地定位自己的角色和作用，学会放手，学会尊重，灵活使用资源，设计凸显“以幼儿为本”的艺术整合活动，而在开展活动时，教师从关注单个领域转变为整合多领域的完整课程观，并运用多样化的实施策略，引导和支持幼儿主动尝试与自主表达，大大提升了教师课程执行力。

○ 案例：

《不负韶华为成长，不负青春潮美而行》

作为一所以“美”为成长主题的艺术特色幼儿园，要让园内孩子欣赏美，感受美，理解美，创造美。教师在美润童心中陪伴孩子乐享成长，在教育工作中获得经验不断积淀，在潮美而行中使自己不断进步，不负韶华为成长。

一、感受更美的听幼，成为更好的自己

幼儿教师最重要的就是引导和陪伴孩子。要引导孩子，首先要了解孩子，要了解孩子，就要通过观察。那要怎么进行观察呢？园所聘请了专家，就这一问题进行了以《儿童为中心的课堂观察》《幼儿行为的观察与记录》等讲座，让教师们进行实时的学习与解惑。在假期，幼儿园为每位教师准备了德布·柯蒂斯的《观察艺术》一书，让教师们可以细细品读；同时也举办读书交流会，让教师们拓宽视野、知识交流，在思维运转中成长，在彼此交流中精进。幼儿园的支持，让教师能更好、更全面地学习。观察孩子，首先要提高观察意识，欣赏和鼓励幼儿游戏。有时，教师们总以为幼儿的游戏是幼稚的，需要大人的引导。其实静下心来观察就会发现，孩子们的游戏有很多是让人惊奇和值得深思的地方，需要我们去欣赏。同时还要学会享受美妙的儿童世界，看懂儿童游戏中的需求，给予幼儿适当的支持。

就像贡布里希在《艺术的故事》中所说，“我们想欣赏那些作品，就必须具有一颗赤子之心，敏于捕捉每一个暗示，感受每一种内在的和谐。”孩子就像一幅幅作品，想要观察他们，就必须要有一颗童心，用孩子的视角去发现。美润童心，这样的引导才能激发孩子积极主动地发现和学习，快乐地享受成长的过程。就是这样美丽的初心，让教师们在不断的学习中，一点点开阔自己的教育视野，成为更好的自己。

二、浸润美的素养，成就美的积淀

学习了如何观察后，要开始学习如何引导。在课程理念的指引下，首先在水墨特色学习活动上进行，班里的水墨学习活动并不是以“一节课”为单位，这样20分钟的学习活动，我们发现并不能捕捉到“美”的精髓。现在我们班习惯将一个主题放在班级中浸泡很久，在那一段时间内，班级里所有的事物都会和那个主题关联在一起。教师会带着孩子寻找各种各样的发现，做各种各样的尝试，然后归纳、整理、创作。就以班级中正在进行的色彩研究为例，孩子们从一颗洋葱出发，去发现、去感受，孩子们见识到了洋葱不仅有白色的，还有紫色的，通过色卡对比，可以发现紫色也是有各种各样的。不仅如此，拿着色卡去校园里寻找，孩子们会发现颜色有无穷的层次，随着光线、染色的物质、颜料属性的变化，都产生不同的区别。尤其在环境之中，同一个色名，例如：绿，在植物、矿物、水、天空、土地等不同物质环境上，也能找到非常丰富的层次变化。就算是同一片叶子上的不同位置，也有会不同的颜色。只要你能发现这不一样的颜色，就有不一样的美。这就是浸润美的素养，引导孩子去欣赏美，感受美，理解美。现在的他们在进行水墨画创作的时候，对于颜色，有了更多、更丰富的想法。

当然教师也会不断地总结过程中取得的经验和成果以及出现的问题，不断调整自己的知识结构、实践方式，和一个个亦师亦友的伙伴交流，以获得更贴合园所课程理念的教学。

王国维先生曾说："美育者一面使人之感情发达，以达完美之域；一面又为德育与智育之手段，此又教育者所不可不留意也。"美，引导人们超越自身的局限和有限生命的束缚；美，有助于拓宽胸襟、更新气象，构筑丰满、积极的精神世界。

三、留住童心，乐享成长

最后的乐享成长不仅仅是孩子的，也是教师的。在人生漫漫的旅程中，在追逐梦想的路上，都会有疲惫不堪的时候。所有的职业，工作年限久了，也容易出现职业上的倦怠期。但幸运的是，在听幼接触着一颗颗来自于生命最初的本心、一颗颗纯洁无瑕的童心，一直相信一个人开始变老，不是从皮肤变得松弛、额头上出现第一道皱纹、双鬓间生出第一根白发开始的。真正变老，是对追逐美的热情渐渐消退，对周遭美的事物毫无兴趣，对四季的变换、花草植物的荣枯视若不见……不想变老，那就为自己留住一颗童心，快乐地学习成长吧！

世界是多彩的，希望我们与美相伴；人生是漫长的，希望我们能留住童心，不负青春潮美而行！

（浦东新区听潮艺术幼儿园　蒋晓晨）

第三节　幼儿园发展

幼儿园深入贯彻落实《指南》精神，树立科学的教育理念，开展艺术整合特色课程，优化幼儿的一日生活，注重内外兼修，赋能教师成长，促进教师教育理念与行为的改变。

一、形成课程方案，架构了特色课程的运作模式

我们本着探索园本艺术教育特色的追求，在前几轮课题研究成果的基础上，努力传承和创新，以课题研究为抓手，以幼儿艺术整合活动为切入点，关注幼儿艺术整合活动的本质内涵、内容来源、实施途径、教育策略和评价体系，形成了幼儿园艺术整合活动课程方案及相关附件，并在研究过程中逐渐形成了“寻美—赏美—识美—创美”的“4M”实施路径，归纳且梳理出了视听感受法、以境激趣法、有效观察法等一些对支持“4M”实施路径的行之有效的策略，使我园艺术整合课程的运行更具操作性，提高了幼儿园艺术教育质量，提升了园所内涵发展。

在案例《多元支持　让幼儿成为有能力的课程评价者》中，以儿童视角建构幼儿艺术整合活动的评价体系。在幼儿开展“玩创节”活动的过程中，教师全程式支持，满足幼儿参与评价的权利，将主动权交还给孩子，在“畅想之中”构建活动主题；引导幼儿在“计划之时”思索活动内容；鼓励幼儿真实评价自己的活动体验，教师不断思考如何基于孩子的实际情况灵活调整活动时间、材料数量，关注如何在活动中提升幼儿的交往与解决问题的能力，在“乐玩期间”调整活动方式。教师以简单易懂的表情符号和开放式提问构成的幼儿活动后评价表，幼儿用图画、符号记录活动中的事件和感受，真实地回顾、思考、评价自己所参与的活动过程。教师收集和梳理来自幼儿的反馈信息，进一步推动课程优化。全景式支持，助推幼儿自主评价的能力；全情式支持，悦纳幼儿独特评价的天性。教师在活动中读懂幼儿的心声、尊重幼儿的个性、赋能幼儿的发展。

○ **案例：**

多元支持　让幼儿成为有能力的课程评价者

“玩创节”是我园特有的幼儿特色活动之一，是以幼儿的兴趣或发展需要为主题，自主参与多元艺术感受和创作的一种体验活动，具有自主性、体验性、娱乐性。我们力求在每一次的玩创节中成就孩子们的奇思妙想，支持每一位幼儿运用唱、跳、画、演等各种艺术表现方式来表达对“美”的认识，并用自己独特的想法来创造“美”，从而促进其情感、个性健康的发展。

一、全程式支持，满足幼儿参与评价的权利

幼儿作为“玩创节”特色活动的主体，能直接感受到活动实施的每个细节，因此，他们理应拥有在每一个活动关节点中参与评价的权利。“玩创节”活动实施共包含“四大路径”，幼儿完全能够也十分乐意在“畅想—计划—乐玩—回味”的四路径中参与评价，从中发表自己的意见、提出自己的想法。

1. 在“畅想之中”构建活动主题

以往的活动主题大多源自课程设计者教师的想法和打算，而当我们将主动权交还给孩子时，孩子们对于“玩创节”的主题畅想就此拉开序幕，“我们可以到草坪上玩一天”、“我把帐篷带来，可以躲在里面画画”、“我要穿上迪士尼的公主裙表演”、“上次的树林寻宝游戏很好玩，我还想再玩一次”……一场关于玩创节主题的儿童会议让活动的起源自然而然地贴合了幼儿的现实需求，基于对幼儿需求的了解才能勾勒出孩子心中的蓝图，描绘出属于孩子们的课程图景。

2. 在“计划之时”思索活动内容

对于活动内容、活动场地、活动材料的选择，孩子们自然也有许多与众不同的设想。在“玩创节”心愿墙、创意大调查以及玩创攻略单上，可以看到来自孩子们的奇思妙想：“我想在露台搭建一个巨人王国”、“我想学学抖音上的非洲鼓表演”、“我要给石头路打扮一下”、“我们先把场地弄得好看点，再去找材料，要越多越好”……孩子们已经开始对场地、材料、玩法有了自己的元认知，也会不断迁移生活经验来构思当下的活动内容。将这些来自孩子需求的计划汇总后，一份源自孩子需求的“玩创节”方案就此诞生。

3. 在“乐玩期间”调整活动方式

活动中，幼儿能够自主选择不同的区域参与玩创活动，而自主选择的过程却出现了部分区域由于人数众多而导致拥挤或材料不够，也有幼儿不断“吐槽”……“好多地方我都想去玩，但是时间来不及了”、“我明明选好的材料却被别的班级小朋友用掉了”这一丝丝抱怨和不满正是孩子们在真实评价自己的活动体验，这也促使教师去思考如何基于孩子的实际情况灵活调整活动时间、材料数量，也开始关注如何在活动中提升幼儿的交往与解决问题的能力。

4. 在“回味一刻”找寻改进方向

对于成人来说，每次活动后的总结和反思显得尤为重要，而对于幼儿来说，一次活动后的反思却能让他们更好地“回味”活动带给他们的体验与感受。

教师以简单易懂的表情符号和开放式提问构成的幼儿活动后评价表，幼儿用图画、符号记录活动中的事件和感受，真实地回顾、思考、评价自己所参与的活动过程，收集和梳理来自幼儿的反馈信息，有助于进一步推动课程优化。

二、全景式支持，助推幼儿自主评价的能力

1. 开放空间，营造“我能评”的氛围

若要让幼儿自主参与课程评价，就要以开放、包容、尊重的态度鼓励幼儿大胆表达意见，要多提供基于儿童立场的评价机会，并以开放的心态接受“玩创节”中来自孩子们的“吐槽”或“抱怨”，确保人手一份的“心情日记”或“录音手记”，为每一个幼儿都提供评价的机会，使得幼儿在丰富的实践参与中强化自主评价意识并逐步养成参与课程评价的习惯，逐渐建立起“我能评”的自信。

2. 不拘形式，满足“我会评”的愿望

我们的孩子不同于成人，他们尚不能对课程作出书面评价或完整的口头评价，但是他们是有能力的学习者和评价者，他们会以自己的表现、行为来评价。为了满足幼儿个性化的评价需要，我们不断破解“玩创节”中孩子所需的评价形式，以“儿童会议”来畅言各自对于活动主题的憧憬；以“投票法”来支持小年龄段幼儿完成同伴玩创作品的互评；以“小记者采访团”来复盘活动中真实感受与心情；以“四格漫画”来回顾幼儿参与玩创的体验过程；以“视频回看”来解决活动中难免出现的小矛盾。此外，我们还为每一位参与“玩创节”的幼儿提供了“空白纸条小帮手”，随时满足幼儿记录、标记的需要，可以记录自己玩过的区域，也可以作为名片赠送给一起玩创的新朋友。

三、全情式支持，悦纳幼儿独特评价的天性

1. 全面“观”，读懂幼儿的心声

“玩创节”中也有一小部分幼儿表现得不合群、不愿去其他区域玩或者显得过于激动而不遵守基本的活动规则，而这些行为也已经表明幼儿已经在对进行中的活动作出评价了。面对这种独特的评价方式，教师都会基于对幼儿表现的观察与识别，并根据实际情况在事后或者当下去倾听和关注孩子的内心想法，如鼓励胆小的幼儿结伴一起玩，鼓励调皮好动的幼儿参与有挑战性的活动，或是对该活动内容的趣味性和适宜性进行反思和调整。

2. 全心“赏”，尊重幼儿的个性

每个孩子参与课程评价的意愿和能力也各不相同，因此，教师在鼓励幼儿参与课程评价的时候，要充分考虑幼儿的年龄、个性特点，为不同幼儿提供

适宜其发展水平的参与机会。在“玩创节”的过程中，我们不强求每个年龄段每位幼儿都要参与多种形式评价，对于全身心投入玩创活动而未作记录和发表意见的这部分幼儿，我们依然会赏识其专注性与投入度，而不会将评价作为一种任务强加于孩子。

3. 全力“识”，赋能幼儿的发展

教师作为支持者不仅参与“玩创节”的全过程，并从中搜集大量幼儿评价证据，从数百张幼儿活动照片、几十段视频、一叠叠的调查表和记录单中捕捉幼儿情绪情感、表达表现、交往合作、想象创作等方面的信息，通过整理、分类、复盘这些证据深入研读幼儿，不断审视、调整自己的教育行为，来支撑幼儿更好地发展。

“玩创节”特色活动作为我园课程实施的一个缩影，映射出我园课程实践中所倡导的儿童观与价值观。在“玩创节”活动中，我们深刻地认识到幼儿评价真实地发生在课程实施的每一时刻，作为老师需要时刻捕捉幼儿当下真实的课程体验与经历，并能站位儿童视角给予幼儿多元支持，在悦纳、赏识幼儿独特的评价中改进课程实施的过程与方式。相信幼儿是有能力的课程评价者，也坚信有幼儿参与的课程评价将会使得我们的课程更富有生命力，更能满足孩子的兴趣与需求，也会让每一位听幼的小潮娃在与艺同行的过程中收获自信和快乐。

（浦东新区听潮艺术幼儿园　黄佳凤）

二、开拓创新意识，明确了园本化发展方向

本次艺术整合课程方案的实践研究，充分体现了幼儿园课程建设的顶层架构，也彰显了课程与实践联动的特点，伴随影响课程的因素与园所发展进程，我们在审视原有课程的基础上，梳理课程运作过程中的问题，并加以思考与调整，从而确定新一轮课程创新发展趋势。以“艺术整合”为全新的视角，创新实践艺术“多维度整合”方法、“多通道学习路径”策略，以此来满足与符合幼儿个性与全面发展的实际需求、重塑与加深教师艺术教育价值的理念认识，在幼儿园园本化、可持续发展的进程中不断前进。

在案例《追寻课程创新之路——美育视域下课程实践初探》中，我们发现艺术整合性课程不同于以往的课程，可以从主题要素出发，把握艺术整合活动的设计与实施过程，从幼儿发展状况入手，使一切教育因素形成一种促进幼儿和谐发展的统一关系，有效发挥各个教育领域元素的教育价值，从而

开拓了创新的课程实施路径。

○ 案例：

追寻课程创新之路——美育视域下课程实践初探

《幼儿园教育指导纲要（试行）》明确指出幼儿的学习是综合的、整体的。在各大领域教育中，幼儿园艺术教育最需要以整体和综合的形式开展教学。《美育视域下构建幼儿艺术整合特色课程的实践研究》的过程中，不仅改变了教育思想和教学方式，同时在整合性艺术课程的教学中，树立了新的教育理念，改变了传统的教师角色和教育模式。在课程开展的过程中，我们树立了新型的艺术整合特色课程理念。在具体艺术整合性教学中，可以从以下三个策略来实施。

一、从目标上寻找整合切入点，构建艺术整合活动的方式

实施整合的艺术教育活动的关键，是确定各种艺术形式的整合切入点。所谓整合切入点即探讨整合什么，在哪些环节上进行整合。找准了切入点，能最大限度地优化教学过程的各环节。目标的设置是活动设计的首要环节，决定着过程的设计与开展，同时也影响着活动的结果。主题的知识目标体现为一个主题在知识结构上的系统性，包括事物的特点、外形特征、功用等。充分把握主题知识目标的各要素，从最容易感知的“形”入手，使不同的艺术形式都成为幼儿深入认知主题的途径，可以帮助幼儿更好地感受、理解与掌握知识点。如在小班艺术整合活动《好吃的水果》活动中，我把活动目标定为两点：1. 观察水果的特征，尝试用撕贴的方式装饰水果。2. 了解水果对我们身体的好处，喜欢吃水果。上述两个目标里，“喜欢吃水果和吃水果的好处”是主题的目标和典型的健康教育内容，整个活动围绕目标，以美术活动为依托，以美术表现形式为手段，把幼儿对水果的认识艺术再现，从而达到培养幼儿观察力、想象力和创造力的目的。将健康领域内容和美术内容有机整合、在目标中进行体现。从主题的知识目标切入，重视健康内容目标和美术内容目标之间的联系和整合。

二、在活动开展中确定整合手段，形成艺术整合活动的模式

艺术整合活动是在集体性活动中，以一个主题内容为线索，围绕内容进行的整合性活动。活动内容可以有时侧重于音乐，有时侧重于美术，也可以综合两者与其他领域之间进行整合。如音乐活动中有舞蹈、欣赏、歌唱等内容。我们在艺术整合活动中，围绕一种音乐活动形式开展时，教师可以巧妙地在其中整合绘画的方式，开展有效教学。如在音乐欣赏活动《梁祝》中，教师可以运用水作颜料，随着乐曲深入，用国画的形式表现蝴蝶飞舞的情景，同时让幼儿随着乐曲用身体动作的形式表现蝴蝶共舞的音乐形象。这一系列音乐活动的开展因为融入了绘画方式、想象的形式、探索的模式，有助于儿童更直观地感受乐曲所要表达的音乐形象，从而有助于推动活动开展和活动目标的达成，体现艺术整合活动教育的多种形式，促进幼儿全面发展。

如在《妈妈的发型》的美术活动中，可以让幼儿在制作各式各样的发型的基础上，组织"发型发布会"的表演活动。幼儿在制作发型的美术活动和展示发型的表演活动中，不仅促进了多方面表现力的发展，而且培养了自信心。手工活动与表演活动的有机整合有利于挖掘幼儿的艺术潜能，激发幼儿的表演兴趣，发展幼儿的表现力。又如在《我有一双小小手》的教学活动中，围绕"小手"这一主题，教师既可以引导幼儿感受小手的名称、外形特征、作用等，还可以让幼儿学习有关"小小手"的歌曲，并结合"自己的事情自己做"的品德教育。具体来说，教师可以让幼儿边学习歌曲，边用小手点画果子。手指点画即是《我有一双小小手》这一主题活动的艺术表征延伸形式，可以让幼儿在玩中巩固对小手的认识，体验小手的功用，感受动手的乐趣。各种各样活动的形式在老师有目的、有计划、有设计的过程中得以整合，这样有力地提升了艺术整合活动的价值和意义。

三、在环境创设中发现艺术整合活动的创新点

主题环境创设紧随活动主题开展的步伐，可以说主题开展到哪儿，环境就相应创设到哪儿。幼儿园主题环境创设包括活动室空间的布置、自制玩具等。《幼儿园教育指导纲要（试行）》提出幼儿园的空间、设施、活动材料和常规要求，应有利于引发幼儿的主动探索和幼儿间的交往。据此，幼儿园可以在幼儿环境作品的布置中融入音乐等各种整合的元素，使其体现趣味性和教育性。如在《秋天的树叶》主题作品布置中，教师可以引导幼儿运用树枝、木头块等自然物再现《秋天》这一歌曲的旋律，让幼儿在"飞舞的音符"中感受歌曲旋律的美，让幼儿在看一看、谈一谈、唱一唱中体验环境创作的快乐。如在《春夏和秋冬》主题活动的环境创设中，教师就可以组织幼儿布置"丰收季"的故事表演情景，引导幼儿通过粘贴、描画人物动作的形式，表现人们丰收时热闹的场面，感受艺术的精髓与文化底蕴。环境是幼儿的另一种表达认识和情感的"语言"，各种艺术整合形式的环境是课程研究过程的展示。教师可以从环

境中体现艺术整合课程带来的良好教育效果，表现艺术课程整合的成功之处。

总之，在艺术整合课程教育中，我们应遵循《纲要》精神和幼儿艺术能力形成的规律，运用艺术整合教育理念与艺术整合形式所能提供的手段和方法，将艺术领域内部不同方面或领域间教育内容的纵向和横向进行联系、整合，为幼儿提供学习艺术的最佳环境，使艺术教育活动变得更轻松、更活泼多样，使幼儿各种能力的获得变得更自然、更自由。在课程面前，我们教师要有时刻迎接挑战的心，创设丰富的艺术整合环境，使幼儿有机会选择自己喜爱的方式大胆地表现自己的情感和体验，形成初始的艺术经验和艺术能力，使艺术整合教育真正成为幼儿自由表达、精神创造的活动，接下来我们还将继续追寻课程创新之路。

（浦东新区听潮艺术幼儿园　王能）

三、彰显艺术特色，提升了幼儿园的办园质量

近几年来，我园承担了多次中心、区级层面的教学研讨与展示活动，获得好评。教师的多篇艺术整合活动经验论文刊登在不同层级的刊物上，在一定程度上提升了幼儿园的影响力，提高了幼儿园的办园质量。另外，幼儿园的艺术特色课程环境在多次姐妹园来园观摩中获得赞赏，家园共育活动吸纳了诸多家长参与，尤其是“家长艺术课堂”的特色品牌创建与推广，更是获得了家长们的一致推崇，较好地传递了幼儿园的教育理念和办园特色追求，扩大了良好的办园声誉。

案例《“艺”起玩乐成长——听潮艺术幼儿园特色课程展示》呈现了一次我园向区级层面开放的展示活动。在活动中，专家、同行们观摩中、大班走班艺术区现场，观摩小班个别化学习活动现场，观摩艺术整合集体活动，聆听特色课程展示讲座并作出专家和领导点评。在玩、行、思中，听潮艺术幼儿园展示了我们的课程理念和课程实践，彰显了我们的艺术特色。专家、领导、同行们作出了高度的赞赏，认为听幼关注孩子、关注内涵、关注发展，正努力发展成家门口的好幼儿园，让我们的百姓有更多幸福感。

○ **案例：**

《“艺”起玩乐成长——听潮艺术幼儿园特色课程展示》

2021年1月5日上午，听潮艺术幼儿园特色课程展示在南园部拉开了序

幕，一场主题为《“艺”起玩　乐成长》的课程展示活动让这个冬日变得格外温暖，这场展示以“线上+现场”的方式，向全区同行、市民呈现了我园的艺术特色课程实践成果。

一、“艺”起玩，展现幼儿艺术力

“走班艺术区”是“潮娃四玩”之一的“潮娃社”中的系列活动，是一种源于幼儿自主学习、自由表现及大胆创想需求的艺术区活动，它是中、大班每个“潮娃”十分喜爱的活动之一。在这里，每个听幼的“潮娃”都找到适合自己的表达方式，也都能大胆展现自己对艺术美的理解与创造。

在孩子的“艺”起玩中，我们能够发现每一个孩子都是天生的“艺术家”，他们爱想象、爱创造、爱音乐，随时会爆发各种奇思妙想，潮娃会尽情地描绘和表达自己对美好事物的理解和感知。

在开展常态走班艺术区活动的过程中，老师们有过彷徨与迷茫。如，在传统的艺术区中，教师只需面对自己熟悉的本班孩子并进行观察指导，然而，走班之下的艺术区，教师们则要同时面向不同班级的幼儿。但是，我们坚持做好观察者、支持者。当有孩子始终停留在某些区域不敢大胆尝试时，老师与孩子一起制作“玩艺打卡单”，鼓励孩子大胆走出班级，尝试不同的艺术区活动；当教师无法全面关注本班幼儿的活动情况时，“玩艺统计表”的出现让幼儿在统计自身玩艺状况时，也开始计划自己的下一次玩艺之行，更便于教师及时跟进和调整艺术区内容；当幼儿在艺术区中的兴趣逐渐减弱时，我们适时更换材料与内容，结合“当前主题”调整活动内容，开辟“留白区域”让幼儿自主创想；询问每个幼儿的需求和兴趣，让艺术区从静态变为动态，由预设变为生成，由教师主导逐渐走向幼儿主导。

在艺术区的分享过程中，我们借助多样展示来助推幼儿发展，让幼儿通过多样艺术表征形式（舞蹈、作品等）展现活动中的所积累的经验。在每月一次的艺术区分享大会上，孩子们都会争先介绍自己的创作成果，并且通过“投票点赞”“小记者调查团”等方式开展同伴互动评价，在分享和互动中体验“创美”的乐趣。

二、“艺”起行，展露教师课程力

在特色课程展示中，由赵丽娜、周帆弘两位教师执教的大班《江南印记》、小班《小老鼠找新家》，分别是彰显“艺术整合”特色的“艺科社整合活动”和“艺语社整合活动”。

《小老鼠找新家》是小班语言区投放的一本充满童趣的绘本，在与小班孩子的谈话、观察中，教师发现幼儿对小老鼠找新家的有趣经历倍感兴趣，结合孩子的兴趣点，教师顺势建构活动框架，创设了情景阅读的美好情境，借助多媒体欣赏、故事画板、大图书等多元的阅读途径，将绘本与音乐相结合，在充分调动幼儿的听觉、视觉感受的同时，让幼儿享受了一趟整合式的阅读活动。为整个语言活动注入了全新的听觉艺术，对形象化的绘本赋予了情感化，提升了语言活动对于幼儿发展的价值。

《江南印记》是对大班孩子在个别化艺术区中玩墨区的浓厚兴趣的延续，以多元材料支持孩子的创美活动，将生活中常见的“纸板”带进课堂，使得玩墨不仅仅局限在对于毛笔、喷壶、滴管等用品的使用之中。让幼儿在亲历探索和体验中发现纸板与点线面的联系，在创意玩墨中感受老房子独特的美感。让幼儿在整个体验和学习过程中，乐于运用不同的工具、材料及表现手法表达对美好事物的感受，不断提高幼儿的科学和艺术素养。

三、“艺”起思，提升幼儿园影响力

听潮艺术幼儿园建园二十年以来，坚持走艺术教育之路，也坚持把特色课程开发与区级重点课题的研究统整起来，不断优化课程理念及目标，拓展和丰富特色课程内容与形式，细化课程实施路径与方法。由保教主任黄佳凤老师汇报主题为《“艺”起玩　乐成长》的特色课程介绍，从“课程源起”“课程重构”“课程实践”三部分讲述了特色课程研究与实践中的所思所行。

在专家和领导点评中，有专家在观摩之后作出了以下评价：每一个角落都体现了艺术，艺术氛围如行云流水一样在自然中彰显工艺。幼儿园能够达到这样的一个高度，它的背后一定是一位有思想的园长。一位勤勉务实的园长带领着一支美丽灵气、内外兼修的教师团队才能够让其内涵发扬。最让我感动的是听幼的孩子，在对艺术的感受创造中表现出的兴趣盎然、乐在其中、自信成长，这群孩子了不起！了不起的孩子背后肯定有一群了不起的教师，今天在展示过程中我也看到了我们的老师在师幼互动中，不仅对孩子有回应，还有支持，更有对孩子的推动，了不起的老师才能成就一群了不起的孩子。专家对我们的园长、教师、孩子作出了高度的评价，对我们的课程表示了肯定。

对于行走在艺术教育道路上的我们来说，我们始终力争在做好艺术教育的基础上，融合、整合幼儿教育的其他活动内容，形成一个有益的艺术教育整体，为每一个幼儿的健康成长提供条件，为每一个幼儿的美好世界观形成和幼儿终生发展奠定基础。

让幼儿的艺术活动如游戏一般快乐，让每个“潮娃”在玩转艺术中得到快乐成长，是我们每一名听幼教师所要努力奋斗和实现的目标。一如既往，在艺术教育的道路上，不忘初心，继续扎实开展我们的课程实践和研究！

第五章 潮童绘美：开启艺术探索之旅

自然美·《好玩的陀螺》(大班)

01 第一阶段【童眼寻美】

☆我和好朋友一起说说我知道的陀螺。

☆各种各样的陀螺真美啊!

☆我和好朋友在一起玩陀螺,太开心了,陀螺转起来的样子真好玩!一起说说我知道的陀螺。

☆和大家一起玩陀螺也很有趣。

02 第二阶段【童心赏美】

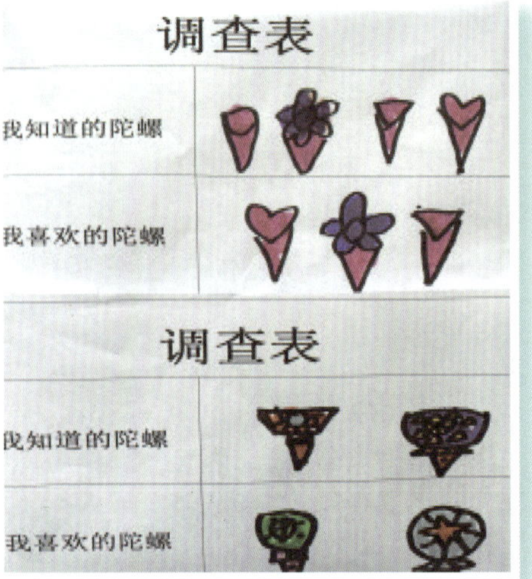

☆我喜欢的陀螺是好看的和有很多花纹的，我还喜欢能够发光的陀螺。

☆我家里就有一本跟陀螺有关的绘本。

☆和好朋友一起学学绘本里的小朋友和校长是怎么玩陀螺的。

☆我们喜欢看《要是陀螺转起来》的故事，里面有很多关于陀螺转起来有趣的故事。

03 第三阶段【童慧识美】

☆原来玩陀螺是一件特别有趣的事情。

☆我们周围很多东西和陀螺一样都有转起来的大本领呢，看舞蹈演员在转动，汽车的轮胎在转动，旋转木马在转动，摩天轮也在转动，树叶被风吹着也能转起来，转动真是太神奇了！

☆除了一个人玩陀螺，我们还可以和好朋友一起玩陀螺哦。

☆我们可以和好朋友一起组队比赛，看谁的陀螺转得快，比一比谁的陀螺转得时间长。

☆我们和好朋友一起用手工纸做出喜欢的陀螺。

☆我们还可以用纸板箱做陀螺哦，上面装饰得真好看。

☆我们听着管弦乐《即兴曲：陀螺》跳舞，真开心。

☆和我们一起用超轻黏土、雪花片做陀螺吧。

自然美·《江南印记》(大班)

01 第一阶段【童眼寻美】

☆我和妈妈一起去新场古镇，我们发现老房子很漂亮，就把它拍下来了。

☆我发现古镇的老房子都建在河边。

☆古镇的房子看上去旧旧的，它们都有黑的屋顶，白的墙壁。

☆我发现古镇有很多商店，里面有卖发夹的，还有卖衣服的，我很喜欢逛古镇。

02 第二阶段【童心赏美】

☆老房子建在河边，新房子建在路边。老房子矮矮的，新房子都是高楼大厦。老房子比较孤单。

☆我很喜欢吴冠中爷爷的江南水墨画，但我还不会用毛笔，这是我用记号笔画的。

☆我们在学校里开展老房子摄影展。

☆我喜欢的一本绘本《荷花镇的早市》，这是我喜欢的里面的画面，我把它画下来了。

03 第三阶段【童慧识美】

☆老房子的窗户造型是不一样的，有的是圆形的，有的是方形的，上面还有很漂亮的雕花。

☆老房子虽然是黑瓦百墙，但是周围有很多漂亮的颜色。红红的灯笼、绿绿的树……

☆一望二三里，烟村四五家……我很喜欢这首古诗。我还给它配了一幅画。

☆老房子的屋顶上的造型是不一样的，有的有尖尖角，有的有花朵一样的造型，很好看。

☆我们把老房子折一折，变成了立体的老房子。

☆我们用瓦楞纸做了老房子黑黑的屋顶，看起来很漂亮。

☆我们用水彩晕染了树和河流，把老房子打扮得很漂亮。

☆猜猜我们是用什么画的老房子？小纸板也可以画水墨哦！

生命美·《可爱的猴子》(中班)

01 第一阶段【童眼寻美】

☆美猴王齐天大圣可是我的偶像呢！它有金箍棒、火眼金睛和筋斗云……

☆你们知道《猴子捞月》这个故事吗？里面的小猴子们都傻乎乎的，好搞笑啊！

☆我穿的鞋子、衣服上就有可爱的猴子。

☆野生动物园有很多不同种类的猴子，我每个星期六都要去看看它们。

☆猴子的尾巴原来这么有用啊！可以保持平衡，可以荡秋千，可以像个钩子一样……

☆猴子很活泼很可爱，毛茸茸的样子好想去摸一摸。

☆看！猴子们在森林里游戏、打闹，真调皮！

03 第三阶段【童慧识美】

☆和爸爸妈妈一起完成“猴子那些事”问卷调查表，原来关于猴子有这么多的秘密啊！

☆抒越爸爸给我们讲了很多关于猴子有趣的事情，让我们更了解可爱的猴子了。

☆猴子最爱的食物是香蕉，它们吃香蕉的样子真可爱啊！

☆原来有关猴子的故事书这么多啊！我们可以和好朋友一起看书啦！

☆用五颜六色的画笔画出了不同的猴子，有的在荡秋千、有的在游戏、有的在聊天……

☆搓一搓、捏一捏、揉一揉，小猴子的脑袋、身体和尾巴出来啦！

☆原来自由活动中的玩具搭一搭、拼一拼就能变成另外形式的猴子啦！

☆看！用水墨画出来的猴子可是非常可爱的呢！

生命美·《生日会》(大班)

01 第一阶段【童眼寻美】

☆妈妈告诉我她生我的那天白天还在家里打扫卫生呢，我妈妈真是个超人妈妈！

☆我们需要一面生日墙，把小朋友的照片都贴上去，这样大家就能知道我们是几月份生日的了。

☆原来我在小伙伴眼中是这么漂亮的女生呀！

☆小朋友们夸我有一双能干的小手。

02 第二阶段【童心赏美】

☆生日会上需要有一个三层蛋糕，这样才够大家一起分享，每个人都要戴上生日帽！

☆生日会也许我们可以去户外举行，我们可以在草坪上铺上野餐垫，摆上好多美味的食物。

☆生日会上要用好多气球来装扮，必须是花朵形状的，而且要能够站起来。

☆生日会需要一个绚丽的舞台背景，这样我们就能拍出美美的照片啦！

03 第三阶段【童慧识美】

☆给好朋友制作一张爱心卡片，然后装在礼物盒子里悄悄地送给她，她一定非常开心。

☆生日会上我们要表演新学的新疆舞，还要唱《祝你生日快乐》歌！

☆如果天气好，生日会我们就在户外举行，我们要整齐地摆好椅子，每一张椅子上要扎上爱心的彩带。

☆轮到过生日时，小朋友要走红地毯，两个小朋友一起走，旁边有红的绿的气球。

☆野餐派对的时候，我们都会打扮得美美的。这样的生日太棒了！

☆我们的生日会一定会把天上的小鸟和白云都吸引过来，那是多么美妙的一件事情！

☆进入小学之后的生日会，我应该能用文字给好朋友送上祝福了。

☆不知道小学里的生日会还能像幼儿里一样热闹吗？

文学美·《梦想的职业》(中班)

01 第一阶段【童眼寻美】

☆我的妈妈是专门检查我们吃的瓜果蔬菜质量的农产品质检员。

☆我的妈妈是一名医生,她是专门打预防针的。

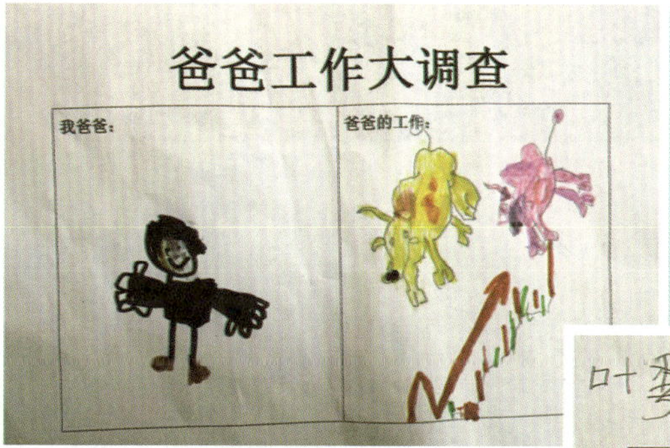

☆我的爸爸是个职业股票手,你说牛吧!

☆我的爸爸是一名建筑工程师,他设计了很多的建筑,可漂亮了!

02 第二阶段【童心赏美】

☆我在幼儿园找到了厨师，他每天为我们烧好吃的饭菜。

☆我看到园艺师在幼儿园的花园里修剪花枝和杂草。

☆老师老师您真好，悉心培养小苗苗。

☆保安叔叔每天在校门口守护我们的平安，他们是最美的工作者。

☆《消防局》是我喜欢阅读的绘本，它告诉我们消防局里的设备和消防的工作任务。

☆和小象波波一起去寻找适合的工作，每一份工作都需要付出自己的努力。

☆这是我们最喜欢的绘本故事《警察局的一天》，让我们知道了警察的各种不同分工。

☆《忙忙碌碌的小镇》，小镇上各种忙碌工作的人们带来了生活中的美好和快乐。

☆琳琳的梦想职业：长大以后我想和妈妈一样成为一名击剑教练，这是一件很威风的事情。

☆桃子的梦想职业：我的梦想就是要成为一名治病救人的医生。

☆小小的我们有着大大的梦想，真是棒极了！

☆依依的梦想职业：我要成为一名护士姐姐，帮助需要帮助的人。

文学美·《快乐的夏天》(大班)

01 第一阶段【童眼寻美】

☆夏天会出很多汗,很热,我们可以吃甜甜的西瓜。

☆我们可以在游泳池里游泳,真爽啊!

☆夏天的海边蓝天白云,还有自由飞翔的海鸥。哇!太美了!

☆听说夏天雷阵雨比较多,雨后会出现彩虹哦!

☆荷花会在夏天盛开，池塘里真热闹，我们可以一起去赏花。

☆夏天的星空特别好看，星星对着我们眨眨眼。

☆夏天的晚上还可以在星空下散步。

☆夏天的水果可多啦，都是我爱吃的哦！

☆我们每天都可以换不同的服饰，长裙、短袖、短裤……

☆冰淇淋在夏天那是必须要吃哒，清热解暑，甜甜蜜蜜。

04 第四阶段【童趣创美】

☆太阳太大怎么办？看我设计的太阳帽，很漂亮吧！

☆夏天是个五彩的季节，许多花朵盛开啦，我们去扑蝴蝶吧！

☆有什么办法可以凉快呢？可以开电风扇、吹空调……还有好多方法等着我们发掘。

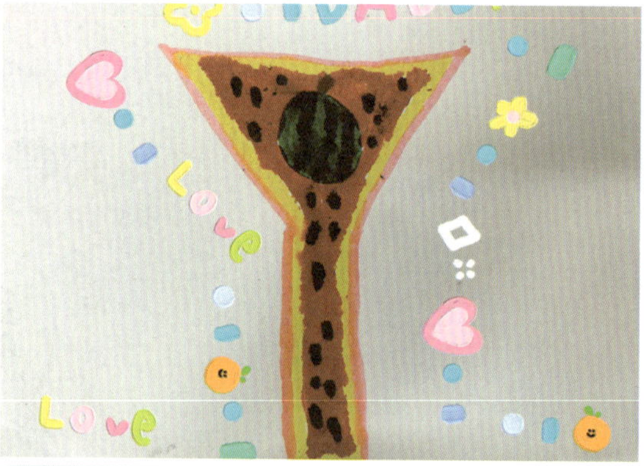

☆和我一起自制一杯夏日特调饮料吧，美味西瓜汁。

表达美·《美味不打烊》(中班)

01 第一阶段【童眼寻美】

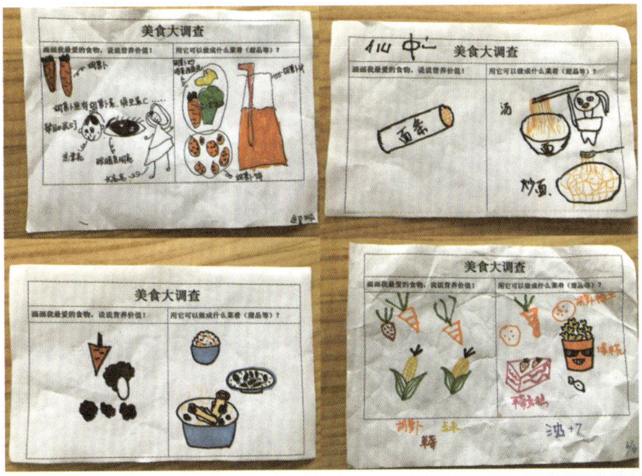

☆我喜欢的食物有很多,它们可以做成各种美味的佳肴。

☆这些都是我幼儿园里最爱吃的菜,蔬菜非常有营养!

☆我和妈妈在家一起尝试制作能够保护眼睛的美食,太有趣啦!

☆让我看看这么多调味品，可以用来蘸什么呢？

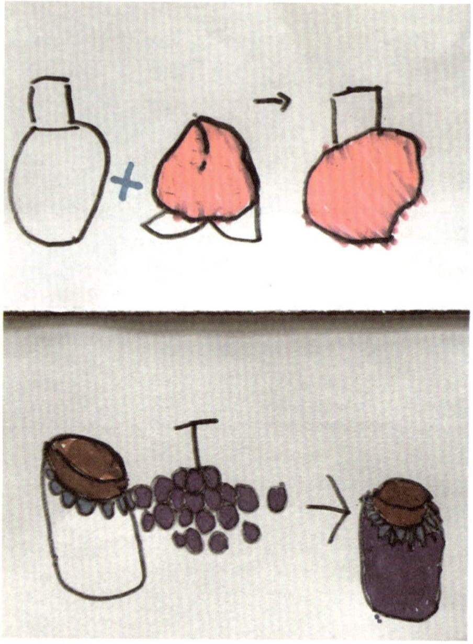

☆平时总能喝到原味的牛奶，今天我想加一点自己喜欢的口味，有桃子牛奶、葡萄牛奶。

☆美食可以改变我们的心情，看我吃了那么多美味的食物，好开心呀！

03 第三阶段【童慧识美】

☆在《一园青菜成了精》这个绘本里，让我们认识了好多蔬菜，它们居然打起架来，个个都不甘示弱。

☆除了要认识蔬菜的外形，我们也要切开，看看里面到底长什么样子。

☆美味的胡萝卜，可以做出很多美食，又可以保护我们的眼睛，胡萝卜的生长过程也非常有趣哦。

04 第四阶段【童趣创美】

☆有趣的蔬菜娃娃，在我们灵巧的双手中完成了，还有好多小动物呢。

☆瞧我们和爸爸妈妈一起用美味的蔬菜做成一幅赏心悦目的画。

运动美·《小小舞者》(大班)

01 第一阶段【童眼寻美】

☆和好朋友一起聊聊、跳跳我们在电视里看到的舞蹈。

☆我们发现舞蹈演员还会穿上漂亮的民族服装,真美!

☆大家围坐在一起跳跳、唱唱、玩玩,跳舞的感觉好极了……

☆和大家一起排着队跳舞也很有趣。

☆我喜欢劈腿、旋转的舞蹈动作，也喜欢边唱歌边跳舞。

☆我家里就有一本和舞蹈有关的绘本。

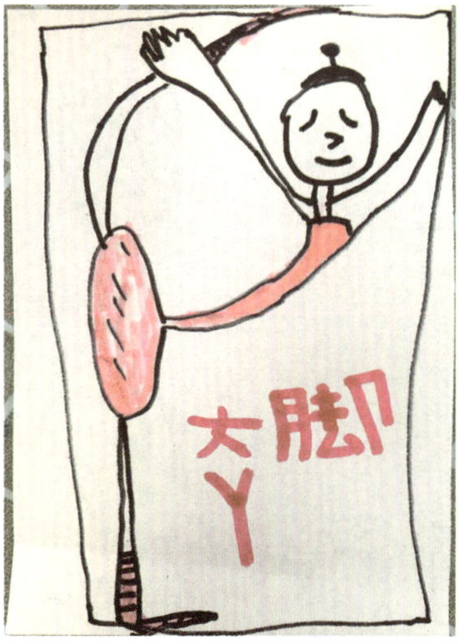

☆我们喜欢看《大脚丫学芭蕾》的故事，里面有很多好看的芭蕾舞蹈动作。

☆和好朋友一起学学绘本中的舞蹈动作。

☆原来跟小椅子一起跳舞是一件特别有趣的事情。

☆我们可以坐在椅子上跳，可以绕着椅子转圈跳，还可以把手搭在椅背上……

☆看，我们想出了很多动作：有劈叉、踢腿、抬手抬脚……

☆除了一个人跳舞，我们还想出了和好朋友一起跳舞的动作哟。

04 第四阶段【童趣创美】

☆在大舞台，我们和好朋友一起手拉手跳舞，摆出爱心动作，吸引了很多观众。

☆我们还可以不断变化舞蹈队形，每一排多加一个人站位。

☆我们想在舞蹈中加入其他的道具：花球、椅子、沙锤，还有好听的音乐和漂亮的服装。

☆我们一起把好的想法和舞蹈动作记录下来，变成一个很特别的舞蹈！

身体美·《我的情绪小怪兽》(中班)

01 第一阶段【童眼寻美】

☆我和好朋友一起比赛跑步的时候,他赢了,他特别开心,可是我难过得哭了。我觉得这就是情绪!

☆我和哥哥在一起玩过家家、玩放风筝时,我唱歌、他跳街舞时的快乐感觉是情绪!

☆情绪是我爸爸生气时,我会有怕他的感觉。

☆情绪是我和小朋友们一起在花园里闻花香的心情。

02 第二阶段【童心赏美】

☆我有好多的情绪，我需要整理一下。

☆我的小怪兽特别听我的话……

☆当我的情绪小怪兽混乱时，我可以自己来整理情绪吧……

☆我的身体里住着好多情绪小怪兽。

03 第三阶段【童慧识美】

☆当我们伤心时，可以做自己喜欢的事，比如发呆、吃甜食、睡一觉，当然也可以找朋友倾诉。

☆当我们生气时，可以通过大喊、跺脚、跑步，甚至通过情绪魔法屋，把红色小怪兽赶出我们的身体；当然也可以喝点凉凉的水或饮料，帮助小怪兽降降火气哦。

☆当我们害怕的时候，我们可以做个深呼吸；可以躲在温暖的被窝里；当然也可以告诉身边的朋友、家长和老师。我们要相信，我们不是一个人。

☆当我们的好朋友被小怪兽打扰的时候，我们可以安静地倾听朋友的述说；可以逗他开心、抱一抱、拍拍背；可以在朋友需要的时候伸出我们的双手……

04 第四阶段【童趣创美】

☆我们可以用颜料加上活动眼睛创作出情绪。

☆我和我的好朋友一起用吸管吹和用黏土创作出的小怪兽。

☆这是我和好朋友一起用各种材料在帮助小怪兽整理情绪呢！

☆我们用超轻黏土、吸管、纽扣等材料创作的情绪小怪兽蛋糕！

身体美·《炫动卡通》(大班)

01 第一阶段【童眼寻美】

☆我喜欢的卡通形象,他们都有大大的本领。

☆小猪佩奇的一家,看他们多幸福啊!

☆凯蒂猫是我最喜欢的卡通人物,他们长得太可爱了!

☆变形金刚,千变万化,我们男孩子最喜欢了。

02 第二阶段【童心赏美】

☆我设计的卡通剧需要很多的道具，这是我给道具设计的柜子。

☆卡通剧里主角使用的道具太美了，有漂亮的裙子、有神奇的五彩花等。

☆卡嚓卡嚓，这是猪猪侠的小飞车，它有很多的功能。

☆卡通片里表演的道具可多了，每一样道具都需要编号，不然会搞错的。

03 第三阶段【童慧识美】

☆这是我设计的小猪佩奇的房子，表演的时候可以用。

☆如果给我这样一个舞台，那肯定能有一场完美的卡通剧。

☆看，我们想出了很多舞台造型，大家可以在多彩的舞台上尽情地表演。

☆这是我设计的4个舞台造型，每个舞台都不一样。

☆大家在观看了我们的卡通表演后都表示太不可思议了，变形金刚真是厉害。

☆这是我设计的表情卡，大家在看了我们的表演之后用表情卡给我们投票。

☆我们的卡通表演太成功了，就像吃了冰激凌一样开心。

☆我们的卡通表演顺利结束，这是小伙伴们为我们记录下的表演现场，简直太有创意了。

身体美·《微笑的花朵》(大班)

01 第一阶段【童眼寻美】

☆哇，和小朋友一起在户外活动，发现一片向日葵花海。

☆爸爸妈妈双休日带我出去玩，我在公园的一个角落里发现了一片向日葵。

☆我和花儿合个影，真是太美了。

☆植物园里有好多的向日葵，还有种在花盆里的。

02 第二阶段【童心赏美】

☆我看了很多关于“向日葵”的书籍，我向大家推荐这本《向日葵》！

☆我来向你介绍一下向日葵的构造：根、茎、叶、花、果实。

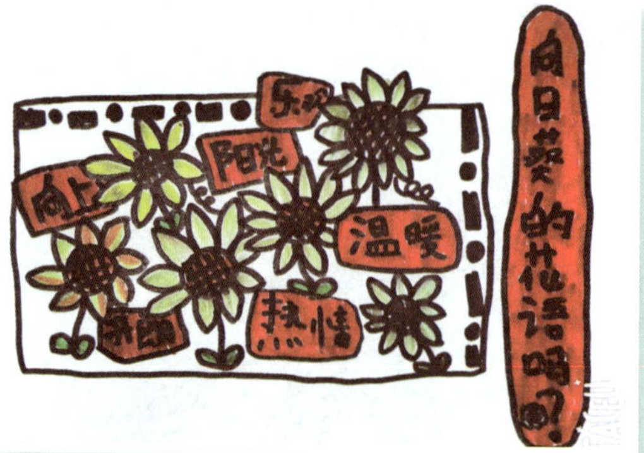

☆你知道向日葵的花语吗？阳光、热情、温暖、积极向上、乐观。

☆我们眼中的向日葵是怎么样的呢？给我们温暖、阳光，激励我们积极向上。

03 第三阶段【童慧识美】

☆向日葵要怎么种植呢？我们来讨论一下吧！

☆向日葵喜欢阳光，我们给向日葵来浇浇水吧！

☆我们一起来给向日葵除除草、浇浇水吧！花儿花儿快快长大！

☆我们一起来照顾植物角里的向日葵吧！

04 第四阶段【童趣创美】

☆水粉画：欣赏了梵高爷爷的《向日葵》，我们也来学一学。

☆写生画：观察这花瓶里的“向日葵”，忍不住地想要把它画下来。

☆手工画：向日葵迎着阳光，热情地开放着，朝着大家微笑着。

☆歌舞表演：在小舞台上，我们唱歌、跳舞，表现着“向日葵”的各种姿态，美极了。